초등 스스로 공부법

공부를 좋아하는 아이로 키우는 부모들의 특급 교과서 활용 비법

초등 스스로 공부법

오지영 지음

서사원

프·롤·로·그

코로나19가 안겨준 '스스로 공부'의 기회

코로나19로 세상의 모든 것이 달라졌다. 주 5일 등교하고 교실에서 수업을 받던 초등학생들도 역시 예외는 아니다. '원격 수업'이라는 말과 함께 아이들은 학교가 아닌 집에서 컴퓨터를 켜고 컴퓨터 속 마스크를 쓴 선생님의 모습을 보며 수업한다. 그리고 선생님이 내주는 과제를 수행하는 일상을 반복한다.

이런 일상이 계속되자 아이들의 학습 결손이 점점 더 심해지고 있다. 특히 상위권 학생과 하위권 학생의 성적 격차가 더욱 벌어졌다. 이유는 무엇일까? 바로 '평소 공부 습관' 때문이다. 아이의 평소 공부 습관이 결국 '성적 격차'라는 결과를 만들었다.

여기서 우리가 주목해야 할 아이들이 있다. 바로 코로나19 이후 성적이 향상된 아이들이다. 평소 눈에 띄지는 않았지만, 자기 주도 공부 습관을 잘 형성해둔 아이는 원격 수업이 진행되자 성적이 몰라보게 향상되었다. 원격 수업 덕분에 '자기 주도 공부 습관'이라는 장점을 잘 발휘할 수 있었기 때문이다. 이렇게 달라진 환경이 평소에도 스스로 공부했던 아이들에게는 기회가 되었다.

자기 주도 공부 습관을 잘 형성한 아이들은 아침에 규칙적인 시각에 일어나기, 원격 수업으로 배운 내용을 노트에 정리하기, 수업이 끝난 후 오늘 배운 내용 복습하기 등 공부와 관련된 모든 것을 철저하게 잘 관리했다. 그러한 관리 덕분에 코로나19라는 위기를 기회로 잘 활용하여 성적 향상이라는 결실을 본 것이다.

비대면 수업이 많아지면서 앞으로 원격 수업과 온라인 수업이 더욱더 활발해질 것이다. 이럴 때 초등학생부터 반드시 갖추어야 할 역량 중 하나가 스스로 공부하는 힘을 기르는 것이다. 어떤 환경에 처하더라도 주어진 상황에 잘 적응하며 스스로 공부하는 힘이 이제는 절실히 필요하다.

그렇다면 코로나19에도 살아남을, 스스로 공부하는 힘이 있는 아이로 키우려면 부모는 어떻게 해야 할까? 방법은 간단하다. 좋은 학원 좋은 교재 등을 알아보기보다 스스로 공부하는 긍정적인 습관을 아이가 기를 수 있게 도와야 한다.

이를 초등학교 6년 동안 차근차근 잘 형성하여 내 아이에게 긍정적인 습관이 되도록 해야 한다. 이를 위해 초등학교 저학년부터 아이가 공부에 부담을 느끼기보다 공부가 재미있다는 생각이 들도록 지도하면 된다.

무엇이든 꾸준히 하려면 첫 경험을 할 때 '해볼 만한 일'이라는 생각을 아이 스스로 가져야 한다. 초등학교 1학년에게는 공부하기가 인생의 첫 경험이 될 수 있다. 그러니 초등학교 저학년 때는 공부는 해볼 만한 것, 재미있는 것이라고 아이가 생각하게 해야 한다.

이렇게 부담감 없이 공부하는 재미를 맛보아 아이가 공부에 흥미를 붙였다면 학년이 올라갈수록 공책 정리하는 법, 교과서 제대로 활용하는 법 등 하나부터 열까지 아이가 제힘으로 할 수 있는 모든 자기 주도 공부법을 제대로 알려주어야 한다. 그 후에는 아이 스스로 공부하도록 기다려주며 중간중간 적절하게 긍정적인 피드백과 칭찬을 하면 된다.

초등학생이 된 아이는 자신이 배운 방법을 적극적으로 활용해 더 나은 방법을 터득할 수 있고 응용할 수도 있다. 자신만의 공부 비법을 많이 만들수록 공부 습관 또한 점점 긍정적으로 변하게 된다. 그리고 긍정적인 공부 습관만큼 성적도 꾸준히 향상한다.

무엇이든 기본이 중요하듯, 공부 역시 마찬가지다. 그래서 아이가 초등학생 때 공부와 관련된 기본을 잘 다져놓으면 얼마든지 스스로 공부하는 힘을 기를 수 있다. 그 힘은 공부뿐만 아니라 또 다른 배움을 새롭게 시작할 수 있게 만드는 자신감을 심어준다.

코로나19로 사회는 계속 변하고 있고, 이제는 환경에 재빠르게 적응한 사람만이 생존하는 시대가 되고 있다. 이러한 변화는 앞으로도 계속 이어질 것이다.

공부 역시 마찬가지다. 급변하는 공부 생태계에서 내 아이가 생존하려면 반드시 스스로 공부하는 법을 알아야만 한다. 이제는 그것만이 팬데믹 시대의 유일한 공부 생존전략이기 때문이다.

차례

프롤로그 코로나19가 안겨준 '스스로 공부'의 기회 … 004

1장
초등학생 때부터 스스로 공부가 필요한 이유

• 공부 습관은 초등학생 때 형성해야 한다 … 014
• 모든 배움은 자기 주도 공부에서 출발한다 … 021
• 스스로 하는 것만이 진짜 공부다 … 027
• 초등학생 때 만든 공부 습관 평생 간다 … 034
• 공부하는 즐거움은 초등학생 때부터 알아야 한다 … 040
• 초등학생부터 인생은 배움의 연속이다 … 046
• 스스로 학습이 곧 공부 자신감이다 … 052
| 부록 | 좀 더 알아볼까요? … 058

2장
초등학생이 스스로 공부가 어려운 이유

• 자기 주도 공부법을 모르면 스스로 학습이 힘들다 … 062
| 부록 | 좀 더 알아볼까요? … 068
• 아이 성향에 맞는 공부법을 찾아야 한다 … 076
• 나는 아이에게 공부 주도권을 준 부모일까? … 082
• 공부는 부모와 일찍 독립할수록 좋다 … 088
| 부록 | 좀 더 알아볼까요? … 094
• 부모의 조급함이 아이의 공부를 방해한다 … 095
• 아이만의 학습 속도가 있음을 인정해야 한다 … 101
• 초등학생에게 부모의 공부 동기부여는 중요하다 … 107
• 부모의 지나친 공부 잔소리는 독이다 … 113
| 부록 | 좀 더 알아볼까요? … 119

3장
초등학교 6년 동안 자기 주도 공부 습관을 들이는 방법

• 책 한 권으로도 자기 주도 공부법을 익힐 수 있다 … 122
| 부록 | 좀 더 알아볼까요? … 128
• 모든 공부의 기초인 어휘를 먼저 다져야 한다 … 134
| 부록 | 좀 더 알아볼까요? … 140
• 자투리 시간을 활용하는 공부법을 익혀야 한다 … 146
| 부록 | 좀 더 알아볼까요? … 152

• 초등학생 때부터 다양한 경험을 공부와 연결하면 좋다 … 155
| 부록 | 좀 더 알아볼까요? … 161
• 원격수업 학습에 필요한 집중력을 길러야 한다 … 163
| 부록 | 좀 더 알아볼까요? … 170
• 교과 공부보다 중요한 자이가르닉 공부법을 익혀야 한다 … 176
• 아웃풋(Output)을 통해 자신의 공부를 평가할 줄 알아야 한다 … 182
| 부록 | 좀 더 알아볼까요? … 188
• 공책 정리의 흐름을 알아야 한다 … 189
| 부록 | 좀 더 알아볼까요? … 195

4장
초등학교 1학년부터 스스로 해내는 자기 주도 공부 전략

• 계획하고 실천하게 하는 플래너 활용법을 익혀야 한다 … 200
| 부록 | 좀 더 알아볼까요? … 206
• 가정에서 교과서 활용은 선택이 아닌 필수다 … 207
| 부록 | 좀 더 알아볼까요? … 213
• 매일 10분 복습이면 충분하다 … 215
| 부록 | 좀 더 알아볼까요? … 221
• 문제집을 제대로 활용하는 방법을 알아야 한다 … 222
• 초등 교과 과목별 학습 전략은 따로 있다 … 228
(국어/사회/수학/영어/과학/체육/음악/도덕/미술)
| 부록 | 좀 더 알아볼까요? … 248
• '반복 읽기'와 '백지 공부' 활용법을 익혀야 한다 … 263
| 부록 | 좀 더 알아볼까요? … 269

5장

자기 주도 공부가 내 아이의 공부 미래

- 가장 확실한 생존 전략은 자기 주도 공부다 … 272
- 스스로 공부가 아이의 미래를 만든다 … 279
- 공부 과정을 즐기면 결과는 따라온다 … 285
- 스스로 익힌 공부만이 온전히 내 것이 된다 … 292
- 아이에게 가장 좋은 선생님은 자기 주도 공부법이다 … 298
- 자기 주도 공부가 아이를 성장하게 한다 … 305

에필로그 스스로 하는 공부만이 진짜 공부다 … 311

1장

초등학생 때부터 스스로 공부가 필요한 이유

공부 습관은 초등학생 때 형성해야 한다

요즘 우리나라 아이들은 초등학생 때부터 대학 입시를 준비하는 것 같다. 초등학생이 되자마자 방과 후 각종 학원을 도느라 귀가 시간은 밤 9시가 훌쩍 넘고, 중학생부터는 의자에 앉아 있는 시간이 점점 늘어난다. 대학 입시 막판 스퍼트인 고등학생이 되면 대부분 학생이 의자에 앉아 많은 시간을 보낸다.

좋은 대학에 합격하기 위해 모두 의자에 앉아 있지만, 의자에 앉아 있는 모습 등은 다양하다. 하루 13시간 이상 의자에 앉아 공부하는 학생이 있는가 하면, 13이라는 숫자만 떠올려도 치를 떠는 학생도 있다.

또 분명 똑같은 교과서에 똑같은 지문의 문제를 풀어도 어떤 학생은 유독 쉽게 해결하는 듯하고, 어떤 학생은 문제 자체를 풀 생각도 하지 않는 것처럼 보인다. 이런 학생은 문제를 보자마자 포기해버린다. 분명 '대학 입시'라는 목표는 같지만, 무엇이 이렇게 아이들의 공부 태도가 차이 나도록 바꾸어 놓았을까?

바로 초등학생 때부터 형성된 아이들의 공부 습관 때문이다. 아이는 태어나 유아기, 아동기를 거친 후 자연스럽게 초등학교에 입학한다. 3월 2일 입학식을 한 후 초등학교 1학년이 된 아이들은 생에 처음으로 친구들과 같은 교실에서 40분 동안 의자에 앉아 선생님의 수업을 듣는 경험을 하게 된다.

처음에는 모든 아이가 집중해서 수업을 듣는 듯하지만, 시간이 흐를수록 아이들의 학습 태도는 점점 변해간다. 40분, 혹은 그 이상의 시간을 의자에 앉아 수업에 집중하며 공부하는 아이가 있는가 하면 40분 동안 앉아 있는 것을 힘들어하며 수업과 학습 자체를 불편해하는 아이도 있다.

이렇게 초등학교 1학년 때부터 형성되는 아이의 공부 습관은 곧 아이가 학년이 올라갈수록 하는 공부의 연장선이 된다. 그래서 학습 습관을 잘 형성한 아이는 공부를 즐기는 아이가 된다. 결국 공부를 즐기는 아이는 자기 스스로 공부하는 법을 터득하게 되고, 그만큼 공부를 주도적으로 이끄는 사람이 된다.

공부를 자기 힘으로 이끄는 '자기 주도 공부 훈련'은 매우 중요하다. 부모들은 내 아이가 초등학생이 되었다면 '공부 결정권'은 되도록 아이에게 맡겨야 한다. 초등학교 시기는 주입식 교육을 하는 시기가 아니다. 아이가 중학생, 고등학생이 되었을 때 부닥칠 엄청난 공부량을 아이 자신의 힘으로 잘 견뎌낼 힘을 길러주어야 하는 시기가 바로 초등학교 시기이다. 우리는 운동하거나 시합에 나가기 전에 준비 운동을 철저하게 한 후 본 운동을 한다. 준비 운동 없이 바로 본 운동을 시작하면 몸이 아직 경직되어 있어 쉽게 다친다는 사실을 알고 있기 때문이다.

아이의 공부도 이와 같다. 이제 막 초등학생이 된 아이의 공부를 운동에 비유하자면, 초등학교 시절 공부는 본 운동중 · 고등학교 공부을 위한 준비 운동 단계이다. 그러니 아이는 준비 운동부터 철저하게 해야만 한다. 자기 주도 공부 습관을 잘 들여야만 중 · 고등학생 때부터 시작되는 어려운 개념과 복잡한 문제 등을 포기하지 않고 끝까지 붙들고 있는 인내심이 생긴다.

부모는 내 아이가 초등학생이 되면 '공부'라는 물고기를 부모가 잡아 아이 손에 쥐여 주지 않고, 아이가 직접 낚싯대를 휘둘러 '공부'라는 물고기를 잡을 수 있게 도와주어야만 한다. 누군가의 도움을 통해 계속 공부하게 되면 아이는 수동적인 공부, 즉 누군가가 떠먹여 주는 공부에 길든다. 가만히 있어도 누군가가 계속 '공부'라는 물고기를 잡아 자신의 입으로 넣어줄 것을 알기 때문에 스스로 학습하려는 간절함이 생기지 않는다.

이런 과정이 반복되면 아이는 점점 공부에 흥미를 잃는다. 그리고 스스로 공부하는 방법을 영영 깨닫지 못하게 된다. 아이 뇌의 시냅스Synapse, 신경 세포의 신경 돌기 말단이 다른 신경 세포와 접합하는 부위는 아이가 태어난 이후 끊임없이 가지치기를 시도한다. 아이가 10살 정도 되면 아이 뇌의 시냅스 중 50% 정도는 과감하게 가지치기 된다. 그 가지치기의 기준은 아이가 얼마나 그 부위를 많이 사용하느냐 사용하지 않느냐의 차이이다. 그래서 아이가 중요하게 생각하고 자주 반복하는 행동과 관련된 시냅스는 살아남는다.

반면 중요하게 생각하지 않거나 거의 활동하지 않는 부위의 시냅스는 과감하게 가지치기하듯 없애버린다. 그러므로 초등학교 시기의 자기 주도 공부는 매우 중요하다. 아이가 제힘으로 공부하는 것을 중요하게 생각한다면 아이의 시냅스 중 '자기 주도 공부'는 살아남는다. 이는 계속 아이 스스로 공부하도록 노력하게 한다.

반면 초등학교 1학년 때부터 스스로 공부하는 자기 주도 공부법을 습관화하지 못한 아이의 시냅스는 자기 주도 공부를 중요하지 않은 정보로 판단한다. 그래서 아이가 10살쯤 되면 가차 없이 가지치기한다.

이렇듯 초등학생 시절 다 떠먹여 주는 주입식 교육은 내 아이에게 치명적인 독이 된다. 분명 아이를 생각하며 한 행동이었지만, 결과적으로는 아이가 스스로 공부하는 방법을 익히지 못하도록 방해한 교육인 셈이다.

공부 습관은 곧 '공부 면역력'이다. 스스로 자기 주도 공부를 하는 아이들의 공부 면역력은 강하다. 강한 공부 면역력은 그 어떤 어려운 문제도 집요하게 붙잡고 늘어지는 과제 해결력을 만들어준다. 또한 언제 어디에서 어떤 공부를 시작하든 당황하지 않고 집중해서 할 수 있는 자신감을 심어준다. 그래서 초등학생 아이를 둔 부모라면 반드시 내 아이가 스스로 공부하는 자기 주도 공부법을 깨우치도록 지도해야 한다.

스스로 공부하는 법을 깨우치는 것은 간단하다. 아이가 초등학생이 된 이후에는 부모에게 도움을 요청하지 않는 한 아이가 자기 힘으로 공부할 수 있는 환경을 최대한 제공하는 것이다. 부모는 아이가 먼저 공부 도움을 요청하지 않는 한 최대한 아이가 스스로 공부하고 있는지 간섭 없이 지켜보아야 한다. 예를 들어, 아이에게 공부 피드백은 제공하되 아이가 요청하지도 않았는데 먼저 학원이나 인터넷 강의 등을 알아보아서는 안 된다. 자기 주도 공부법을 깨우친 아이가 자신에게 부족한 교과 보충을 위해 부모에게 학원에 다니고 싶다는 의사를 내비치지 않는 한, 부모는 아이를 위해 기다리고 또 기다려야만 한다. 그러다 아이가 먼저 의사를 밝혔을 때, 그때 아이와 함께 학원이나 인터넷 강의 등을 알아보아도 충분하다.

제대로 된 자기 주도 공부 습관은 쉽게 생기지 않는다. 막 걸음마를 시작한 아이가 천 번의 넘어짐을 통해 제대로 걷는 법을 터득했듯이, 아이의 공부 또한 천 번 이상의 실패와 좌절을 경험해보아야 한다. 그래야만 아이는 더 나은 공부법과 효율적인 공부 전략을 스스로 짤 수 있다.

아이가 공부할 때 가장 건강한 공부 실패와 좌절을 맛볼 수 있는 유일한 방법은 '자기 주도 공부 습관'을 들이는 것이다. 자기 스스로 이렇게도 공부해보고 저렇게도 공부해보면서 아이는 자신에게 더 잘 맞는 방법을 알게 된다. 그리고 이렇게 깨우친 점은 오롯하게 아이만의 것이 된다. 그래서 스스로 공부하는 능력이 높아질수록 아이 역시 공부를 즐기는 사람으로 성장하는 것이다.

초등학교 1학년이 되면 아이는 '공부'라는 마라톤 출발선에 서게 된다. 그리고 그 긴 여정은 아이가 죽을 때까지 계속된다. 공부는 평생에 걸쳐 이어지는 과업이기 때문이다.

끝이 보이지 않는 긴 마라톤 출발선에 들어선 내 아이를 위한답시고 부모 등에 업고 뛰다 보면 시간이 지날수록 결국 아이를 업었던 사람만 힘들어진다. 그제야 나는 힘들어 못 뛰겠으니 네 힘으로 뛰라며 아이를 바닥에 내려놓으면 아이가 바로 뛸 수 있을까? 아이는 결코 뛸 수 없다. 이미 많이 와버린 길을 다시 돌아가지 않는 한, 한 아이는 스스로 뛰는 법을 알지 못하게 된다. 이는 그만큼 자기 주도 공부 습관을 쌓을 기회를 놓쳤다는 의미이다.

하지만 처음부터 자신의 힘으로 뛴 아이는 그만큼 뛰었을 때 이미 스스로 공부하는 방법을 터득하게 된다. 그래서 남은 여정도 숨을 잘 고르며 앞으로 힘차게 달려 나갈 수 있다.

내 아이도 자신의 힘으로 앞을 향해 잘 달리는 아이로 성장하기를 바라는가? 그렇다면 정답은 간단하다. 아이가 초등학생이 된 후 아이 스스로 공부하는 법을 알려주어야 한다. 아이가 먼저 부모에게 도움을 요청하지 않는 한, 제힘으로 깨우칠 수 있는 시간을 주어야 한다. 그게 바로 내 아이가 앞으로 해야 할 공부를 지치지 않고 잘해 나갈 힘을 실어주는 길이다.

아이가 평생 지녀야 할 '자기 주도 공부 습관'은 초등학생 시기에 형성되어야 함을 부모라면 반드시 기억해야만 한다.

모든 배움은 자기 주도 공부에서 출발한다

체험학습을 하러 가면 나는 항상 점심을 먹은 후 아이들에게 30분에서 1시간 정도 자유시간을 준다. 교사인 나는 그 시간에 아이들이 함께 놀 수 있는 놀잇감과 놀이 방법 등을 생각한 후 아이들과 함께 남은 체험학습 시간을 보낸다. 그래서 가끔은 체험학습 가는 것보다 아이들이 함께 놀 수 있는 놀이를 생각하는 일이 더 큰 부담이 될 때가 있다.

요즘 아이들은 교사가 놀이 방법을 알려주지 않으면 자유시간이 주어졌을 때 무엇을 해야 하는지 몰라 당황한다. 스스로 노는 방법을 잘 모르기 때문에 놀이 방법을 알려주기 전까지 그렇게 교사인 나만 바라보며 서 있다. 그래서 내게 와서 자꾸 심심하다는 표현을 한다. 이럴 때면 나 역시 난감하다.

과거 나와 부모 본인의 초등학교 시절을 떠올려 보자. 우리는 체험학습에 가면 정말 최선을 다해 놀았다. 굳이 담임 선생님께서 놀이 방법을 알려주지 않아도 어떻게 놀아야 하는지 알았고, 놀이 방법도 다양하게 응용하며 친구들과 즐겁게 놀았다. 담임 선생님이 우리에게 준 1시간이라는 자유시간이 순식간에 지나가는 줄 모르고 그렇게 정신없이 놀았다. 당시의 우리는 놀이 방법을 잘 알고 있었다. 스스로 노는 법을 익히기도 했고, 이를 알차게 응용할 줄도 알았다. 굳이 부모나 교사에게 배우지 않아도 우리는 또래와 어울리는 법을 체험으로 터득했다.

그러나 요즘 아이들은 다르다. 하나부터 열까지 교사가 제시하지 않으면 자유시간이 주어져도 아이들에게는 아무런 의미 없는 시간일 뿐이다. 스스로 노는 방법을 잘 모르니 모든 방법을 교사가 알려주어야만 한다. 나와 아이들의 부모가 초등학생이던 과거 시절의 아이들은 노는 방법을 잘 알았지만, 왜 요즘 초등학생들은 노는 방법을 잘 알지 못하는 걸까?

이유는 바로 '놀이를 스스로 터득했느냐 터득하지 못했느냐'의 차이다. 과거 초등학생들은 지금의 초등학생들처럼 학교 수업이 끝난 후 많은 학원에 다니지 않았다. 나 역시 초등학교 시절에는 학원에 다녀본 적이 없다. 그래서 학교 수업이 끝나면 친구들을 만나 고

무줄놀이, 공기놀이 등 다양한 놀이를 배우고 학습했다. 놀이의 필요성을 스스로 느끼고 체험으로 터득했기 때문에, 굳이 누군가가 강요하거나 가르치지 않아도 놀이와 관련된 배움을 스스로 학습했다. 게다가 이미 공부한 내용은 응용으로 새롭게 만들며 놀이를 지속했다.

하지만 요즘 초등학생 문화는 과거와 매우 다르다. 학교 수업이 끝남과 동시에 아이들은 학원에 가야 한다. 교사인 나보다 오히려 더 바쁘고 더 빡빡하게 공부 계획을 짜야만 하기에, 아이들은 놀이의 필요성을 느낄 틈이 없다. 놀이의 필요성을 느끼지 못하니 놀이와 관련된 배움 또한 스스로 하려고 하지 않는다. 그래서 체험학습을 하러 갔을 때 주어지는 자유시간에도 아이들은 무슨 놀이로 어떻게 놀아야 할지 알지 못하는 것이다.

'자기 주도 공부법'을 초등학교 때부터 일찍 습관으로 만든 아이는 배움을 긍정적인 시각으로 바라본다. 그래서 새로운 무엇인가를 계속 배우고 싶다는 강한 열정을 갖게 된다. 부모가 아이에게 이것저것 배우라고 굳이 강요하지 않아도, 아이는 자기 스스로 배움을 이어가고 싶은 욕망을 갖게 된다. 그런 마음이 계속 배움을 지속할 수 있게 도와주는 것이다.

이렇게 스스로 배우고자 하는 강한 의지를 통해 배운 공부 내용은 온전히 아이만의 공부가 된다. 이는 배운 내용을 스스로 응용하고 실천할 수 있도록 한다. 이런 배움이 쌓일수록 아이의 뇌는 과거에 공부한 내용과 현재 공부한 내용을 알맞게 분류하고 정리할 수 있다. 비슷한 내용을 함께 묶을 수 있고, 상위 개념과 관련된 하위 개념을 상위 개념 밑으로 정리할 수 있다.

모든 배움은 자기 주도 공부에서 출발해야 한다. 그래야 배운 것을 아이 스스로 반드시 활용할 수 있게 된다. 그러니 스스로 공부하기를 지속하려면 배움은 곧 아이에게 본능이 되어야 한다. 막 세상 밖으로 태어났을 때, 배가 고프거나 잠이 올 때 아이는 본능적으로 울음을 터뜨린다. 아이가 울음을 터뜨리는 때는 부모가 알려준 게 아니다. 본능적으로 울음을 통해 자신의 의사를 부모에게 전달해야 함을 알기 때문에 부모를 향해 울음으로 신호를 보내는 것이다. 또한, 부모가 알려주지 않아도 아이는 뒤집기나 배밀이 등도 때가 되면 스스로 하게 된다. 이 또한 아이의 본능이기 때문이다.

아기가 태어나자마자 본능적으로 울음을 터뜨렸듯이, 배움도 아이 스스로 할 수 있다. 모든 아이는 충분히 혼자서도 배움을 지속할 수 있다. 내 아이 역시 그런 능력을 타고났다. 다만 그런 능력을 제대로 발휘하지 못하는 이유는 스스로 공부하는 목적과 이유를 아이가 아직 모르기 때문이다.

누군가가 아이의 배움을 대신해줄 때마다 아이는 '자기 주도 학습'의 중요성을 깨닫지 못한다. 특히 배움을 대신해주는 대상이 부모라면 아이는 더욱더 자기 힘으로 공부해야 할 이유를 찾지 못한다. 아이가 충분히 해낼 수 있는 능력을 애초에 부모가 빼앗아버렸기 때문이다. 아직 말을 할 줄 모르던 아이가 불편함을 느낄 때마다 본능적으로 울음을 터뜨렸듯이, '자기 주도 공부'에서도 아이는 반드시 학습의 불편함을 느껴야만 한다.

자기 스스로 불편함을 느끼고 그 해소를 부모의 도움이 아닌 자신의 힘으로 해결하는 방법을 초등학생 때부터 터득한다면, 아이는 그렇게 공부하고 배운 내용을 나만의 것으로 만들게 된다. 하지만 아이가 학습의 불편함을 느끼기도 전에 부모가 먼저 그 자리를 꿰차고 들어가 버리면 어떻게 될까? 아마 아이는 학습의 불편함을 깨닫지 못하게 될 것이다. 아이 스스로 원해서 시작한 배움은 그 불편함을 해소하기 위해 아이도 최선을 다한다. 그렇지만 불편함을 느끼지 못한 상태로 알게 된 공부는 오롯이 아이만의 것이 되지 않고, 결국 배움의 중요성도 느끼지 못한다.

이런 과정이 반복되다 보면 아이는 공부에 흥미를 느끼지 못한다. 그럼 아이는 학년이 올라갈수록 배움을 멀리하려고 하고, 그런 아이의 모습을 볼 때마다 부모만 애가 타들어 간다. 부모가 아이를 그렇게 만들었으면서 그 사실은 깨닫지 못하고, 공부를 재미없어하는 아이의 모습만 보며 아이에게 잔소리하고 혼을 내는 것이다.

그러니 아이는 항상 배움의 불편함을 느껴야만 한다. 초등학생 자녀를 둔 부모가 반드시 해야 할 일은, 아이가 배움의 불편함을 느꼈다면 그 불편함을 제힘으로 해결하는 방법만 자세히 알려주면 된다. 즉 지금보다 어렸을 때 아이가 불편함을 해소하기 위해 스스로 울었던 것처럼, 지금 내 아이도 자기 스스로 우는 방법을 터득할 수 있도록 지도해야 한다.

부모가 아이 대신 울어준다면 아이는 울음의 필요성을 느끼지 못한다. 부모가 울음의 필요성은 알려주되 아이마다 스스로 학습하는 속도가 다르다는 점을 알아야만 한다. 즉 아이마다 발달 속도가 다르듯, 배움의 불편함을 해결하는 데 걸리는 시간 역시 아이마다 다르다. 이때 부모가 해야 할 일은 다른 아이들과 비교하지 않고 아이가 '자기 주도 공부법'을 익힐 때까지 기다려주어야 한다.

인내심을 가지고 기다려주다 보면 아이는 결국 스스로 공부하는 방법을 깨닫게 된다. '자기 주도 공부법'을 깨달은 아이는 본능적으로 배움을 즐기게 되고, 배움이 인생에서 얼마나 중요한 것인지도 스스로 깨닫게 된다. 비록 그 과정은 힘이 들지만, 그 깨달음을 제 힘으로 얻은 아이는 그때부터 제대로 된 공부를 시작할 수 있다.

모든 배움은 스스로 공부에서 시작한다. '자기 주도 공부법'을 깨닫지 못한 아이는 배움을 즐길 수 없다. 배움은 모두 연결되어 있고, 아이는 그 배움을 적재적소에 잘 활용해야 한다. 그러한 능력은 오직 '자기 주도 공부'에서 출발한다는 점을 꼭 명심해야 한다.

스스로 하는 것만이 진짜 공부다

현재 나는 11년 차 초등학교 교사다. 첫 발령을 받고 지도했던 첫 제자들이 벌써 24살이 됐다. 초등교사의 장점은 제자들의 성장기를 볼 수 있다는 것이다. 특히 아이들이 성장하면서 공부 습관이 어떻게 변하고 있는지 파악할 수 있다는 게 가장 큰 장점이다.

초등학생 시절 공부를 곧잘 했던 아이가 고등학생이 된 후 공부를 포기한 사례도 있고 혹은 초등학생 시절에는 공부를 썩 잘하지 못했지만, 학년이 올라갈수록 공부를 잘하게 된 아이도 있다. 이렇게 초등학생 때는 공부를 잘했던 아이가 성장할수록 공부를 못하거나 초등학생 때는 공부를 썩 잘하지 못했던 아이가 성장할수록 공부를 잘하게 된 이유는 단 하나다.

바로 초등학생 때부터 스스로 공부하기를 시작했느냐 시작하지 않았느냐의 차이다. 초등학생일 때는 자기 주도 공부를 하는 아이와 하지 않는 아이의 성적에 별다른 차이점이 느껴지지 않는다. 오히려 스스로 공부하거나 사교육을 받지 않는 아이의 성적이 더 좋지 못한 경우도 분명 있다.

그러나 나는 그런 아이들을 볼 때마다 학년이 올라갈수록 반드시 성적이 오르리라는 것을 안다. 초등학생 때부터 자기 주도 공부법을 습관으로 만든 아이는 결국 그 습관이 중학생, 고등학생이 되면서 빛을 본다는 사실을 알고 있기 때문이다.

실제로 초등학생 때부터 스스로 공부하는 법을 꾸준히 연습한 아이는 고등학생이 되자 상위권 성적이 되었다는 소식을 전해주었다. 반면 초등학생 때부터 학원은 열심히 다녔지만, 공부에 흥미를 느끼지 못했던 아이는 고등학생이 되었어도 여전히 공부가 재미없을 뿐만 아니라 성적이 계속 떨어지고 있다고 말했다. 이렇게 초등학생 때부터 습관화한 자기 주도 공부가 장기적으로 아이의 진짜 공부에 지대한 영향을 미치고, 더 나아가 시험 성적에도 많은 영향을 끼친다.

그러니 부모는 내 아이가 초등학교 1학년이 되면 아이 스스로 공부하는 방법을 먼저 알려주어야 한다. 아이와 함께 교과서를 읽고 교과서를 활용해 스스로 공부하는 방법을 지도해야 한다. 그리고 내 아이가 초등학교 저학년일 때는 아이가 알려준 방법으로 스스로 공부하고 있는지 반드시 점검해야 한다.

무엇이든 습관이 되려면 오랜 시간이 걸린다. 특히 스스로 조절하는 능력이 아직 부족한 아이들은 더더욱 그렇다. 자기 주도 공부법이 아이의 완전한 습관이 되기 전까지 부모는 내 아이가 스스로 잘하고 있는지 파악하고 또 파악해야만 한다.

즉, 내 아이에게 '2 더하기 3은 5'라는 정답만 알려주는 것이 아니라 아이 스스로 왜 '2+3=5'가 되는지를 알 수 있도록 지도하고, 지도한 내용을 꼼꼼하게 점검해야만 한다. 이렇게 공부하는 방법을 아이에게 꾸준히 알려주면서 꼼꼼하게 점검하면 시간이 지날수록 결국 스스로 공부는 아이의 긍정적인 습관이 된다.

그래서 아이는 '2+3=5'라는 정답만 아는 것이 아니라 '2+3=5'가 되는 다양한 풀이법을 스스로 익히게 된다. 이렇게 내 아이가 스스로 공부하는 시간이 많아질수록 아이의 공부 능력은 점점 발전하게 된다.

이는 곧 아이의 공부 시야를 넓혀주는 것과도 비슷하다. 그래서 부모가 아이의 공부를 점검할 때도 아이가 스스로 정답을 도출해내는 과정을 꼼꼼하게 점검하는 것이 중요하다.

앞서 언급한 2+3이 5가 되는 풀이 과정은 다양하다. 그 다양한 과정을 아이 스스로 생각해내려면 정답만 알려주는 공부법으로는 부족하다. 부모와 아이가 함께 그림을 그리면서 5라는 숫자를 알아보거나 문장으로 직접 써보면서 5라는 숫자가 나올 수 있게 해야 한다. 혹은 단순히 5라는 결과만 나오게 하지 않고 저 하나의 문제를 활용해 2나 3이라는 숫자가 나올 수 있도록 색다른 문제를 생각해내는 것 또한 아이가 제힘으로 고민할 수 있게 지도해야 한다.

즉, 아이가 5라는 정답 하나만 생각하는 풀이 과정을 지도하는 것이 아니라 주어진 문제를 활용해 아이가 만들 수 있는 다른 다양한 문제까지 생각할 수 있게 부모가 도와주어야 한다. 이런 과정이 바로 시냇물이 모여 바다가 되듯 아이의 공부 시야도 바다처럼 넓혀지는 과정이다.

그래서 부모가 자기 주도 공부법을 시냇물 크기로만 알려준다면 아이는 딱 그 정도 수준밖에 공부하지 못한다. 그래서 학습에 필요한 그 외의 것은 누군가의 도움이 필요하거나, 수동적인 공부를 하게 된다. 그러니 내 아이가 스스로 공부할 수 있는 능력을 바다 수준까지 넓힐 수 있도록 공부하는 방법을 계속 알려주어야 한다. 스스로 공부하는 다양한 방법을 알려주어 아이가 바다 수준의 자기 주도 공부법을 터득할 수 있도록 해야 한다. 그것이 바로 초등학교에 입학한 내 아이를 위해 부모가 해야 할 역할이다.

이렇게 점점 스스로 공부하는 방법을 깨우친 아이는 배운 내용이 곧 온전히 아이만의 지식이 된다. 그리고 이런 지식이 쌓일수록 아이는 공부를 진정으로 즐기게 된다. 초등학교 저학년 때는 어항 수준의 자기 주도 공부법만 알았던 아이가 학년이 올라가면서 연못 수준까지 공부하는 법을 익힌다면 아이는 조금씩 공부 효율성을 느끼게 된다.

수학 교과에 비유하자면 '한 자릿수 덧셈'밖에 하지 못했던 아이가 이제는 능숙하게 '두 자릿수의 덧셈'을 해결할 수 있는 것이다. 이렇게 성장하면 아이에게 있어서 한 자릿수 덧셈은 더는 연습할 필요가 없게 된다.

이미 스스로 공부를 통해 자신의 것으로 만들었으며 이제는 더 나아가 두 자릿수 덧셈도 해결할 수 있기 때문이다. 다시 또 두 자릿수 덧셈을 넘어서 세 자릿수 덧셈을 해결할 수 있을 때도 마찬가지다. 아이는 두 자릿수 덧셈 또한 쉽게, 그리고 온전히 자신만의 지식으로 만들 수 있다.

이것이 바로 진짜 공부다. 아이 스스로 해낼 수 있는 공부 방법이 많아지는 것이 곧 자기 주도 공부이며 그런 공부만이 내 아이의 진짜 공부가 된다. 그래서 내 아이가 스스로 공부해서 터득한 두 자릿수 덧셈과 누군가에게 주입식으로 정답만 배운 두 자릿수 덧셈은 똑같은 덧셈일지라도 아이가 가질 앎의 깊이가 질적으로 다를 수밖에 없다.

그래서 스스로 공부는 아이의 학습 시간이 오래 걸릴 수 있다. 누군가가 정답을 제시해 주는 것이 아니라 정답이 나오기까지의 과정을 오로지 아이 스스로 힘으로 찾아가는 과정이기 때문이다.

그러므로 내 아이가 스스로 공부하는 시간이 1시간, 2시간 혹은

1주일이 걸린다고 할지라도 아이가 스스로 해낼 때까지 부모는 믿고 기다려주는 자세가 필요하다. 조급하고 답답한 마음에 정답을 알려주지 않고 비록 시간이 오래 걸리더라도 아이 스스로 해내는 공부가 진짜 공부라는 것을 아이가 충분히 경험하고 느낄 수 있도록 도와주어야 한다.

믿고 기다려주는 만큼 아이의 자기 주도 공부는 시냇물을 지나 강물이 되고 더 나아가 결국 바다가 될 것이다. 그럼 이 말은, 아이가 처음 학습했을 때 1주일 걸렸던 것이 4일이 되고 다시 2일로 줄어든다는 말이다.

학습 과정과 학습 속도는 아이가 스스로 해내는 공부를 자주 해야만 긍정적으로 변한다. 그리고 이런 과정은 사교육으로 해결할 수 있는 것이 결코 아니다. 아이가 직접 책상에 앉아서 스스로 생각하고 고민하며 그걸 바탕으로 해결하는 경험을 해야만 가능한 일이다. 그리고 그런 배움만이 내 아이의 진짜 공부가 된다.

그래서 초등학생 내 아이는 반드시 진짜 공부가 무엇인지 일찍 알아야 한다. 공부하는 시늉을 배우는 것이 아니라 아이가 직접 스스로 공부하는 다양한 방법을 깨우치면서 진짜 공부가 무엇인지 알 기회를 주어야만 한다.

그리고 그런 기회와 함께 내 아이가 다양한 시행착오를 겪을 수 있도록 아이를 믿고 기다려주는 자세 또한 필요하다. 부모의 조급한 마음이 아이 눈에 보이기 시작하면 아이 또한 차분하게 공부할 수 있는 역량을 발휘하지 못하기 때문이다.

내 아이가 진짜 공부를 하려면 초등학교 저학년 때부터 스스로 공부하는 방법을 부모가 꾸준히 알려주는 게 매우 중요하다. 그리고 비록 시간이 오래 걸린다고 할지라도 내 아이가 하나씩 스스로 공부하는 방법을 터득하고 응용하고 있다면 아이를 믿고 기다려주는 자세 또한 필요하다.

이런 모든 것이 긍정적으로 연결될 때, 내 아이는 시간이 지날수록 혼자서 공부할 수 있는 다양한 방법을 적절하게 활용할 수 있다. 그래서 내 아이의 스스로 공부하는 능력이 바다 수준까지 넓혀진다면 아이의 성적 또한 자연스레 꾸준히 올라갈 것이다.

초등학생 때 만든 공부 습관 평생 간다

'세 살 버릇 여든까지 간다.'라는 속담이 있다. 이 속담을 공부에 비유하면 '초등학생 공부 습관이 평생 간다.'라고 바꿔 말할 수 있다. 우리 모두 한번 생긴 습관이나 버릇은 쉽게 바뀌지 않는다는 사실을 알고 있다. 그러니 처음부터 긍정적인 습관을 들여야만 한다. 특히 공부는 더더욱 그렇다.

하지만 아이의 평생을 좌우할 공부 습관은 한순간 갑자기 만들어지지 않는다. 아이의 초등학교 생활 6년 동안 차곡차곡 쌓였던 것들이 모여 아이의 평생 공부 습관이 만들어진다. 그러니 아이가 바른 공부 습관을 유지할 수 있도록 부모는 옆에서 아이를 지켜보고 도와주어야만 한다.

특히 이러한 지켜봄은 아이가 초등학교에 입학한 순간부터 시작해야 한다. 이제 막 초등학교에 입학한 1학년 아이들의 담임을 맡으면 하나같이 눈을 초롱초롱하게 뜨고 교사인 나를 바라본다. 선생님이 하는 모든 말씀을 귀 기울여 듣고 대답도 우렁차게 잘한다. 모두 "학교에서 선생님 말씀 잘 들어야 해."라는 부모의 말을 귀담아들었기에 학교에 오면 선생님의 말씀에 최선을 다해 귀 기울이는 것이다.

이렇게 선생님의 말씀과 수업에 집중하며 열심히 공부했던 초등학교 1학년 아이들이 점점 성장하여 초등학교 고학년이 되면 어떠한가? 고학년이 된 아이들의 공부 습관은 대부분 어릴 때와 다르게 변해 있다. 더는 초등학교 1학년 때처럼 교실 속 모든 아이가 선생님 눈을 초롱초롱하게 바라보고 있지 않다. 어떤 활동이든 "재미있겠다. 선생님 계속하고 싶어요!"라고 외쳤던 아이들이 어느새 "아~ 그거 꼭 해야 해요? 이거 다 끝내고 나면 뭐 주실 거예요?"라고 묻는다. 마치 보상이 없으면 절대 먼저 공부하지 않는 아이로 변해 있다. 이런 모습이 바로 아이의 공부 습관이 성장하며 달라졌다는 증거이다. 그래서 공부할 때 어떤 물질적 보상이 주어져야만 하는 시늉이라도 하는 아이들로 변해 있거나 그런 물질적 보상은 애초에 관심도 없고 공부 자체를 포기한 아이들도 있다.

이렇게 부정적으로 변해버린 아이들의 공부 습관을 다시 제대로 바꾸려면 더욱더 오랜 시간이 걸린다. 이미 어느 정도 형성된 아이들의 공부 습관을 다시 바꾸려면 아이 스스로 공부를 왜 해야 하는지 그 필요성을 느껴야만 습관을 바꿀 수 있기 때문이다.

그래서 공부의 필요성은 꼭 초등학교 저학년 때부터 스스로 알아야 한다. 아이들의 긍정적인 공부 습관 그 출발점은 바로 공부 필요성 즉, 공부에 대한 간절함이다. 아이들은 배가 고프다는 생각이 들면 먹을 것을 찾거나 부모에게 '배고프다.'라는 의사를 전달한다. 이런 아이의 행동은 결코 부모가 시킨 행동이 아니다.

아이 스스로 '배고픔'이라는 간절함이 있으니 그 간절함을 해소하기 위해 적극적으로 '음식'을 찾는 행동을 하는 것이다. 그러니 내 아이에게 바른 공부 습관을 형성하려면 아이에게 먼저 공부에 관한 간절함을 심어주어야 한다.

공부에 관한 간절함을 아이에게 심어주기 위해 부모는 아이의 속도가 더디더라도 아이가 직접 자신의 힘으로 배움을 해결할 수 있는 시간을 충분히 주어야 한다. 내 아이가 배움과 관련된 호기심을 내비치면 부모는 정답이나 해결책을 알더라도 아이 스스로 생각할 시간을 주어야 한다. 초등학교 저학년 때부터 이렇게 스스로 해보는 경험을 자주 하는 것은 매우 중요하다. 이는 아이의 평생에 있을 공부 습관과 연결되기 때문이다.

공부의 중요성을 스스로 느끼고 조금씩 제힘으로 공부하는 방법을 알게 된 아이는 이런 공부의 불편함을 즐기게 된다. 즉, '공부의 불편함'이란 배고플 때 스스로 음식을 찾은 것처럼 아이가 궁금한 내용을 스스로 해결하려고 노력하는 것을 의미한다.

그래서 해결되지 않은 개념과 문제를 아이 스스로 해결하려고 적극적으로 노력한다. 단지 부모의 칭찬, 외적 보상 등을 위한 공부가 아닌 진심으로 공부를 즐기고, 진심으로 원해서 하는 자신을 위한 공부를 하게 된다.

그래서 아이가 공부하는 데에 불편함을 느낄 때마다 부모는 아이 스스로 현명하게 잘 해결하는 방법을 알려주어야 한다. 예를 들어, 아이가 글씨를 쓸 때 맞춤법이 헷갈려서 부모에게 물었을 때 곧장 올바른 맞춤법을 알려줘서는 안 된다. 부모가 해야 할 일은 그 불편한 것을 해결하는 방법만 제시하면 된다.

"국어사전을 한번 찾아봐. 아님, 그 낱말이 국어 교과서 어딘가에 있었던 것 같은데, 국어 교과서를 찾아볼래?" 이렇게 방법을 알려줘야 한다. 특히 초등학교 저학년일수록 스스로 공부하는 방법을 구체적으로 알려주어야만 한다. 이렇게 방법이 제시된 공부 불편함과 방법이 전혀 제시되지 않은 공부 불편함은 매우 다르다. 이런 똑같은 상황에서 "네가 그냥 알아서 해봐."라고 말했다면, 아이는 이 불편함을 긍정적인 공부 불편함으로 받아들일 수 있을까? 결코 그럴 수 없다. 어떤 해결책도 나와 있지 않은 불편함은 아이에게 그 문제를 회피하고 싶은 감정을 느끼게 한다. 그리고 이런 상황이 반복되면 아이는 '공부 불편함'이라는 것 자체를 멀리하고 결국 그런 불편함을 제공하는 호기심마저 사라져 버리고 만다.

반면 공부 불편함이 자세한 해결방법을 통해 해결되었다면 아이에게는 그런 경험이 희열과 기쁨을 안겨준다. 그리고 스스로 힘으로 해낼 수 있다는 강한 자신감마저 생긴다. 또한, 엄마가 알려준 방법으로 해결한 아이는 다음에 똑같은 상황이 발생했을 때 굳이 엄마에게 물어보지 않아도 이미 알고 있는 해결법으로 문제를 해결하려고 한다.

만일 같은 방법으로 해결되지 않았을 때, 아이는 또 다른 유형의 공부 불편함을 느낄 것이고 그때도 부모는 아이에게 더 나은 해결방법을 알려주면 된다. 강조해서 말하지만 부모가 내 아이에게 알려주어야 할 것은 답이 아닌 그 답을 찾아가는 과정이다.

내 아이에게 긍정적인 공부 습관을 선물로 주고 싶다면 아이는 반드시 공부 불편함을 느껴야 한다. 그리고 그 불편함을 긍정적인 기분으로 해결한 경험을 자주 느껴야 한다. 기분 좋게 시작한 첫 경험은 내 아이에게 이어질 공부 또한 기분 좋게 시작할 확률이 높다. 자기 주도 공부를 위해서는 초등학생 내 아이도 주도적으로 공부해야 하지만 그 과정을 알려주는 부모 또한 함께 공부해야 한다.

아이에게 스스로 공부하는 방법을 계속해서 알려주어야 하고, 아이가 더 나은 방법을 알고 싶다면 그때도 함께 연구해서 아이에게 연구한 방법을 알려주어야 한다. 스스로 공부하는 방법을 100개를 알고 있는 아이와 스스로 공부하는 방법을 1,000개 이상을 알고 있는 아이의 학습능률은 크게 차이가 난다. 100개와 1,000개의 차이는 아이가 공부 불편함을 느낄 때마다 부모가 스스로 공부하는 과정을 얼마나 많이 알려줬느냐 알려주지 않았느냐의 차이이다.

자기 주도 공부법을 습관화 하는 데에는 아이가 주도적으로 학습하는 것이 중요하다. 그러나 그렇다고 해서 아이에게 무작정 혼자서 공부하라는 의미는 결코 아니다. 아이가 스스로 공부하는 방법을 알 수 있도록 부모 또한 옆에서 끊임없이 연구해야 한다. 아이가 공부하며 실패하듯, 부모 또한 과정을 모색하며 다양한 실패를 경험해야 한다. 부모와 아이가 함께 연구하고 실패하며 다시 또 그 실패를 통한 피드백 후 자아 성찰 등의 과정을 반복하면 아이의 자기 주도 공부는 도약하고 부모 또한 더 나은 공부법을 발견하게 된다. 그러므로 초등학생 때 형성한 내 아이의 공부법이 평생 간다는 사실을 꼭 기억해야 한다.

공부하는 즐거움은 초등학생 때부터 알아야 한다

지금은 초등학교에서 일제고사초 · 중 · 고등학교 학생들의 학력 수준 평가를 위해 모든 학교에서 같은 시간에 같은 문제로 치러지는 시험가 없어졌지만, 불과 몇 년 전만 해도 초등학생들도 일제고사가 있었다. 그래서 수업 시간에 나도 모르게 "이 문제는 꼭 이번 중간고사에 낼 거야."라는 말을 하곤 했다. 그렇게 일제고사를 보면 아이들의 성적과 등수가 나왔다. 그리고 과거 담임을 맡았던 반에서는 항상 비슷한 점수를 받던 두 명의 아이가 있었다. 점수는 비슷했지만, 성적표를 받을 때 두 아이의 반응이 달랐다. 한 아이는 점수가 낮아도 크게 실망하지 않았다. 점수가 높아도 마찬가지였다. 늘 차분함을 유지했다.

하지만 다른 아이는 달랐다. 성적이 생각보다 낮으면 아이는 종일 우울하고 눈물도 보였다. 반면 성적이 생각보다 높을 때는 온종일 기분이 좋아 보였다. 자신의 기분 좋음을 비언어적 · 언어적 표현 등을 전부 동원해 주변 사람 모두가 알 수 있게 표현했다.

나는 두 아이의 반응이 왜 이토록 다른지 궁금했다. 그래서 매일 두 아이를 관찰하고 아이들의 부모와도 자주 상담했다. 두 아이의 다른 점은 공부 시간에 주로 누구와 함께하느냐였다. 점수에 크게 연연하지 않았던 아이는 집에서 엄마와 함께 공부했다.

반면 성적과 등수에 일희일비했던 아이는 방과 후 3곳 이상의 학원에 다녔다. 심지어 버스를 2번 갈아타야만 갈 수 있는 학원도 있었다. 학원에 많이 다녔던 아이는 학교 수업 시간에 학원 문제집을 풀다가 내게 혼난 적도 많았다. 그리고 아이는 시험을 앞두면 학원에서 받은 족집게 파일을 들고 다니며 거의 외우다시피 하며 공부했다. 족집게 파일에 있는 내용이 시험 문제로 많이 나오면 유독 시험을 잘 봤다.

이런 두 아이의 차이점을 동화책에 비유하면 『토끼와 거북이』다. 학원에 열심히 다니는 아이는 마치 토끼처럼 재빠르게 공부하고 성적도 재빠르게 올랐다. 반면 집에서 공부하는 아이는 거북이처럼 느렸어도 꾸준히 성적이 올랐다.

이 두 아이를 비교했을 때 누가 더 공부하는 즐거움을 느낄 수 있을까? 거북이처럼 느려도 차근차근히 하는 아이가 공부하는 즐거움을 느낀다. 거북이가 포기하지 않고 결국 경주에서 이겼듯 공부하는 즐거움을 느낀 아이는 학년이 올라갈수록 꾸준히 성적이 오르리라고 확신한다.

느리게 공부하는 것에는 많은 장점이 있다. 꾸준함과 인내를 바탕으로 공부하면 아이는 공부하는 과정을 즐길 수 있다. 거북이가 천천히 꾸준히 갈 수 있었던 이유는 결승선으로 향하는 길의 주변 풍경을 보는 여유가 있었기 때문이다.

그리고 이렇게 가다 보면 언젠가는 결승선에 도착한다는 강한 확신이 있었기 때문에 가능했던 일이기도 하다. 아이의 공부도 거북이와 비슷해야 한다. 그래서 거북이처럼 천천히 느리게 가도 된다는 것을 아이에게 알려주어야 한다. 그리고 결승선 하나만 바라보며 가지 않고 주변 풍경을 여유롭게 즐기는 것 또한 공부하는 과정의 하나임을 알려주어야 한다.

무엇이든 과정이 즐겁고 행복하면 자신도 모르게 결과물을 완성할 수 있다. 공부도 마찬가지다. 공부도 계속 즐기면서 하다 보면 정말 재미있음을 아이도 느끼게 된다. 이 즐거움을 느낄 수 있는 게 바로 과정의 중요성이다.

내 아이가 비록 학습이 느리고 공부가 더디더라도 가만히 지켜봐 주는 것이 좋다. 아이가 자기 힘으로 배울 기회를 제공해주는 것이기 때문이다. 부모가 지켜보고 기다릴수록 아이는 스스로 배울 기회를 얻는다. 아이가 중간에 힘들어한다면 지금까지 공부한 과정을 함께 돌아보자. 그리고 그 과정에서 아이가 스스로 해냈던 점을 알려주고 칭찬하자. 아이가 느리게 가되 꾸준히 걸어가야 한다는 사실을 이런 식으로 자꾸 옆에서 알려주자.

아이의 자기 주도 공부에서 부모는 토끼가 되어서는 안 된다. 내 아이보다 더 느리게 걷는 거북이가 되어야 한다. 그래서 내 아이가 걸어가는 공부 길 뒤에 항상 묵묵히 따라가야 한다. 부모가 토끼가 되어 아이보다 먼저 결승선에 도착하여 내 아이를 보면 천천히 걸어오는 내 아이의 학습 속도에 자신도 모르게 화가 날 것이다. 아이는 제 속도로 꾸준히 잘하고 있는데, 부모는 그런 아이의 모습이 답답해 보인다. 이런 답답함이 아이에게 표출되기 시작하면 아이의 학습 속도는 무시한 채 아이를 학원에 보내거나 떠먹여 주기식 교육을 아이에게 하게 된다.

아이가 초등학교에 입학했다면 반드시 스스로 공부하는 방법을 알고 습관화해야 한다. 특히 공부하는 즐거움은 반드시 느껴보아야 한다. 초등학생의 공부는 시험을 잘 보는 게 목표가 아니다. 공부는 무조건 잘해야 한다는 인식 또한 아이에게 심어주어서는 안 된다. 잘해야 한다는 마음보다 해야 하는 일이라고 마음먹어야 하는 것이 공부다. 그러니 이왕 하는 거 즐겁게 한번 해보자는 마음을 아이가 가질 수 있게 부모가 도와주어야 한다.

아이가 '공부하기' 자체를 즐기게 하려면 결과보다 과정을 중요하게 생각하는 부모가 되어야 한다. 초등학생은 교과에 나온 학습 목표만 잘 이해하고 도달하면 충분하다. 아이가 단원마다 나오는 학습 목표를 잘 이해하고 있다면 아이는 충분히 공부하고 있다.

부모는 아이의 성적이 잘 나오지 않는 것 같다고 걱정하기 전에 아이가 자기 주도 공부를 잘하고 있는지 먼저 생각해야 한다. 학원에 다니며 오른 등수 혹은 벼락치기로 달달 외우다시피 해서 얻은 성적은 아무 의미가 없다.

초등학생 때는 아이가 '공부'라는 길을 지나갈 때, 그 길 사이사이에 숨겨진 즐거운 경험을 스스로 찾아 할 수 있게 부모가 도와주어야 한다. 단순히 100점이라는 목표를 향해 뛰라고 외치지 말고 점수와 상관없이 그 길을 꾸준히 가되 주변 풍경도 찬찬히 볼 수 있는 여유를 아이에게 알려주어야 한다.

여유 없이 점수만 생각하는 공부는 아이에게 독이 된다. 높은 점수만 바라보는 공부는 수단과 방법을 가리지 않고 그것만 달성하도록 만든다. 그래서 시험을 볼 때 커닝을 할 수도 있다. 과정은 중요하지 않고 무엇을 하든 높은 점수만 받으면 된다는 생각이 아이 머릿속에 가득 담겨 있기 때문이다.

그러나 과정을 즐기며 공부 자체의 즐거움을 알게 된 아이들은 목표를 높은 점수에 두지 않는다. 공부하고 익히는 과정을 내 것으로 만들기 위해 최선을 다한다. 그래서 시험 성적표가 나왔을 때, 점수가 낮더라도 실망하지 않는다. 틀린 문제는 아직 자신의 것으로 학습하지 못한 내용이라고 생각하며 틀린 문제를 활용해 부족한 부분을 스스로 다시 공부한다.

점수만 바라보는 공부는 시험 기간이 다가올 때마다 내 아이에게 극도의 스트레스를 안겨준다. 그러나 공부하는 과정을 즐겁게 생각하는 아이에게 시험은 단지 지금까지 내가 공부한 내용이 얼마나 많은지, 아직 내 것이 되지 못한 개념은 무엇인지 알아보는 공부길 여정의 한 과정일 뿐이다.

그러므로 부모는 아이에게 점수만 중시하는 공부를 하도록 해서는 절대 안 된다. 점수가 아닌 '공부' 자체에 목적을 둔 공부를 할 수 있도록 알려주어야 한다. 특히 초등학교 시절부터 이런 긍정적인 습관을 형성하는 게 중요하다. 공부 자체가 목적인 공부는 아이에게 있어서 점수는 중요하지 않다는 생각을 심어준다. 또한 공부 자체만 바라보며 스스로 하다 보면 어느새 아이의 성적도 꾸준히 오른다. 그러므로 부모는 아이가 초등학생 때부터 결과가 아닌 과정을 즐기며 공부할 수 있도록 지도해야 한다.

초등학생부터 인생은 배움의 연속이다

성인이 된 후에도 유독 배움에 많은 시간을 할애하는 사람들이 있다. 이렇게 배움 자체를 즐기는 사람들은 누가 시키지 않았는데도 자발적으로 배움을 즐긴다. 한 예로, 최근 기사에 미국에 사는 90세 할아버지께서 대학교를 졸업하기 위해 최고령의 나이로 학사모를 썼다는 내용을 본 적이 있다. 기사를 자세히 읽어보니 할아버지의 인생은 배움의 연속이었고 무엇인가를 배울 때마다 '아직도 내가 모르는 게 많구나.'라는 생각에 즐거우셨다고 했다. 그래서 90세의 나이에도 배움을 놓지 않았고, 그 덕분에 학사모까지 쓴 것이다.

고령인데도 배움의 중요성을 생각하며 그 끈을 놓지 않은 사람은 비단 이 할아버지뿐만이 아니다. 요즘은 초등학교나 중학교, 고등학교에도 나이는 많지만, 학생들과 함께 공부하기 위해 같은 교실에 앉아 있는 할아버지, 할머니를 심심치 않게 볼 수 있다. 모두 배움을 중요하게 생각하고 있고 배움이 인생의 연속임을 알고 있기에 가능한 일이다. 아이가 초등학교에 들어가면 아이의 인생도 이제 배움의 연속이다. 잠자는 시간을 뺀 나머지 대부분 시간에 아이는 계속해서 배움을 지속하고 있다고 해도 과언이 아니다.

초등학교 1학년 입학식을 계기로, 아이는 학교생활 공동체 예절을 배우게 된다. 다양한 친구들을 만나며 교우 관계와 관련된 배움을 지속하게 된다. 상대방을 대하는 방법, 학교에서의 예절, 안전한 생활 등 아이는 계속 많은 것을 배우게 된다. 그중 작은 부분을 차지하고 있는 것이 바로 교과목 공부다.

아이 인생에서 교과목 공부가 차지하는 비중이 작은데도 아이가 초등학교에 입학하면 대부분 부모가 '아이의 배움은 곧 교과목 공부가 전부이다.'라고 생각한다. 그래서 아이가 초등학생이 되면 교과목 공부의 중요성만 지나치게 강조한다.

그리고 이런 생각은 내 아이의 또래들은 어떤 학원에 다니고 공부는 어느 수준까지 도달했는지를 궁금해하게 만든다. 그래서 자주 내 아이와 또래 아이들을 비교하고 다른 아이들이 더 나은 교육을 받는 것 같으면 내 아이의 배움은 마치 뒤처지는 것처럼 생각하기도 한다. 이런 부모의 마음을 대변하듯 아이들이 학교에서 내게 종종 하는 말이 있다.

"선생님, 엄마는 저만 보면 맨날 숙제했냐고 물어봐요."

아이 인생의 배움은 학교 교과목 공부만 해당하지 않는다. 아이는 초등학생이 된 이후 스스로 성장하는 법을 배워야 한다. 그리고 누군가와 어울리는 법도 잘 익혀야 한다. 학교 안팎으로 안전하게 생활하는 법도 익혀야 한다.

이 모든 것을 내 아이는 고루고루 공부하고 반드시 익혀야 한다. 교과목 공부만 강요하다 보면 아이는 배우지 못했던 부분의 결손이 생긴다. 결손이 이어지면 아이는 성인이 되어도 몸만 성인일 뿐 제대로 배우지 못했던 부분은 여전히 초등학생 수준에 머물게 된다.

과거 뉴스에서 이런 기사를 접한 적이 있다. 대학생이 시험을 보고 난 후 시험 점수가 좋지 않게 나와 왜 자신의 성적이 이토록 낮게 나왔는지를 대학교수를 통해 확인했다는 내용의 기사였다. 그런데 놀라웠던 점은 점수를 확인한 사람이 해당 학생이 아닌 학생의 학부모였다는 것이다. 아이가 성인인데도 부모가 교수에게 전화를 걸어 아이의 학점에 관한 자초지종을 묻다니!

나는 이 기사를 보고 난 후 무척 황당했다. 이 아이는 초등학생 때부터 차분히 익혀야 할 기본예절을 제대로 학습하지 못했다. 교과목 공부만 열심히 하면 된다고 생각하며 성장했을 것이고, 그래서 성인이 된 후에는 교과목 공부 외의 부분은 여전히 초등학생 수준에 머물러 있던 것이다.

그러니 부모는 내 아이가 초등학생이 되었다면 배움에는 다양한 것이 있음을 알려주어야 한다. 교과목 공부는 그중 일부임을 알려주어야 한다. 아이에게 이러한 내용을 알려주지 않으면 아이는 초등학생 때부터 교과목 공부만이 배움 전부라 여기며 살아가게 된다. 그래서 교과목 공부 외의 것은 중요하게 여기지 않는다. 다양한 배움이 있는데도 아이는 스스로 그 많은 것을 배울 기회를 놓치는 것이다. 모든 배움을 초등학생 때부터 즐기다 보면 아이는 스스로 그 배움 속에 함께 있는 교과목 공부도 즐기게 된다. 그리고 자기주도 공부법 또한 또한 자연스럽게 깨닫게 된다.

그러므로 초등학생이 된 내 아이의 다양한 경험과 다양한 활동 자체가 곧 배움이라는 사실을 부모는 반드시 아이에게 알려주어야만 한다. 이 세상에는 교과목 공부가 전부가 아닌, 배워야 할 게 정말 많다는 사실을 아이에게 계속 알려주어야만 한다. 모든 배움은 연결되어 있다. 그래서 다양한 배움을 지속할수록 아이는 자신이 이미 공부하고 익힌 내용을 유사한 것끼리 연결할 수 있다. 이 작업은 오직 교과목 공부를 통해서만 할 수 있는 것이 결코 아니다.

일상의 많은 부분을 차지하고 있는 것이 배움이라는 것을 아이가 깨달아야 하고, 그 배움은 아이의 평생에 걸쳐 지속할 것임을 알 수 있게 해야 한다. 그래야만 아이는 배움의 기본인 호기심을 지속해서 유지할 수 있다.

일상의 대부분이 배움임을 알게 되면 아이는 당연하게 생각했던 것도 당연하게 생각하지 않게 된다. 그래서 자꾸 호기심을 갖고 왜 그런 현상이 발생했는지 스스로 생각하고 알아보게 된다. 하지만 아이에게 교과목 공부만 하도록 지도한다면 아이는 호기심을 지속하지 않고 일상 대부분을 아무런 생각 없이 눈에 보이는 대로만 바라보게 된다.

그래서 질문할 거리를 생각하기보다 매일 눈으로 보고 귀로 듣는 것이 모두 당연한 것처럼 받아들이게 된다. 호기심 없이 오직 성적 점수만 바라보며 공부하는 모습, 무조건 좋은 대학교에 가야겠다는 좁은 배움만 바라보며 그렇게 살아가게 된다.

더 높은 점수와 더 나은 대학교, 나아가 더 좋은 직장을 얻기 위한 수단으로만 배움을 활용하면 아이는 배움의 큰 의미를 배우지 못한다. 아이 인생에서 배움은 단지 무엇을 얻기 위한 수단으로서의 배움이 되어서는 안 된다. 배움 자체가 아이 삶의 목적이자 원동력이 되어야만 한다.

수단으로서의 배움은 그 목적을 달성하고 나면 더는 배움의 의미를 느끼지 못한다. 즉, 그 가치를 깨닫지 못한다. 초등학생 아이가 생각했던 공부의 목적이 교과목 공부, 시험 성적표 등으로 이미 달성됐다면 성인이 된 내 아이는 아마 더는 배움을 지속하지 못할 것이다.

배움은 곧 아이의 인생이다. 배움을 즐기다 보면 아이는 배움의 일부인 교과목 공부도 잘하게 될 것이다. 그래서 아이가 초등학생이 됐다면 숲이라는 배움을 먼저 알려주고, 그 후 차근차근 그 안에 심어진 '교과목 공부'라는 것을 알려주면 된다. 마치 교과목 공부나 시험 점수가 아이 배움의 숲인 것처럼 알려줘서는 안 된다.

내 아이 성장의 큰 밑바탕은 바로 배움이다. 아이가 평생 배움을 지속할수록 아이는 그만큼 성장한다. 그리고 배움을 통해 삶의 모든 의미를 배울 수 있다. 부모는 초등학생 내 아이에게 큰 배움을 먼저 가르쳐주어야만 한다. 그리고 그 배움이 중요함을 스스로 깨달을 수 있게 도와주어야 하고 아이가 배움을 즐기고 재미있어하도록 알려줘야 한다. 그 후, 아이는 교과목 공부를 진행해도 늦지 않다. 그러므로 교과목 공부, 성적만을 위한 공부가 내 아이 배움의 모든 것이 아니라는 점을 반드시 알아야만 한다.

스스로 학습이 곧 공부 자신감이다

수업 시간마다 아이들과 내가 정한 규칙이 하나 있다. 바로 과제를 일찍 끝낸 사람은 자리에서 조용히 책을 읽는 행동으로 신호를 주자는 것이다. 이 규칙은 아직 과제를 끝내지 못한 친구를 배려하기 위한 규칙이다. 그리고 친구의 배움을 빼앗지 않기 위한 규칙이기도 하다.

과거 초보 교사였을 때는 수업할 때마다 과제를 일찍 끝낸 아이들에게만 초점을 두었었다. 그래서 과제를 일찍 끝낸 아이들이 "선생님, 다 했는데 이제 뭐 해야 해요? 언제까지 기다려야 해요?"라는 말을 하면 나도 모르게 아직 다 풀지 않은 아이가 있음에도 빨리빨리 정답을 확인하려고 했다. 이 과정이 반복되던 어느 날, 나는 충격적인 모습을 관찰했다. 평소 끝까지 과제를 끝내려고 노력하던 아이가 과제를 다 해결하지 않았는데도 멍하게 앉아 있는 모습을 본 것이다. 아이의 행동이 궁금해서 나는 아이에게 다가가 물었다.

"지인아, 아직 과제를 다 끝내지도 않았는데 왜 멍하니 앉아 있어?"
"어차피 빨리 끝낸 애들이 답 알려줄 거잖아요. 그래서 그냥 앉아 있어요."

나는 이 말에 심한 충격을 받았다. 내가 아무렇지 않게 했던 행동이 다른 아이들의 배움을 빼앗아가고 있었음을 깨닫게 된 것이다. 그 후 나는 느리더라도 끝까지 제힘으로 해결하려고 노력하는 아이들 편에 서야겠다고 다짐했다. 아이들이 그 수업 시간에 반드시 알아야만 하는 학습 목표는 시간이 오래 걸리더라도 모든 학생이 스스로 과제를 풀 때까지 기다리기로 했다. 그리고 그때부터 제시한 시간보다 더 빨리 과제를 해결한 친구들은 아직 배움이 끝나지 않은 친구들을 위해 남은 시간 동안 독서를 하자고 아이들과 함께 약속했다.

그렇게 아이들이 스스로 과제를 다 해결했다는 신호인 책 읽기를 하고 있으면 나는 그때부터 교실 안을 돌아다니며 아이들이 과제를 잘하고 있는지 한 명 한 명 확인했다. 이해되지 않은 부분을 적은 아이가 있는지 혹은 모르겠다고 적은 아이가 있는지 꼼꼼하게 확인했다.

이렇게 모르는 내용을 적은 아이들은 나와 함께 따로 그 문제를 해결했다. 이때도 교사인 내가 먼저 정답을 알려주지 않고 그 문제에 대한 아이의 생각을 먼저 들었다. 어떤 내용을 이야기하든 상관없이 아이의 이야기를 최대한 들었다.

그리고 아이가 잘 이해하고 있는 점 위주로 칭찬하며 과제 해결을 위해 아이 스스로 해결할 방법을 알려주었다. 문제와 관련된 내용을 다시 복습할 수 있는 교과서 내 쪽수를 알려주거나 그 문제를 해결하는 데 도움이 되는 책을 추천했다.

그 후 아이가 제힘으로 문제를 다 풀고 나면 내게 다시 설명할 기회를 주었다. 이렇게 해결방법을 알려주면 아이들은 그때부터 다시 힘을 내어 열심히 공부했다. 아이들에게는 아직 해결되지 않은 과제라 아이들의 머릿속에 계속 잔상처럼 남아 있기 때문이다.

아이들은 머릿속에 잔상처럼 남은 과제를 해결하기 위해 노력했고 드디어 해결했다면 뛸 듯이 기뻐하며 내게 달려온다. 그리고 내게 무엇을 활용해서 어떻게 정답을 알아냈는지 그 과정도 상세하게 설명한다. 상세하게 설명하는 아이의 얼굴에는 이미 웃음꽃이 피었다. 그 웃음꽃은 그 아이의 마음속에 공부에 관한 자신감의 씨앗이 뿌려졌다는 의미이다.

이처럼 아이의 공부 자신감은 초등학교 때부터 심어져야만 한다. 그 자신감 씨앗이 무럭무럭 자라 줄기를 뻗고 꽃을 피운 다음 건강한 열매를 맺는다면 그때부터 아이는 엄청난 공부 자신감을 느끼게 된다. 공부 자신감이 생기면 아이에게 배움은 곧 즐거움이 된다. 그래서 어떤 어려운 문제를 만나도 포기하지 않고 끝까지 붙드는 힘이 생긴다.

이러한 공부 자신감을 위해 초등학교 때는 배움의 기회를 최대한 많이 경험해야 한다. 공부 자신감은 배움의 기회를 많이 만나야 생기기 때문이다. 배움의 기회를 많이 뺏기게 되면 아이의 공부 자신감은 떨어진다. 반면 배움의 기회를 계속 제공하면 비록 해결하는 과정은 힘들고 어려울지라도 아이 스스로 정답을 찾아낸 그 순간 아이에게는 공부 자신감이 생긴다. 이런 경험이 반복될수록 아이는 '나도 최선을 다하면 결국 해내는구나!' 같은 강한 자신감을 느끼게 된다.

공부 자신감은 가정에서도 심어주어야 한다. 가정에서 부모와 아이가 함께 공부할 때 아이가 문제를 많이 틀렸다고 해서 부모가 그 자리에서 바로 정답지를 보며 아이에게 답을 알려주면 안 된다. 정답지를 들이미는 순간 아이에게 주어진 배움의 기회는 순식간에 날아가 버린다. 또한 문제를 많이 틀렸다고 아이를 심하게 비난해서도 안 된다. 이런 행동이 자꾸 반복되면 아이는 공부에 주눅이 든다. 그래서 아이 눈에 보이는 배움 하나하나가 아이에게는 마치 넘지 못할 큰 산처럼 느껴진다.

그래서 아이와 함께 문제를 풀고 난 후 틀린 문제는 아이가 저 스스로 해결하도록 도와주어야만 한다. 예를 들어, 국어 문제를 풀고 난 후 아이가 맞춤법을 틀렸다면 아이가 풀었던 지문이 국어 교과서 내 몇 단원의 내용이었는지 아이에게 살펴보라고 한다. 아이 스스로 몇 단원이었는지 찾았다면 다시 아이에게 그 낱말이 국어 교과서 어디쯤 나왔었는지 스스로 확인해보도록 한다. 확인했다면 아이가 틀린 그 낱말을 형광펜으로 표시하도록 지도한다(p.58 참조).

이렇게 아이 스스로 교과서를 살펴보고 정답도 살펴보는 과정은 매우 중요하다. 제힘으로 해내는 과정을 통해 정답을 발견하는 이 행동이 아이에게는 공부에 관한 즐거움을 안겨주는 행동이기 때문이다. 아이가 이렇게 스스로 정답을 찾을 때까지 부모가 해야 할 일은 조급해하지 않고 옆에서 가만히 지켜보는 것이다. 아이에게 정답을 찾는 방법은 이미 충분히 알려주었기 때문이다.

이렇게 문제를 해결하는 방법을 익힌 아이는 다음에 또 비슷한 유형의 문제를 틀리면 어떤 과정을 통해 정답을 찾아야 하는지 분명히 알게 된다. 그리고 자신이 선택한 방법으로 정답을 찾을 때마다 아이는 스스로 해냈다는 자부심을 느낀다. 이럴 때 부모는 아이가 스스로 해내는 과정을 칭찬하면 된다. 아이가 정답지를 바로 보지 않고 스스로 책을 살펴보고 책 안에서 자신이 틀렸던 내용을 확인하는 행동 자체를 칭찬하자. 스스로 해냈다는 자부심과 부모의 칭찬이 쌓이면 아이는 더욱 공부 자신감이 붙는다.

부모가 해결방법을 알려주지는 않고 아이 스스로 공부하여 정답을 찾았다면 그때는 정답을 찾은 행위에 초점을 두고 칭찬하기보다는 어떤 방법으로 정답을 찾아냈는지 그 과정도 함께 물어보아야 한다. 아이에게 어떻게 해서 정답을 알게 되었는지 그 과정을 이야기해달라고 했을 때 아이가 어떤 방법으로 해결했는지 이야기해준다면 해결해 내는 과정 또한 칭찬해야 한다. 부모의 긍정적인 칭찬은 아이에게 뿌듯함을 안겨준다. 그래서 아이는 정답을 도출해나간 과정 역시 부모에게 자신감 있게 이야기할 수 있다. 이런 행동 하나하나가 아이의 공부 자신감을 만드는 과정이다.

아이 스스로 해결하고 공부하는 배움의 기회가 많을수록 아이에게는 더욱더 큰 공부 자신감이 생긴다. 부모는 아이가 초등학생이 되었다면 반드시 아이가 배움의 기회를 더 자주 만날 수 있도록 해야 한다. 아이는 문제를 자기 힘으로 해결하는 과정을 익혀야 한다. 이때 부모가 해야 할 일은 아이가 해결할 수 있는 다양한 방법을 제시하고 아이 스스로 해결할 수 있도록 기다려주어야 한다. 이런 행동이 아이에게 공부 자신감을 심어줄 것이며 공부 자신감이 붙을수록 아이는 배움 자체를 즐기게 될 것이다.

좀 더 알아볼까요?

대화 예시

- **부모** : 오늘 공부한 내용을 보니까 우리 ○○이가 쓴 낱말 중 '어름판'이라는 말을 잘못 쓴 것 같아. 어떻게 제대로 쓰는지 ○○이가 확인해볼래?
- **아이** : 어떻게 확인해요?
- **부모** : 국어 교과서를 보니 '국어 1-2 나 10단원'이었던 것 같아. 거기서 한 번 찾아볼까?

  (Tip. 처음에는 해당 내용이 있는 단원만 알려줍니다. 아이가 자기 주도 공부법을 습관화하면 아이 스스로 찾도록 유도합니다.)
- **아이** : 10단원 258쪽에 있었어요. '얼음판'이라고 적혀 있어요.
- **부모** : 우리 ○○이가 잘 찾았구나. 그럼 노란색 형광펜으로 교과서에서 '얼음판'이라고 적힌 곳을 찾아 줄을 긋자. 이제부터 노란색 형광펜으로 표시된 낱말은 ○○이가 맞춤법을 틀렸던 단어들이야. 다음에는 이렇게 밑줄이 쳐진 단어를 보면서 공부하면 돼.

아이 스스로 활용하면 좋은 점검표

공부 날짜	공부 교과	내가 틀린 문제	관련 단원/ 쪽수	스스로 해결한 내용
9.15	국어	회의 절차를 제대로 적지 못했다.	6. 회의를 해요 182~183쪽	182~183쪽을 다시 꼼꼼하게 읽고 모르는 낱말은 국어사전을 활용해 공부했다. 회의 절차를 10번 반복해 읽으며 틀린 문제를 해결하고 복습했다.
	수학	9443과 9779의 크기 비교를 틀렸다.	1. 큰 수 22~23쪽	자릿수를 비교할 때, 비교하는 수의 천 자릿수가 같으면 다음 백 자릿수를 보고 크기를 비교해야 함을 알았다.
	사회	지도를 보고 동쪽에 어떤 건물이 있는지 적어보는 문제를 틀렸다.	1. 지도로 본 우리 지역 18쪽	18쪽에 동서남북 방위표가 잘 나와 있었다. 방위표를 보고 다시 동쪽을 확인하니 내가 적은 정답은 서쪽에 있는 건물이었다. 다시 동쪽에 있는 건물로 제대로 적었다.

(예시 교과는 초등학교 4학년 교육과정 중 일부입니다.)

2장

초등학생이 스스로 공부가 어려운 이유

자기 주도 공부법을 모르면 스스로 학습이 힘들다

아이가 태어나고 성장해 이유식을 할 때가 되면 많은 전문가가 아이가 음식을 다 흘릴지라도 '자기 주도 이유식'을 시작하라고 권장한다. 아이가 숟가락 잡는 느낌이나 숟가락에 음식을 담아 올리는 방법 등을 스스로 알아보는 게 중요하기 때문이다.

계속 아이에게 밥을 떠먹여 주면 아이는 그 느낌이 무엇인지 알지 못한다. 그래서 일찍 자기 주도 이유식을 시작한 아이들과는 다르게 24개월, 30개월이 되어도 스스로 숟가락을 쓰는 방법을 잘 알지 못한다. 그리고 아이에게 계속 밥을 떠먹여 주면 아이는 '밥은 부모가 먹여주는 것'이라고 인식하게 된다.

그럼 아이는 자기 힘으로 밥을 먹으려고 노력하지 않는다. 나아가 그러한 인식은 아이의 다른 요구사항도 부모가 전부 알아서 해주기를 원하는 마음으로 변한다.

아이의 자기 주도 공부도 마찬가지다. 아이가 초등학생이 되었다면 처음 이유식을 시작했던 것처럼 자기 주도 공부 방법을 알려주어야 한다. 음식을 다 흘려 얼굴과 옷과 바닥이 난장판이 되는 경험을 아이는 공부에서도 똑같이 해보아야 한다.

자기 주도 이유식을 일찍 시작한 아이는 시간이 지날수록 능숙하게 숟가락질과 젓가락질을 하게 된다. 자기 주도 공부도 마찬가지다. 초등학교 1학년 때부터 자기 주도 공부를 시작한 아이는 학년이 올라갈수록 스스로 공부하는 방법을 더욱 잘 알게 된다.

자기 주도 공부는 공부 계획을 세우는 것부터 공부를 마무리하기까지 아이가 자기 스스로 정하는 것이다. 여기서 부모는 아이에게 "이렇게 공부해야 해."라고 지시하는 것이 아니라 "이렇게 공부하는 방법도 있단다."라고 알려주는 역할이어야 한다.

"이렇게 공부해야 해."는 부모의 공부 방법을 아이에게 강요하는 것이다. 그 방법이 자신과 맞지 않아도 아이는 부모가 시키니까 그 공부법으로 공부하려고 한다. 부모의 말을 잘 들어야 한다고 생각하기 때문이다. 그러나 이렇게 공부하면 아이는 자기 주도 공부 능력을 잃고 만다.

반면 "이렇게 공부하는 방법도 있단다."라고 제시하는 말은 공부 방법 선택권이 아이에게 있다는 의미이다. 즉, 공부 방법을 결정하는 결정권이 부모가 아닌 아이 자신에게 있는 것이다. 그래서 아이는 주도적으로 공부 방법을 선택할 수 있다. 부모가 알려준 공부 방법이 자신과 잘 맞지 않는다 싶으면 아이는 굳이 그 방법으로 공부하려고 하지 않아도 된다.

부모 또한 공부하는 다양한 방법 중 한 가지를 알려주었을 뿐이니, 아이가 그 방법으로 공부하지 않는다고 해서 아이에게 잔소리하거나 실망한 기색을 내비칠 필요가 없다.

이렇게 해야만 아이에게 자기 주도 공부 능력이 생긴다. 자기 주도 공부는 아이가 자신의 힘으로 공부 길을 만들어가는 과정이다. 배움이 끝날 때까지 평생 아이는 자기 길을 스스로 개척하고 다져가는 것이다. 그래서 처음에는 공부하는 게 무척 힘들 수 있다. 없던 길을 처음부터 아이가 스스로 만들어가야만 하기 때문이다.

여기서 중요한 점은, 아이가 초등학생 때부터 주도적으로 자신만의 공부 길을 잘 만들었다면 공부해야 할 양이 많아지는 중·고등학교 시기를 다른 아이들보다 좀 덜 힘들이며 지나갈 수 있다. 그러니 부모는 아이가 초등학교에 입학했다면 아이의 힘으로 자신의 공부 길을 만들 수 있는 환경을 제공해야 한다.

즉, 아이가 내 힘으로 나만의 공부 길을 만들고 싶다는 간절함을 심어주어야 한다. "이제 초등학생이 되었으니까 공부해야지." 그저 아이에게 이렇게 말하기보다 아이가 자기 주도적 공부 능력을 키울 기회를 꾸준히 제공하는 게 좋다.

초등학교 저학년 때는 부모가 가정에서 교과서를 활용해 놀이처럼 공부할 수 있는 환경을 만들어 주는 것이 좋다. 자기 주도 공부 능력을 키울 때 가장 중요한 점은 아이가 공부해야 한다는 부담감을 느끼지 않도록 해야 한다는 것이다. 머릿속에 '공부는 부담되고 힘들고 지겨운 것'이라는 생각이 강하게 자리 잡으면 덜어내기가 매우 힘들다.

특히 아이가 막 초등학생이 되었을 때는 공부하는 방법 자체를 잘 모른다. 그러니 부모가 아이에게 공부하는 다양한 방법을 놀이처럼 꾸준히 알려주어야 하고, 그 놀이가 자기 주도 공부로 바뀔 수 있게 도와주어야 한다.

'스스로 책 읽는 습관 만들기' '스스로 일기 쓰는 습관 만들기' '스스로 다음 날 수업 준비물 챙기기' 등 이 모든 것이 다 자기 주도 공부와 긴밀하게 연결되어 있다. 단순히 의자에 앉아 공부하는 모습만이 스스로 공부의 전부가 아니다.

자기 주도적 공부 능력을 키울 때 가장 기본 중의 기본이 되어야 하는 점은 익숙함을 활용하는 것이다. 어떤 일이든 익숙함이 중요하다. 생전 처음 경험하는 일이라도 그 과정이 나에게 즐거웠고 유익했다면 아이는 그 대상을 더는 낯설게 느끼지 않는다.

예를 들어, '교과서'는 아이가 학교에 입학해야만 접할 수 있는 책이다. 이런 교과서가 아이에게 낯설지 않고 친숙한 책처럼 느껴지려면 가정에서 아이와 부모가 함께 교과서를 처음부터 끝까지 살펴보고 읽어보아야 한다. 어떤 그림이 나오는지, 내용 구성은 어떤 식으로 되어 있는지 부모가 먼저 공부한 후 아이에게 교과서에 관해 상세히 알려주어야 한다.

특히 초등학교에 입학하고 3월 한 달 동안 2주 정도는 아이들이 학교에 적응하는 기간으로 두기 때문에 따로 교과 공부는 하지 않는다. 『우리들은 1학년』 교과서를 활용해 '초등학교에서는 무엇을 하는지' '우리 학교 안에는 무엇이 있는지' 등 말 그대로 아이가 초등학교라는 낯선 장소에 적응할 기간을 2주 정도 주는 것이다.

그 동안 가정에서는 아이가 곧 배우게 될 다른 과목의 교과서를 충분히 살펴보며 아이가 낯설지 않고 쉽게 교과서에 적응할 수 있게 도와주어야 한다.

'국어 교과서는 어떻게 생겼는지' '수학 교과서는 무엇을 배우는 교과인지' '통합 교과봄, 여름, 가을, 겨울 안에는 어떤 내용이 담겨 있는지' 등을 아이와 함께 살펴보아야 한다. 그리고 아이가 교과서를 보며 궁금한 점이 생기면 그 궁금증을 해결할 기회도 주어야 한다 (p.68~75 참조).

이렇게 충분히 가정에서 교과서를 살펴보고 난 다음 초등학교에서 본격적으로 교과 공부를 시작한다면 아이는 교과서가 낯설고 어렵게 느껴지지 않는다. 이미 교과서의 흐름을 부모와 함께 충분히 살폈기 때문이다.

자기 주도적 공부 능력은 아이에게 “공부해!”라고 말한다고 저절로 생기는 것이 아니다. 학원을 보내거나 과외를 시킨다고 해서 역시 갑자기 생기는 능력 또한 아니다. 아이가 초등학교에 입학하면 학교와 수업에 적응하는 기간을 거치듯 가정에서도 앞으로 해야 할 교과 공부를 위한 적응 기간을 충분히 가져야만 한다. 그 과정을 통해 앞으로 해야 할 교과 공부가 아이에게 낯설지 않게 도와주어야 한다. 어렵고 힘든 일이 아님을 아이 스스로 깨달을 수 있게 도와야만 한다. 이렇게 첫 출발을 잘 시작한 아이는 자기 주도 공부의 재미를 충분히 느끼게 될 것이다.

좀 더 알아볼까요?

이제 막 초등학교 1학년이 된 아이에게 교과서는 어떤 흐름으로 이루어져 있고, 각 부분은 어찌 공부하는지를 어떻게 설명하지 싶어 답답하셨죠?

그래서 준비했습니다. 초등학교 1학년부터 배우면 좋은, '교과서에 대해 아이와 대화 나누는 법'을 알려드립니다. 아이와 함께 이 흐름으로 꼼꼼하게 교과서를 살펴보면 됩니다.

국어 교과

1. '이렇게 활용해보세요'를 보며 꼼꼼하게 점검하기

국어 교과서 속 '이렇게 활용해보세요'를 보면 '단원을 시작하며' '준비' '기본' '실천' 이렇게 4개 부문으로 구분되어 있음을 확인할 수 있습니다. 이를 보며 아이에게 국어 교과서 내용은 이렇게 4개 부분으로 나뉘어 구성되어 있다고 설명하면 됩니다.

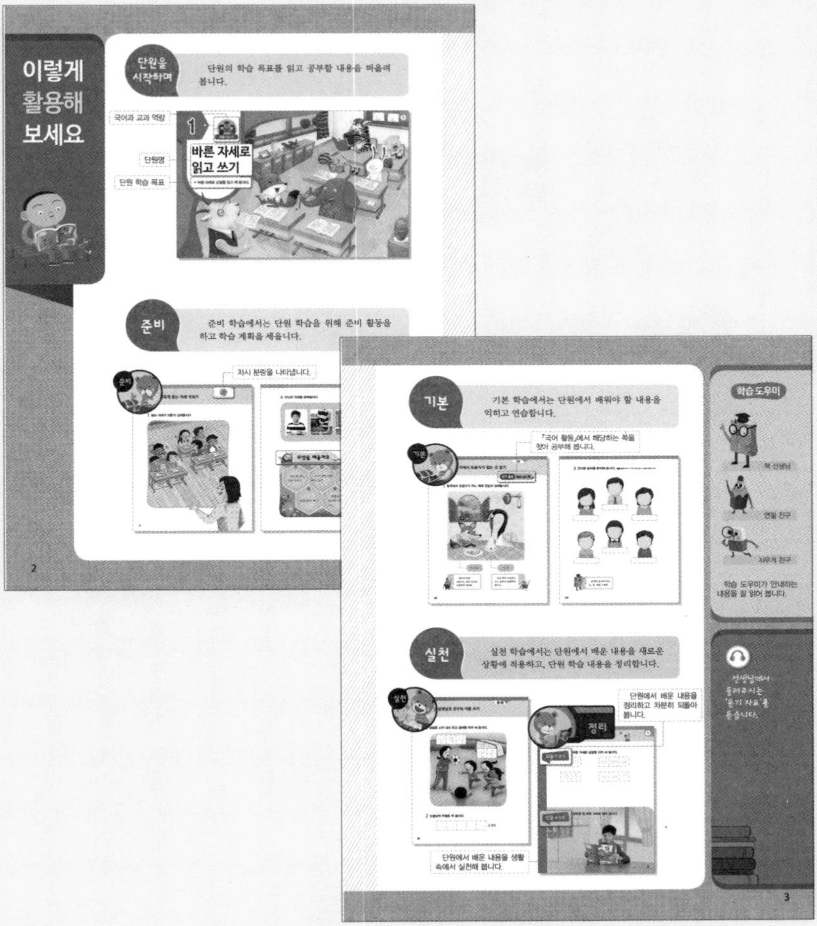

2. 국어 교과서의 '학습 도우미' 알려주기

국어 교과서에는 책 선생님과 연필 친구, 지우개 친구가 등장합니다. 이 친구들은 해당 단원에서 가장 중요한 내용을 말풍선으로 알려줍니다. 그러니 아이에게 각 단원의 공부를 할 때 반드시 알아야 할 내용이 궁금하면 학습 도우미 말풍선을 읽어보라고 설명하면 됩니다.

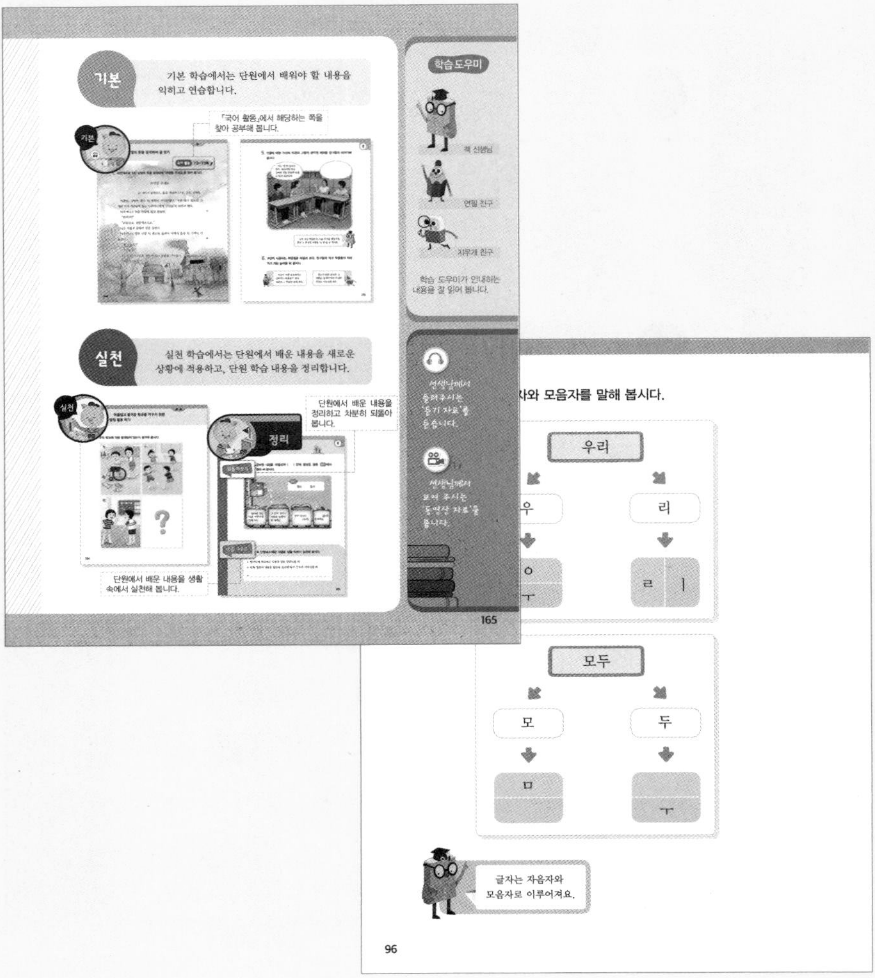

3. 차례를 살펴보며 어떤 내용을 공부하는지 이야기 나누기

'이렇게 활용해보세요'를 보고 나면 국어 교과서의 차례가 나옵니다. 각 단원명을 보며 이 단원에서는 무엇을 배울 것 같은지 아이와 상상하며 이야기해보세요. 그 후 함께 교과서를 읽으면 좋은 부분이 바로 '무엇을 배울까요'입니다. 단원마다 '무엇을 배울까요'가 반복해서 나오는데요. 여기에서는 해당 단원에서 어떤 내용을 배울지 벌집 모양으로 제시해줍니다. 예를 들어 '1-1 가 1. 바른 자세로 읽고 쓰기' 단원을 보며 아이와 무엇을 배울 것 같은지 이야기했다면 다음 1단원의 '무엇을 배울까요'를 살펴보며 확인하면 됩니다.

수학 교과

1. 수학 교과 흐름 알아보기

수학 교과서는 '수학은 내 친구' '놀이 수학' '얼마나 알고 있나요' '수학으로 세상 보기' '탐구 수학' 이렇게 5가지로 나누어집니다. 1-1 수학 교과서를 펼치면 구성 별로 어떤 내용을 공부하는지 자세히 나와 있습니다. 차례를 살펴보기 전에 이 부분을 아이와 함께 꼼꼼하게 살펴보면 됩니다.

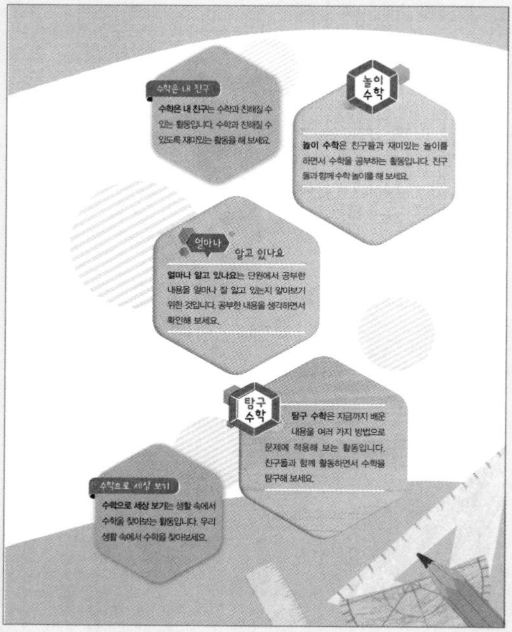

2. 차례를 보며 어떤 내용을 공부할지 예상하기

수학 교과서의 차례를 살펴보면서 단원마다 어떤 내용을 배울 것 같은지 아이와 함께 생각하며 이야기 나누어보세요. 그 후, 교과서를 넘기며 각 학습 차시 목표를 살펴봅니다. 학습 차시 목표는 교과서를 넘길

큰 글씨가 바로 1차시 학습 목표입니다. 교과서 1차시는 대부분 1장 정도로 구성되어 있습니다. 그래서 큰 글씨로 적힌 내용이 교과서 한 장 분량이라고 보고 아이가 초등학교에서 1시간, 즉 40분 수업할 때 배울 분량이라고 생각하면 됩니다.

때마다 보이는, 왼쪽 위에 큰 글씨로 적힌 내용을 말하는데요. 바로 그 부분이 1차시, 즉 학교에서 40분 동안 수업할 분량을 나타냅니다.

통합 교과(봄, 여름, 가을, 겨울)

과거 『바른 생활』 『슬기로운 생활』 『즐거운 생활』로 나누어졌던 교과서는 이제 『통합 교과서』로 구성되어 있습니다. 그래서 초등학교 1학년 1학기에는 봄/여름을 배우고, 2학기에는 가을/겨울을 배웁니다. 그래서 교과서를 살펴보면 색으로 교과 내용을 구분바른 생활, 슬기로운 생활, 즐거운 생활했음

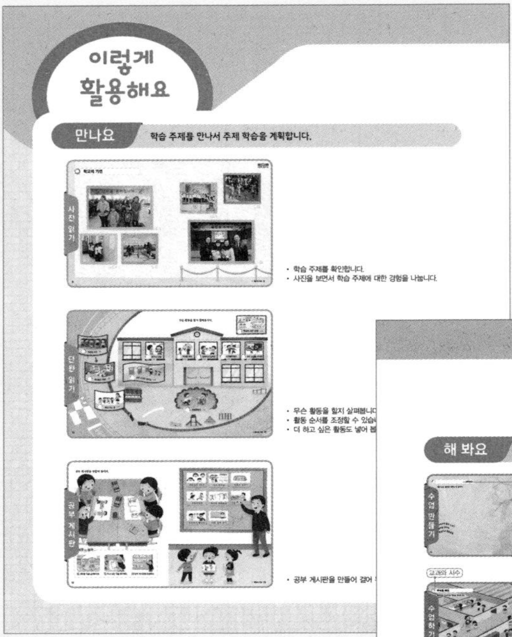

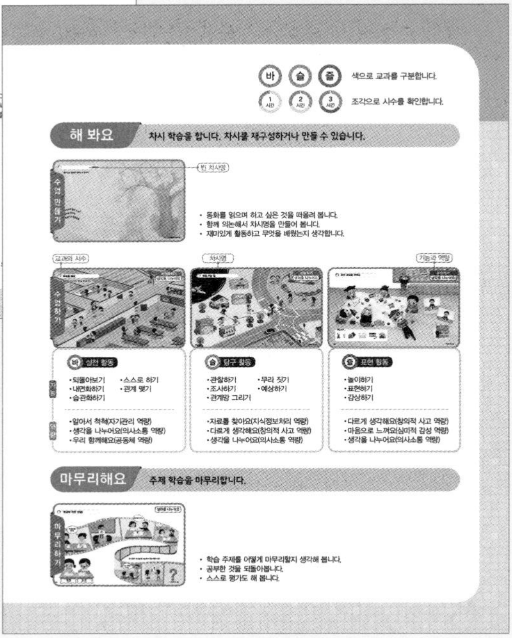

만나요→해봐요→마무리해요 구성 흐름
특히 통합교과 '해봐요'에 나오는 내용은 꼭 집에서 아이와 함께 볼 것을 추천합니다.

을 알 수 있습니다. 통합 교과서는 '만나요→해봐요→마무리해요'라는 흐름으로 구성되어 있습니다.

흐름마다 어떤 내용을 배우는지 통합 교과서를 살펴보며 아이와 대화해보세요. 특히, 각 계절과 관련된 다양한 내용 및 활동이 담겨 있으니 가정에서도 아이와 함께 통합 교과서에 나온 내용을 적용해보세요. 예를 들어, 통합 교과서의 '수업 만들기' 내용은 아이가 직접 1차시40분

수업을 만들어보는 활동입니다(p.75 '수업 만들기' 예시 자료 참조).

만일 『통합 교과서』 '겨울 – 2 우리의 겨울'을 공부하고 있다면 먼저 2단원을 살펴본 후, 아이와 함께 수업 만들기를 해보면 됩니다. 이렇게 '우리의 겨울' 외에도 다른 계절과 관련한 활동을 가정에서도 수업처럼 재구성하여 부모와 아이가 직접 해보는 것을 추천합니다.

초등학교 1학년 통합 교과 겨울 중 '수업 만들기' 일부분 예시 자료

아이 성향에 맞는 공부법을 찾아야 한다

라면을 끓일 때 수프를 먼저 넣는가, 면을 먼저 넣는가? 사소한 선택의 기로인 것 같지만 유독 수프를 먼저 넣어야 한다고 주장하는 사람이 있다. 반대로 수프보다는 면을 먼저 넣어야 한다고 말하는 사람도 있다.

그런데 수프를 먼저 넣든 면을 먼저 넣든 상관없이 라면이라는 맛있는 음식이 탄생하는 결과는 똑같다. 무얼 먼저 넣고 끓이든 우리가 생각하는 라면 맛이 난다. 즐겁고 맛있게 먹는 것도 마찬가지다.

아이의 공부도 이와 같다. 초등학생의 공부를 라면에 비유하자면 공부 방법은 수프나 면이 된다. 어떤 아이의 성향에는 수프를 중요시하는 공부 방법이 맞을 수 있다. 그럼 그런 아이는 수프를 먼저 넣는 방법으로 공부하며 자신에게 더 맞게 조금씩 수정·보완하며 공부하면 된다. 반면 면을 먼저 넣는 공부 방법을 선호하는 아이는 면을 먼저 넣는 공부 방법으로 열심히 공부하면 된다. 마찬가지로 부족하거나 좀 더 보완해야 할 부분은 조금씩 수정하면서 공부 방법을 다듬으면 된다.

이렇게 아이의 성향마다 선호하는 공부 방법이 다 다르다. 하지만 부모가 생각하는 공부 방법이 맞는다고 판단해 아이에게 부모의 공부 방법만 강요한다면 아이로서는 자신에게 맞지도 않고 효율적이지도 않은 공부를 하게 된다.

공부는 스스로 하는 것도 매우 중요하지만, 효율적으로 하는 것 또한 매우 중요하다. 비효율적인 공부는 공부한 시간을 오히려 버리는 꼴이기 때문이다. 그래서 공부할 때는 아이의 성향에 맞는 공부 방법을 선택하는 것이 중요하다.

고등학생 때 공부의 중요성을 깨달은 나는 혼자 이런저런 공부법을 시도해보았다. 그리고 내게 잘 맞는 공부 방법이 무엇인지 점점 터득하게 되었다. 그중 한 가지 방법은 클래식 노래를 들으며 공부하는 것이었다. 이상하게 집중이 잘되지 않을 때는 클래식 노래를 들으며 공부하면 머리가 맑아지는 느낌과 함께 공부가 더 잘되는 느낌을 받았다.

그래서 나는 공부할 때면 항상 클래식을 들으며 공부했다. 늘 이

어폰도 나와 함께였다. 그런데 이런 나의 공부 방법을 '공부란 온전히 책을 보며 집중하는 상태로 하는 것'이라고 생각하는 부모님께서 이해하지 못했다면? "너는 공부한다면서 무슨 음악을 그렇게 자꾸 듣고 있니? 어떻게 노래 들으면서 공부를 제대로 할 수 있니?"라고 하셨다면 무슨 일이 생겼을까? 공부할 때마다 부모와의 갈등 또한 동시에 발생했을 것이다.

부모가 생각하는 공부 방법이 무조건 옳다고 여기며 아이에게 그 방법만 고집하는 것이다. 이것은 잘못된 방법이다. 교실에는 다양한 생김새의 아이들이 앉아 있고 그 아이들의 성격은 모두 다르다. 얌전하고 조용한 아이가 있는가 하면 명랑하고 활발한 아이도 있다. 또는 한시도 가만히 있지 못하고 돌아다니는 산만한 아이도 있다. 이렇게 다양한 성향의 아이들에게 똑같은 공부 방법을 가르친다면 그것이야말로 정말 비효율적인 방법이다. 조용한 아이들에게 맞는 공부 방법이 있고 산만한 아이들에게 맞는 공부 방법이 있다.

예를 들어, 인내심이 강하고 조용한 아이들은 40분 동안 의자에 가만히 앉아 책을 보거나 문제집을 풀 수 있다. 반면 한시도 가만히 있지 못하는 아이들은 40분 동안 앉아 있다는 것 자체가 고욕일 수 있다. 특히 아직 집중력이 부족한 초등학교 1학년 아이라면 더더욱 그렇다.

그래서 초등학교 1학년 담임 교사는 의자에 앉아 있는 모습만으로도 아이의 성향을 파악할 수 있다. 40분 동안 가만히 잘 앉아 있는 아이도 있지만 40분이라는 시간 동안 앉아 있는 것도 유독 힘들어하는 아이도 있다. 그렇다고 40분 동안 앉아 있는 것을 힘들어하는 아이가 잘못되었거나 틀렸다는 뜻은 결코 아니다. 단지 그 아이의 성향일 뿐이다.

그런 아이들은 40분 동안 처음부터 끝까지 앉아서 공부하는 방법보다 10분간 집중하고 5분간 쉬고 다시 10분간 집중하는 식의 공부 방법을 알려주어야 한다. 여러 번 반복으로 10분간 집중하는 게 익숙해지면 15분, 20분 이런 식으로 집중하는 시간을 조금씩 늘려나가야 한다.

공부하는 과정도 아이의 성향에 따라 다르다. 공부하는 과정을 부모나 교사와 함께하기를 원하는 아이도 있다. 이런 아이는 자기 주도 공부가 습관화할 때까지 부모가 옆에서 조력자가 되어 공부하는 걸 도와주면 아이는 효율적으로 공부할 수 있다.

간섭받기를 싫어하는 성향의 아이도 있다. 이런 아이는 다양한 자기 주도 공부 방법과 그 과정을 먼저 알려준 다음 아이가 자신에게 맞는 공부 방법을 스스로 찾아 행동하고 해결하도록 기다려주는 편이 낫다. 옆에서 이것저것 알려주는 건 아이의 공부를 방해하는 행동이 될 뿐이다. 아이가 혼자 차분히 공부를 끝낼 때까지 기다렸다가 공부가 다 끝나면 함께 공부 과정과 결과를 점검하는 편이 아이가 자기 주도 공부를 습관으로 만드는 데 훨씬 더 도움이 된다.

공부하는 방법뿐만 아니라 공부하는 환경 또한 아이 성향에 따라 달라져야 한다. 물리적, 환경적 요소 역시 아이가 자기 주도 공부를 습관화하는 데 중요한 역할을 하기 때문이다. 예를 들어, 집중력이 부족한 아이의 방은 단순할수록 좋다. 아이의 시선을 뺏을만한 물건 등은 놓아두면 안 된다. 다양한 물건이 방 곳곳에 널려 있다면 아이는 공부하다 잠깐 고개를 든 사이에 물건들에 시선을 뺏기고 만다. 그러다 언제 공부했었냐는 듯 결국 눈길이 간 물건을 만지거나 멍하니 바라보고 있을 것이다.

세상에서 내 아이를 잘 아는 사람은 단연 부모이지만, 그건 아이 또한 마찬가지다. 나라는 사람을 가장 잘 파악하고 잘 아는 사람은 바로 나 자신이다. 그래서 부모가 만든 공부 방법에 아이를 가두어서는 안 된다. 부모가 아이에게 책상에 앉아 40분 동안 공부하라고 지시해도 아이가 힘들어하고 집중하기 어려워하면 그건 내 아이의 성향과 맞지 않는 공부 방법이다.

이럴 때는 아이에게 잘 맞는 공부 방법으로 바꾸어야만 한다. 하지만 부모가 이 방법이 옳다고 생각해 힘들어하는 아이에게 계속 고집을 부린다면, 아이는 공부 자체를 포기하게 될 수도 있다. 공부는 한 자리에서 40분 동안 버티고 있어야 하는 고통이라고 생각하게 되고, 부모의 공부하자는 소리가 잔소리처럼 들릴 테니까 말이다. 그러니 아이가 초등학생이 되었다면 부모는 내 아이가 어떤 성향인지 먼저 파악해보아야 한다.

아이가 자기 주도 공부 방법을 온전히 자기 것으로 만들기 위해 부모가 가장 먼저 해야 할 일은 내 아이의 성향을 파악하는 것이다. 아이의 성향에 맞는 공부 방법으로 자기 주도 공부법을 실행해야 아이는 공부 자체가 즐겁고 재미있다고 인식할 수 있다. 아니면 최소한 공부하는 것에 관해 아이가 거부감을 느끼지 않도록 만들어야 한다. 공부에 관한 거부감을 없애는 방법은 간단하다. 바로 아이의 성향에 맞는 공부 방법을 선택해 공부하면 된다. 여기에 환경적 요소도 아이의 기질에 맞게끔 바꾸어주어야 한다.

아이가 스스로 공부하는 사람으로 성장하길 원한다면, 부모는 가장 먼저 내 아이는 어떤 성향인지 파악하는 것이 매우 중요하다. 그리고 그 성향을 존중하며 아이에게 스스로 공부하는 방법을 알려주어야 한다. 그 방법을 알려주는 것 또한 아이 성향에 맞게끔 해야 한다. 아이에게 라면을 끓일 때 무조건 수프 먼저 넣어야 한다고 강요하는 부모가 아닌, 아이에게 수프를 먼저 넣을지 면을 먼저 넣을지 기회를 주는 그런 부모가 되어야 한다.

공부는 부모가 대신해주는 것이 아니다. 아이가 스스로 하는 것이다. 그러니 아이의 성향을 존중하며 아이 성향에 맞는 공부법이 중요하다는 것을 잊어서는 안 된다.

나는 아이에게 공부 주도권을 준 부모일까?

초등 임용고시에 합격하고 나는 학군이 좋기로 유명한 초등학교로 첫 발령을 받았다. 그리고 초등학교 6학년 담임을 맡았다. 아이들은 쉬는 시간이면 늘 학원 문제집을 푸느라 정신이 없었다. 체험학습을 하러 갔을 때도 마찬가지였다. 자유시간을 주었더니 아이들은 노는 것보다 학원 문제집 푸는 걸 택했다. 그 모습이 내게는 정말 충격적으로 다가왔다. 아이들의 일과가 무척 궁금했다. 그래서 열심히 학원에 다니는 아이들에게 물어보았다. "도대체 학원을 몇 군데나 다니길래 너희들은 쉬는 시간마다 문제집만 푸니?" 아이들의 대답은 실로 놀라웠다.

"오히려 학교에 있는 게 저희는 쉬는 거예요. 학교에서 6교시 수업 끝나고 나면 오후 3시부터는 정신없어요. 학원 갔다 집에 오면 거의 밤 10시는 되는 것 같아요. 학원도 버스 2번 갈아타며 가야 해요. 그래서 피곤할 때는 애들이랑 돈 걷어서 그냥 택시 타고 가요. 저녁밥은 그냥 편의점 가서 컵라면이나 삼각김밥 먹고요."

아직 13살밖에 되지 않은 6학년 아이들의 방과 후는 무척 치열했다. 이야기를 듣기만 했을 뿐인데도 아이들의 바쁨이 느껴졌다. 정신없는 하교 후의 시간보다 학교에 있는 시간이 아이들에게는 자유시간이라는 말이 이해되었다.

이렇듯 요즘 대부분 초등학생이 방과 후에 학원에 간다. 오죽하면 공부에 관심이 없는 아이도 친구들을 만나려고 학원에 다닐 정도란다. 그 정도로 아이들은 학교 수업이 끝나면 당연히 학원에 가야만 한다고 생각한다. 그래서 방과 후 초등학교는 개미가 지나가는 소리만 들릴 만큼 조용하다. 6교시 끝나고 종례함과 동시에 아이들은 바쁜 오후 일상을 위해 학원으로 뛰어간다.

쉬는 시간에도 열심히 학원 문제집을 푸는 모습과 오후부터 밤늦도록 이어지는 학원 수업 등 아이들의 치열한 일상을 겉으로만 들여다보면 모든 아이가 정말 주도적으로 열심히 공부하는 것처럼 보인다. 하지만 이런 일상이 과연 우리 아이들에게 공부 주도권이 있는 모습일까? 밤늦게까지 이어지는 학원 수업이 끝나고 나면 분명 아이들은 오늘 학교에서 배운 내용을 복습할 시간도 없이 피곤하고 지친 몸을 이끌고 잠을 청할 것이다.

그리고 날이 밝으면 아이들은 여지없이 그날 학원 수업을 위한 문제집을 쉬는 시간마다 풀 것이고 그렇게 다시 또 복습 없는 하루가 지나갈 것이다. 분명 학원에 열심히 다니고 있지만, 아이들의 성적이 잘 오르지 않는 이유는 바로 이런 '밑 빠진 독에 물 붓기식 공부'를 하고 있기 때문이다.

공부는 자기 주도적으로 하는 것도 중요하지만, 새로운 내용을 습득했을 때 그것을 내 것으로 만들기 위한 충분한 복습 시간이 꼭 필요하다. 복습은 스스로 공부하는 시간이고 복습을 잘한다는 건 아이가 주도권 있게 공부를 잘 다루고 있다는 말과 같다.

그런데 하루 중 대부분 시간을 학원에 열심히 다니는 데에 쓰는 아이들은 새로운 정보를 계속 듣기만 한다. 그리고 그날 들은 새로운 정보는 복습이 없으면 자연스럽게 머릿속에서 흘러가고 다음 날이 되면 기억에서 사라진다. 그 자리에는 또다시 새로운 정보가 들어오지만 역시 복습이 없으면 사라져 버린다. 복습으로 이어지지 않으니 새로운 정보가 계속 무용지물이 되는 셈이다.

아이가 초등학교에 입학하면 부모가 가장 먼저 아이에게 주어야 할 것이 바로 '공부 주도권'이다. 즉, 아이가 제힘으로 공부를 끌고 나갈 힘을 초등학생 때부터 키워주어 아이가 습관화할 수 있도록 지도해야 한다. 아이에게 공부 주도권을 주는 방법은 간단하다.

아이가 스스로 교과서를 읽고 공부하며 복습할 시간을 충분히 주는 것이다. 초등학교 공부는 교과서면 충분하다. 학교에서 배운 내용을 가정에서는 교과서를 통해 복습할 시간을 아이에게 주면 된다.

초등학교 교과서를 들여다보면 단원마다 배울 내용이 적혀 있다. 예를 들어, 『4학년 수학』 1단원 큰 수 단원에서 '1000이 10개인 수를 알아볼까요?'가 적혀 있다면 아이는 학교에서 수업 시간 40분 동안 그 목표를 달성하기 위해 공부한다. 그리고 집에서는 그날 배운 학습 차시를 똑같이 복습하면 된다. 그것만으로도 충분하다. 아이가 그날 배운 내용을 복습하고 부모에게 이야기해주거나 스스로 공책 정리를 하는 것, 이것이 바로 내 아이가 쥐고 있어야 할 공부 주도권이다.

학원 선택도 마찬가지다. 부모의 강요로 학원에 다니는 아이는 가만히 앉아 강사의 말을 들으면 된다. 그리고 강사가 필기하라고 하는 내용만 필기하면 된다. 왜 그 내용을 필기해야 하는지, 왜 그 내용이 중요한지 스스로 생각해볼 겨를도 없이 바로 이어지는 다음 진도를 따라 똑같은 행동을 반복한다. 결국, 강사가 듣고 쓰란 것만 한 채로 하루가 끝나는 것이다.

하지만 부족한 교과를 보충하기 위해 부모에게 학원에 다니고 싶다는 의사를 스스로 내비친 아이의 학원 공부는 다르다. 똑같은 학원에 다녀도 이런 아이는 주도적으로 공부한다. 가만히 앉아 수업만 듣지 않고 자신의 부족한 부분을 보충하기 위해 노력한다. 그리고 복습의 중요성을 알고 있으니, 그날 배운 내용을 반드시 복습한 후 하루를 마무리한다.

초등학생 때는 스스로 공부하는 방법을 배우는 단계이다. 중학생부터 본격적으로 시작될 공부를 위한 기초 작업을 탄탄하게 해야 하는 시기이다. 동화 『아기 돼지 삼 형제』의 막내 돼지처럼 그 어떤 시련이 닥쳐도 든든히 버틸 수 있는 튼튼한 벽돌집을 만드는 과정이 바로 초등학교 시절의 공부이다.

아이가 자기 힘으로 튼튼한 벽돌집을 지으려면 자기 주도 공부법으로 공부하는 시간이 많아야만 한다. 그리고 다양한 시행착오를 겪어보아야 한다. 누군가에게 끌려다니는 공부를 하거나 가만히 앉아 수동적으로 듣고 쓰기만 하는 공부는 아이에게 벽돌집을 지을 수 있는 능력을 쌓을 기회를 제공하지 않는다. 그럼 아이는 공부하기를 포기하고 첫째 돼지나 둘째 돼지처럼 대충 '공부 집'을 지은 채 학년만 올라가게 되는 것이다.

귀중한 초등학생 시절에 이렇게 대충 공부 집을 지어놓게 되면 아이는 중학생, 고등학생이 된 후 자신의 공부 집이 와르르 무너지는 경험을 반드시 하게 된다. 공부하기를 진작 포기했거나 어려운 지문이나 문제는 아예 손도 대지 않는 그런 사람이 되어버리는 것이다. 그제야 부모는 아이의 모습을 보며 땅을 치고 후회하지만, 이미 시간은 되돌릴 수 없다.

그러니 지금 내 아이가 방과 후 학원에 다니고 있는 부모라면 반드시 고민해보아야 한다. 아이가 단지 부모의 뜻대로 학원에 다니는지, 아니면 아이가 진심으로 원해서 학원에 다니고 있는지를 말이다. 만일 전자라면 아이는 당장 학원을 그만두어야 한다.

만약 방과 후 아이를 맡길 곳이 없어 어쩔 수 없이 학원에 보내는 거라면 최소 오늘이 지나기 전에 반드시 오늘 공부한 내용을 교과서를 활용해 복습할 시간을 주어야만 한다. 초등학생 때부터 아이 스스로 공부하는 시간이 많아야 아이가 완벽한 공부 벽돌집을 지을 수 있다. 그리고 부모는 초등학생인 내 아이에게 반드시 그런 기회를 주어야만 한다.

공부는 부모와 일찍 독립할수록 좋다

유독 독립심이 강한 동물들이 있다. 그중 하나가 바로 '매'다. 어미 매가 알을 낳고 품은 지 28일쯤 지나면 알에서 새끼 매가 태어난다. 새끼 매에게 어미 매는 직접 입에다 먹이를 넣어준다. 그러나 새끼 매가 어느 정도 크고 나면 어미 매는 더는 새끼 매의 입속에 직접 먹이를 넣어주지 않는다. 공중에서 새끼 매가 있는 둥지를 향해 먹이를 떨어트린다. 그리고 어미 매가 떨어트린 먹이를 새끼 매가 직접 먹을 수 있게 내버려 둔다.

이때 새끼 매는 많은 시행착오를 겪는다. 어떤 새끼 매는 아예 먹이를 먹지 못하기도 한다. 또 다른 새끼 매는 둥지 밖으로 떨어진 먹이를 먹으려다 둥지에서 떨어져 다리가 부러지기도 한다. 하지만 그렇다고 해서 어미 매가 다시 새끼 매의 입에 직접 먹이를 넣어주는 일은 결코 없다.

오히려 어미 매는 새끼 매가 더욱더 악착스럽게 먹이를 먹는 방법을 스스로 깨우치게 만들기 위해 계속 공중에서 새끼 매를 향해 먹이를 떨어트린다. 그리고 새끼 매는 이 과정을 반복할 때마다 먹이를 더 잘 먹을 방법을 끊임없이 연구한다. 특히 먹이를 쟁취하기 위해 둥지에서 떨어지기까지 하며 다친 새끼 매는 훗날 더욱 생존력이 강한 매로 성장하게 된다.

만일 어미 매가 스스로 먹이를 먹지 못하는 새끼 매가 불쌍해 새끼 입에 계속 직접 먹이를 넣어주었다면 어떻게 될까? 아마 새끼 매는 성장해 독립하고 난 후 제대로 된 매의 삶을 살지 못하고 야생의 약육강식 속에서 일찍 죽게 되었을 것이다. 어미 매를 통해 먹이를 받아먹는 게 습관이 된 새끼 매가 독립했다고 해서 갑자기 스스로 먹이를 쟁취하는 일은 있을 수 없기 때문이다.

내 아이의 공부도 마찬가지이다. 초등학생이 된 내 아이의 공부를 어미 매가 새끼 매에게 하는 먹이 교육에 비유하면 내 아이도 일찍부터 스스로 공부하는 방법을 알아야만 한다. 부모 매처럼 부모도 내 아이에게 일찌감치 부모로부터 공부 독립을 하도록 해야 한다. 부모가 공부 독립하는 방법을 아이에게 알려준다면 아이는 다양한 시행착오를 겪으며 자신에게 맞는 공부법을 스스로 깨우치게 된다.

어미 매가 새끼 매의 입에 직접 먹이를 넣어준 이유는 입에 먹이가 들어왔을 때 느껴지는 촉감, 먹이의 맛 등을 새끼 매에게 알려주기 위함이다. 그래야 나중에 어미 매가 공중에서 둥지를 향해 먹이를 던져도 새끼 매는 자신이 먹었던 먹이의 맛과 촉감, 포만감 등을 기억해 먹이를 먹기 위해 둥지에서 떨어지는 위험도 무릅쓰게 되는 것이다.

공부도 마찬가지다. 새끼 매가 알에서 태어나 처음에는 어미 매가 새끼 매 입에 직접 먹이를 넣어 주었듯이, 아이가 초등학교 1학년일 때는 부모가 직접 아이에게 공부하는 다양한 방법을 자세하게 알려주어야 한다. 공부와 관련된 아이의 모든 생활을 부모가 하나부터 열까지 꼼꼼하게 알려주어야 한다.

이 과정이 귀찮거나 번거롭다고 부모가 중간에 포기하고 아이에게 알아서 하라고 하면 안 된다. 아이가 자기 주도 공부법을 습관화하기까지 최소 1~2년 정도는 부모가 옆에서 항상 지도하고 알려주어야만 한다. 처음에는 아이에게 직접 공부하는 방법을 자세히 다 알려주고, 아이가 어느 정도 잘하는 느낌이 들면 그때부터는 아이가 공부하는 모습을 지켜보도록 한다. 그 후 아이가 공부하는 모습과 공부 내용 등을 꼼꼼하게 점검해야 한다.

아이가 혼자 잘하는 것 같다고 생각해 부모가 꼼꼼하게 점검하는 과정을 생략하면 결코 안 된다. 초등학생은 아직 공부 뒷심이 부족한 나이이다. 아무리 스스로 공부하는 방법을 아이가 잘 깨우쳤다고 해도 부모가 꾸준히 점검하지 않으면 아이는 금세 공부를 멀리하게 된다. 그러니 아이가 적어도 초등학교 3~4학년이 될 때까지는 부모가 반드시 아이가 스스로 잘 공부하고 있는지 점검해야만 한다(p.94 참조).

하지만 아이의 공부를 점검하겠다고 점검 기준을 하나부터 열까지 부모의 입맛에 맞게끔 해서도 안 된다. 아이가 초등학교 1학년 때 부모가 알려준 다양한 공부 방법으로 아이가 잘 공부하고 있는지, 그리고 아이가 그날 학교에서 배운 교과서 내용을 충분히 이해하고 있는지 정도만 점검하면 된다. 점검하는 시간이 아이에게 스트레스가 되는 시간이 되어서는 안 된다.

"오늘은 국어, 수학, 사회를 복습했어요. 그리고 교과서도 2번씩 읽었어요. 중간에 잠깐 텔레비전 보고 싶은 생각이 들었는데, 꾹 참고 공부부터 하고 텔레비전 봤어요."

이렇게 아이가 주도적으로 먼저 어떤 공부를 했는지 자연스럽게 이야기할 수 있도록 해야 한다. 그날 있었던 재미있는 이야기를 하듯 그렇게 서로 기분 좋은 점검을 해야 한다. 부모가 먼저 아이의 공책을 검사하거나 아이의 공부를 점검한다면 아이는 긴장하고 스트레스를 받을 수밖에 없다.

특히 부모의 잔소리를 많이 듣는 아이라면 더더욱 그렇다. 열심히 배운 내용을 복습하고 책도 잘 읽었는데도 마치 자신이 무엇인가를 잘못한 것만 같은 기분이 들기 때문이다. 그래서 부모가 공부 점검을 하더라도 역시 그 주도권은 아이에게 있어야만 한다.

초등학교 1학년 때 자기 주도적으로 공부하는 방법을 부모가 꼼꼼하게 다 알려주었다면, 그때부터는 아이가 하는 공부를 믿고 기다려주어야 한다. 최소 1~2년 정도는 아이가 알아서 할 수 있게 기회를 주어야 한다. 부모 기준에 내 아이의 학습 속도가 또래보다 늦다는 생각이 들더라도 개의치 않고 아이에게 충분히 많은 기회를 제공해야 한다.

내 아이가 공부할 때 시행착오를 많이 겪을수록 공부 생존력이 강해진다. 내 아이가 스스로 공부할 수 있도록 믿고 기다려주는 자세가 내 아이의 빠른 공부 독립을 돕는다. 요리하는 과정을 생각하면 내 아이의 공부 독립이 얼마나 중요한지 이해하기 쉽다. 예를 들어, 누군가의 도움 없이 처음으로 혼자 요리하게 되었다면 우리는 일단 당황한다. 특히 그 요리가 내가 단 한 번도 해보거나 먹어보지 못했던 요리라면 더더욱 그렇다.

하지만 당황하는 것도 잠시일 뿐, 우리는 머릿속으로 어떤 재료를 사용해야 하고 어떤 과정을 거쳐 요리해야 하는지 그 순서를 생각한다. 요리 순서를 잘 모르면 인터넷에서 검색하거나 요리책을 찾아보며 요리하기를 시작한다. 재료를 씻고 손질해 요리를 완성하는 과정까지 비록 시간이 오래 걸리더라도 모든 과정을 자기 힘으로 해내고 나면 자신만의 비법이 생긴다.

또한 시간이 걸렸어도 어떻게든 스스로 요리를 완성했기 때문에 뿌듯한 마음과 성취감도 생긴다. 그래서 다음에 또 요리하게 된다면 더욱더 자신감 있게 요리할 수 있게 된다. 공부도 마찬가지다. 내 아이의 자기 주도 공부도 아이 스스로 공부 재료를 찾아야 하고 공부 재료도 직접 손질해야 한다. 아이가 공부 재료를 찾아 손질하는 과정이 오래 걸리더라도 부모는 묵묵히 기다려주어야 한다. 그래야 아이만의 공부 요리를 완성할 수 있고, 완성한 자신의 요리에 대견함을 느껴 계속 공부 요리를 하려고 적극적으로 시도하기 때문이다.

누군가가 계속 내 입에 음식을 넣어주면 내 손으로 음식을 만들어야겠다는 간절함을 느끼지 못한다. 하지만 배고픈데 그 누구도 내게 음식을 주지 않는다면 나는 일찍부터 요리하는 법을 터득하게 된다. 아이의 공부도 마찬가지다. 초등학교 저학년 때 부모가 아이에게 공부 방법을 꾸준히 알려주었다면 이제 공부 주도권은 아이에게 넘겨주어야 한다. 그래야만 내 아이는 다양한 시행착오를 겪을 것이고, 겪은 만큼 아이만의 공부 비결이 생길 테니 말이다.

좀 더 알아볼까요?

(부모를 위한 점검표 예시) 매일 저녁 점검해보세요.

날짜	항목	잘함 ◎, 보통○, 부족△
10.12	오늘 아이가 학교에서 배운 내용을 구체적으로 물어보았나요?	◎
	오늘 아이가 배운 교과서 내용을 직접 살펴보았나요?	○ (국어, 수학만 살펴봄)
	자기 주도 공부법을 알려주었나요? (*다양한 자기 주도 공부 방법은 이 책 3~4장에 소개되어 있습니다.)	5번 반복해서 읽기를 지도함
10.13	아이와 함께 책을 읽거나 책을 읽는 모습을 보여주었나요?	◎

부모의 조급함이 아이의 공부를 방해한다

어떤 일이든 급하게 서두르고 빨리 진행하다 보면 꼭 실수하게 된다. 아이를 키우는 과정에서도 이런 실수는 하기 마련이다. 그래서 먼저 아이를 낳고 키워본 사람들은 이제 막 아이가 태어나 키워야 하는 사람들에게 다양한 조언을 한다. 그들이 아이에게 실수했고 잘못했던 행동을 다른 사람들은 하지 않았으면 하는 바람에서다.

하지만 대부분 사람이 자신이 직접 경험해보지 않는 이상, 그리고 그 일이 내게 닥치기 전까지 남의 충고를 한 귀로 듣고 한 귀로 흘린다. 충고받았던 내용은 생각하지 않고 '내 자식은 다를 거야. 이렇게 해도 잘할 거야.' 하는 기대감으로 똑같은 실수를 반복한다.

그 똑같은 실수가 바로 아이 공부다.

특히 아이가 초등학생이 되면 주변으로부터 수많은 교육 정보가 물밀 듯이 부모에게 흘러들어온다. 텔레비전을 켜면 다양한 교육 광고가 나오고 주변 또래 아이를 키우는 부모와 이야기하다 보면 자연스럽게 사교육 정보도 듣게 된다. 이는 부모 마음에 '조급함'이라는 불을 지피기 시작한다.

이렇게 정신없이 들이닥치는 정보들은 부모를 혼란스럽게 만들고, 그러한 혼란스러움은 결국 아이를 학원에 보내거나 다양한 학습지를 풀게 만들어 부모의 마음을 안심시키려고 한다. 그러나 이런 행동을 부모 스스로 객관적으로 들여다보아야 한다. 그럼 한 가지 큰 깨달음을 얻게 된다. 바로 부모의 이런 선택은 아이를 위한 선택이 아닌 부모 자신을 위한 선택이었음을 말이다.

특히 부모의 이런 조급한 마음은 내 아이를 다른 아이와 비교할 때 더더욱 두드러진다. 시험 결과를 보았을 때 아이가 부모의 기대만큼 성적이 좋지 않으면 부모는 이내 아이에게 실망하고 만다. 그래서 주변 또래 아이를 키우는 부모들에게 전화하며 다른 아이들은 평가를 어떻게 보았는지 그 결과를 궁금해한다. 만일 다른 아이가 훨씬 좋은 점수를 받았다면 부모는 그 아이가 어떤 학원에 다니고 있는지, 집에서는 어떤 학습지를 풀고 있는지 등을 구체적으로 묻는다. 그리고 그 방법이 정답인 양 내 아이에게 그대로 적용하려고 한다. 부모가 선택한 방법을 이번에야말로 아이가 잘 따라와 좋은 성적을 받기를 기대하면서 말이다. 하지만 이런 부모의 조급한 마음은 아이에게 좋지 않게 반영된다.

특히 매번 아이의 사교육을 바꿀 때마다 더더욱 그렇다. 저번에는 A학원이 좋다고 해서 A학원에 아이를 보냈다가 이번에는 B학원이 더 좋다고 해서 B학원으로 바꿔 보내면 아이는 부모의 그런 조급함과 갈대 같은 마음 때문에 스스로 공부하는 방법을 제대로 배우지 못한다. 그래서 내가 담임을 맡았던 아이 중 유독 학원을 자주 바꾸는 아이에게 "왜 그렇게 학원을 자주 바꾸는 거야? 힘들지 않아?"라고 물어본 적이 있다. 아이는 "힘들어요. 선생님. 그런데 엄마가 학원을 자꾸 바꾸라고 해서…."라고 대답했다.

초등학교 시기는 중학교부터 본격적으로 해야 할 방대한 공부를 아이 스스로 해내는 뒷심을 기르기 위한 준비 단계다. 그 준비 단계에서는 부모와 아이 모두 여유롭게 공부하는 방법과 그 방향을 파악해야 한다. 초등학교 6년이라는 시간 동안 자기 주도 공부를 위한 뒷심을 기르기 위해 부모는 지금 당장 눈앞에 보이는 초등학교 성적에 연연해서는 안 된다.

초등학교 공부가 100m 단거리 마라톤이라면 대입을 위한 고등학교 공부는 42.195km 장거리 마라톤이다. 단거리 마라톤을 잘한다고 장거리 마라톤도 잘한다는 보장은 없다. 나 역시 초등학생 때는 분명 좋은 성적을 유지했던 아이가 고등학생 때는 성적이 뚝뚝 떨어지는 것을 수도 없이 보았다. 그런 아이 중 방과 후 복습 없이 학원 다니기 덕분에 초등학교 때는 좋은 성적을 유지하는 것처럼 보였지만, 결국 그 학원 때문에 초등학교 생활 6년이라는 중요한 시기에 공부 뒷심을 만들지 못했다. 그래서 학년이 올라갈수록 성적이 점점 떨어지게 된 것이다.

나태주 시인의 시 〈풀꽃〉에는 '자세히 보아야 예쁘다. 오래 보아야 사랑스럽다. 너도 그렇다.'라는 문장이 있다. 이 내용을 초등학교 공부에 비유하면 초등학교 6년은 아이가 저 스스로 '공부'를 자세히 보고 오래 들여다볼 기회인 시기이다. 이런 시기에 부모의 조급함이 앞서게 되면 아이는 공부를 자세히 들여다볼 수 없다. 자세히 보려면 마음의 여유와 기다림이 필요하다. 내 아이가 공부를 자세히 들여다보는 과정에서 아이의 성적이 더디게 오르거나 제자리걸음일 수 있다. 그래서 이런 모습이 부모는 마치 내 아이가 남들보다 공부를 잘하지 못하는 것처럼 느껴질 수 있다.

그러나 아이가 교과서 내용을 충실히 공부해 교과서에 나온 내용을 모두 자기 것으로 만들고 있다면, 내 아이는 공부를 충분히 자세히 들여다보는 중이다. 그러니 아이가 초등학생이 되었다면 부모는 반드시 마음의 여유가 있어야만 한다. 부모 마음에 여유가 없다면 아이의 성적이 더디게 올라가는 모습이 부모에게는 심한 스트레스가 된다. 하지만 가장 중요한 점은 초등학교 때 성적이 아이의 인생을 결정짓지 않는다는 것이다.

즉, 내 아이가 초등학생일 때 받는 단원 평가 점수나 수행 평가 점수는 아이의 평생 성적이 될 수 없다. "해 뜨기 전이 가장 어둡다."라는 말처럼 초등학생 시기는 아이의 공부 뒷심인 '공부 태양'이 강렬하게 떠오르도록 하기 위해 철저하게 어두워야 할 준비 과정이다. 그리고 가장 강렬한 해가 뜨는 방법을 찾는 것이 아이가 공부를 자세히, 그리고 오래 들여다보아야 하는 과정이다. 그 과정을 초등학교 6년 동안 철저하게 준비하지 못하면 아이는 자신의 공부 태양을 결코 스스로 떠오르게 만들지 못한다.

미국의 발명가 토머스 에디슨Thomas Alva Edison 또한 백열전구를 발명하기 위해 무려 3,000번의 실험 과정을 진행했었다. 그 3,000번의 연구 과정 덕분에 에디슨은 더욱 밝은 빛을 내는 전구를 만들 수 있었다.

내 아이의 공부도 마찬가지다. 'A=B'라고 결과만 나온 공식을 알려주는 공부가 아닌 A는 왜 B와 같은지 그 과정을 아이가 누군가에게 직접 설명할 수 있는 공부를 해야 한다. 그리고 이 공식이 만들어지는 과정을 아이 스스로 이해하는 공부를 해야만 한다.

이런 공부는 급하게 해서는 제대로 완성되지 않는다. 그리고 아이가 이런 공부를 하려면 부모는 초등학생 내 아이의 공부 기준을 다른 아이가 아닌 항상 내 아이와 초등학교 교과서에 그 기준을 두어야 한다.

학원에 가거나 학습지를 풀거나 과외를 받는 등 누군가의 강의를 듣는 시간이 길수록 아이는 그만큼 스스로 해낼 수 있는 공부 뒷심을 기르기 위한 시간을 뺏기고 있다. 내 아이가 자기 학년의 교과서 내용을 잘 이해하고 있으면 그것으로 충분하다. 그리고 아이가 자기 주도 공부 방법을 터득할 수 있도록 많은 시간과 기회를 주어야 한다.

"급할수록 돌아가라."라는 말이 있다. 아이의 초등학교 6년 시기는 반드시 여유롭게 공부하는 법을 익혀야 하는 시기이다. 공부 뒷심은 결코 부모가 만들어줄 수 있는 게 아니다. 공부 뒷심은 철저히 아이가 자기 힘으로 만들어야 하고 그렇게 해야만 아이는 자기 주도 공부 습관을 자기만의 것으로 만들 수 있다. 부모라면 내 아이가 초등학교 6년 동안 반드시 스스로 공부 뒷심을 만들어야 한다는 것을 명심하자.

아이만의 학습 속도가 있음을 인정해야 한다

초등학교는 대부분 교과를 담임 선생님이 지도한다. 그래서 교사가 어떤 과목을 떠올렸을 때 생각나는 아이가 각각 다르다. 국어 교과를 떠올렸을 때 생각나는 아이가 있고, 수학 교과를 떠올렸을 때 생각나는 아이가 있다. 예체능 교과도 마찬가지다. 체육을 유독 잘하는 아이가 있고 미술을 유독 잘하는 아이가 있다. 그래서 나는 교과마다 아이 한 명을 교과 선생님으로 지정한다. 그 교과 수업 시간이 되면 그 아이들 역시 나와 함께 해당 시간의 교과 선생님이 된다.

해당 교과 시간의 선생님이 된 아이가 하는 일은 그 과목의 개념을 잘 이해하지 못한 아이가 있거나 스스로 문제 푸는 일이 어려운 친구에게 도움을 주는 것이다. 교과 선생님이 된 아이는 자신이 아는 정보를 친구에게 알려주며 내용을 복습하는 기회를 얻고 개념을 잘 몰랐던 아이는 그 친구 덕분에 개념을 공부할 수 있어 서로에게 좋은 시간이 된다.

이렇게 다양한 아이가 다양한 교과의 선생님을 할 수 있는 이유는 아이들의 학습 속도가 교과마다 다르기 때문이다. 예를 들어, 평소 국어 교과 학습 속도는 빠르지만 미술은 잘 이해하지 못해 헤매는 아이가 있다. 수학 교과 학습 속도는 느리지만 사회 교과 학습 속도는 다른 아이보다 빠른 아이도 있다. 그래서 수학 교과는 다른 친구의 도움을 받지만 사회 교과는 자신감 있게 친구들을 도와주는 선생님 역할을 할 수 있는 것이다.

내 아이가 현재 초등학교 5학년이지만 수학 교과 학습 속도는 초등학교 3학년 수준일 수 있다. 그렇다고 내 아이가 학습 부진아는 결코 아니다. 내 아이만의 학습 속도가 있음을 인정하고 아이 수준에 맞는 공부를 차근차근 진행하면 아이는 충분히 초등학교 5학년 수준까지 올라갈 수 있다. 특히 수학 교과는 계열성서로 관련이 있거나 유사한 점이 있어서 한 갈래로 이어지는 계통이나 조직을 이루는 성질과 연계성어떤 것이 다른 것과 관계를 맺고 있는 성질이 뚜렷한 교과이기 때문에 기초부터 제대로 쌓아야만 중학생, 고등학생이 되어도 수학을 포기하는 일이 생기지 않는다.

초등학교 6년은 1학년부터 6학년까지의 수학 내용을 차분히 복습하고 또 복습할 수 있는 황금 같은 시간이다. 이 말은 아이의 학습 속도가 또래보다 느리더라도 수학 교과는 물론 다른 교과 또한 충분히 공부하면 초등학교를 졸업하기 전까지 초등 교육에서 알아야 할 내용을 다 배울 수 있다는 말과도 같다.

아이마다 신체 성장 속도가 다르듯 학습 속도 또한 다를 수밖에 없다. 걸음마를 빨리 떼는 아이가 있고 언어가 빨리 트인 아이도 있다. 그렇지만 누가 무엇을 빨리했는지는 상관없다. 결국 모든 아이는 자신의 발달 단계 속도에 맞게 걷고 말하게 된다. 공부도 마찬가지다. 같은 초등학교 3학년이라고 모든 아이가 같은 수준에 맞는 속도를 갖고 있지 않다.

식물에 비유하자면, 매일 물을 주어야 하는 식물이 있고 1주일에 1번만 물을 주어야 하는 식물도 있다. 혹은 1달에 1번만 물을 주어도 충분한 식물이 있다. 식물마다 물을 주는 때나 자라는 속도가 다른데도 모든 식물에 매일매일 물을 과다하게 주면 결국 어떤 식물은 썩어서 죽고 만다. 그 식물만의 성장 속도를 무시한 결과다. 식물마다 성장 속도가 다름을 인정하며 키워야만 식물이 무럭무럭 잘 자란다. 이는 내 아이의 공부도 마찬가지다.

과거 나 역시 고등학교 1학년 때까지는 공부를 잘하지 못했다. 공부하는 방법 또한 제대로 알지 못했다. 그러니 학년은 고등학교 1학년이었지만 1학년 수준을 따라가지 못했다. 그래서 내가 선택한 방법은 초등학교 공부부터 다시 시작하는 것이었다. 나의 공부 속도가 고등학교 수준에 미치지 못한다는 것을 깨달은 순간부터 나는 초등학교 교과서로 다시 공부했다.

남들보다 뒤처지는 공부법이었어도 나는 최선을 다했다. 그리고 최선을 다한 결과 첫 수능시험에서 6등급이었던 성적을 다음 수능시험에서 1등급까지 올릴 수 있었다.

이렇듯 내 아이의 학습 속도가 또래와 비교했을 때 늦다고 해서 포기할 필요는 없다. 학습 속도를 맞추기 위해 불필요한 사교육을 많이 할 필요도 없다. 아이의 학습 속도는 모두 다르다. 그리고 부모는 이 점을 인정해야만 한다. 다른 아이와 비교하지 않고 현재 내 아이의 학습 속도에 맞추어 아이에게 공부하는 방법을 알려주면, 아이는 차근차근 자신만의 학습 속도로 공부하게 된다. 아이가 포기하지 않고 끝까지 공부하려는 끈기만 갖고 있다면 아이는 충분히 초등학교 교육 과정을 완벽하게 공부한 후 초등학교를 졸업할 수 있다.

그러니 부모는 내 아이가 초등학교에 입학했다면 다른 아이와 학습 속도를 비교하지 말고 아이에게 공부의 꾸준함을 알려주어야만 한다. 남들보다 조금 뒤처져도 괜찮음을 자꾸 알려주어야 한다.

아이 자신도 초등학교에 입학하고 난 후 자신이 또래보다 학습 속도가 늦거나 오늘 배운 내용을 잘 이해하지 못하는 경험을 자주 하게 되면 공부에 주눅이 든다. 그래서 자기 스스로 '공부를 못하는 아이' '공부에는 소질이 없는 아이'라고 자기 자신을 저평가하게 된다. 이런 아이에게 또래와의 학습 속도를 비교하며 아이를 다그치거나 나무라서는 안 된다. 학습 속도가 느린 아이는 공부에 주눅이 들지 않도록 부모가 계속 아이를 다독여주어야 한다. 그리고 학습 속도가 중요한 것이 아니라, 공부는 결국 꾸준하게 하는 사람이 성공하는 것임을 알려주어야 한다.

누구나 자기 스스로 공부할 힘을 갖고 태어난다. 그리고 그 힘을 잘 기를 수 있는 때가 바로 초등학교 시기이다. 비록 학습 속도는 조금 뒤처진다고 해도 공부하려는 끈을 놓지 않는 한 아이는 충분히 자기 주도적으로 공부할 힘을 꾸준히 쌓을 수 있다.

그 예로, 내가 초등학교 저학년 반 담임을 맡았을 때 유독 수학을 잘하지 못하는 아이가 있었다. 그 아이가 부족하다기보다 또래 아이들은 이미 수학 선행학습을 하고 있었는데 이 아이는 따로 선행학습을 하지 않았었다. 그래서 초등학교에 입학한 다음에야 1부터 50까지의 수를 처음 공부했고 덧셈과 뺄셈도 처음 공부했다.

일찌감치 선행학습을 시작한 아이와 비교했을 때 이 아이의 학습 속도가 느려 보일 수 있다. 다른 아이들은 이미 덧셈과 뺄셈을 충분히 잘하고 있지만, 이 아이는 막 걸음마 떼는 수준으로 덧셈과 뺄셈 공부를 시작했기 때문이다.

하지만 결국 자기 주도 공부는 꾸준함이 답이다. 이 아이는 초등학교 고학년이 되었을 때 선행학습을 했던 아이들보다 훨씬 더 수학을 잘했다. 사교육을 따로 받기보다 학교에서 배운 내용을 활용해 집에서 꾸준히 자신만의 학습 속도로 복습하고 또 복습했더니 그렇게 수학을 잘하는 아이가 되었다.

아이마다 학습 속도가 다르다고 느껴지는 데는 '선행학습 여부' '아이의 기질' 등 다양한 이유가 있다. 그래서 선행학습을 하는 아이와 선행학습을 하지 않는 아이를 비교한다는 것 자체가 별로 의미가 없다.

모든 아이의 학습 속도는 같지 않다. 이 점을 부모는 인정해야만 한다. 중요한 것은 학습 속도가 아닌 꾸준하게 공부하려는 끈기이다. 초등학교 때는 공부의 꾸준함을 알아야만 한다. 비록 내 아이의 학습 속도가 또래보다 뒤처지는 것처럼 느껴져도 아이에게 계속해서 공부 끈기를 알려준다면 아이는 충분히 스스로 공부할 힘을 기를 수 있을 것이다. 공부는 남들과의 학습 속도 비교로 하는 게 아닌, 내 아이의 꾸준함으로 하는 것임을 기억하자.

초등학생에게
부모의 공부 동기부여는 중요하다

"칭찬은 고래도 춤추게 한다."

누구나 알고 있는 말이다. 물론 지나친 칭찬이 때로는 독이 될 수도 있지만, 자기 스스로 공부하려는 아이에게 가장 중요한 것은 바로 동기부여이다. 특히 그중 가장 중요한 건 바로 부모의 동기부여다. 부모의 동기부여만큼 아이를 긍정적으로 변하게 하는 것은 없다. 그러니 아이가 초등학생이 되었다면 부모는 반드시 동기부여를 적절하게 활용해야 한다.

동기부여에는 크게 2가지가 있다. 바로 '내적 동기부여'와 '외적 동기부여'이다. 내적 동기부여는 그 일 자체를 즐기며 내적 만족감과 자기 성취를 위한 동기부여다. 자기 주도 공부에 내적 동기부여를 적용하면 '공부' 자체가 즐겁다고 느낀다. 공부함으로써 스스로 성장하고 만족하는 것을 좋아한다.

외적 동기부여는 외적 보상을 잘 활용한 동기부여이다. 여기서 외적 보상이란 '어떤 행동을 한 후 받게 되는 보상'을 뜻한다. 간단한 예로, "오늘 학교에서 배운 내용을 10분 동안 복습하면 사탕 줄게."처럼 아이가 10분 동안 복습하는 행동을 하면 받게 되는 '사탕'이 바로 아이의 외적 보상이 된다.

이제 막 초등학생이 된 아이의 공부에서 내적 동기를 기대하는 것은 매우 힘들다. 그러니 부모는 아이가 자기 주도 공부 방법을 습관화하기 위해 초등학교 저학년 때는 외적 동기부여가 될 외적 보상을 적절히 활용해야만 한다. 다만 이 외적 보상도 아이가 초등학교 고학년이 될수록 내적 동기부여로 변할 수 있게 도와주어야 한다. 이를 할 수 있는 사람이 바로 아이의 부모이다. 『탈무드』Talmud, 유대인 율법학자의 구전과 해설을 집대성한 책에는 이런 문장이 나온다.

"아이에게 물고기를 잡아다 주면 아이는 한 끼를 배부르게 먹을 수 있다. 하지만 아이에게 물고기 잡는 법을 가르쳐주면 아이는 평생 배부르게 먹고 살 수 있다."

이 『탈무드』 문장에 적용하면 부모가 물고기를 잡아주는 것은 외적 보상, 외적 동기부여이다. 그리고 아이에게 물고기 잡는 법을 가르쳐주는 것은 내적 보상, 내적 동기부여이다. 처음에는 아이가 자기 주도적으로 공부하는 방법을 모르기 때문에 부모가 스스로 공부하는 방법을 차근차근 알려주면서 적절하게 아이의 외적 동기부여를 자극해야 한다. 예를 들어, '학교에서 배운 교과서 내용을 저녁마다 10번씩 반복해서 읽기'라는 과제를 아이에게 제시했다면 아이가 좋아할 만한 외적 보상도 함께 제공해야 한다. 그럼 아이에게는 그 외적 보상이 곧 공부의 동기부여가 될 것이고, 그 보상을 받기 위해 아이는 부모가 제시한 과제를 하게 된다. 이때 중요한 점은 아이에게 외적 보상을 제공하는 것과 별개로 아이가 교과서를 10번씩 읽는 행동 자체도 칭찬해야 한다.

또한 아이가 교과서를 10번씩 읽으며 스스로 복습했던 내용을 부모에게 말할 수 있도록 해야 한다. 이때 아이가 설명을 제대로 하지 못한다고 해서 아이를 야단쳐서는 안 된다. 아이의 말을 끝까지 들은 후 다음과 같은 칭찬의 말을 아끼지 말아야 한다.

"○○이 덕분에 엄마가 새로운 내용을 알게 됐어."

"아빠가 잘 이해하지 못했던 내용인데, 우리 ○○이가 알려줘서 금방 이해했네. 고마워."

이런 과정을 반복할수록 아이는 부모에게 인정받았다는 느낌을 받게 되고, 그 기분 좋은 경험을 반복하기 위해 시간이 지날수록 외적 보상 없이도 스스로 교과서를 10번씩 읽는 행동을 하게 된다.

처음에는 부모가 외적 보상을 활용해 아이에게 '교과서 10번씩 읽기'라는 자기 주도 공부 방법을 가르쳐주었지만, 부모의 피드백 덕분에 시간이 지날수록 아이의 내적 동기부여를 자극하게 된다. 그래서 굳이 외적 보상이 없더라도 교과서 10번 읽기가 아이만의 긍정적인 자기 주도 공부 습관으로 변하게 된다.

이렇듯 자기 주도 공부 방법을 습관화하는 과정에서는 부모의 동기부여가 무척 중요하다. 초등학생이 집중할 수 있는 시간은 성인보다 훨씬 짧다. 그래서 아이가 가정에서도 저 스스로 숙제하거나 책을 읽는 행동을 할 때마다 부모는 아이의 그런 모습을 자주 칭찬해야 한다. 부모의 칭찬이 쌓일 때마다 아이는 공부 자신감을 얻게 된다.

하지만 아이가 공부하는 모습과 그 과정은 피드백하지 않고 계속 외적 동기부여인 외적 보상만 제공한다면 아이는 학년이 올라갈수록 스스로 공부하는 성취감보다 부모를 향해 "1시간 공부하면 뭐 줄 거예요?" "이번 시험 100점 맞으면 뭐 사줄 건데요?"와 같은 외적 보상만 바라게 된다. 초등학교 때는 외적 보상을 잘 활용할 수 있다. 하지만 아이가 중학생, 고등학생이 되면 더는 외적 보상이 아이에게 강하게 작용하지 않는다. 그러니 처음에는 아이에게 자기 주도적으로 공부하는 습관을 키워주기 위해 외적 보상을 활용하면서 이와 더불어 공부하는 과정 자체에 관한 부모의 칭찬이 꾸준히 이어져야 한다.

누군가가 자신을 인정하고 지지할 때 아이의 자존감이 자란다. 특히 공부는 더더욱 그렇다. 공부를 유독 어려워하거나 공부하기를 힘들어하는 아이에게는 부모의 동기부여가 가뭄의 단비 같은 존재이다. 아이는 부모의 칭찬에 힘을 얻고 자신감을 얻기 때문이다.

그러므로 초등학생이 된 내 아이에게 자기 주도 공부 방법을 알려주고 싶다면 가장 먼저 부모가 아이에게 동기부여를 유발하여야 한다. 공부와 관련된 야단과 다그침, 잔소리는 아이의 공부 자신감을 잃게 만든다. 그리고 이러한 상황이 반복되면 아이에게 내적 동기부여를 기대하기 어려워진다.

초등학생 때 아이의 성적이 잘 나오고 잘 나오지 않고는 전혀 중요하지 않다. 가장 중요한 점은 아이에게 공부 자신감을 심어주는 것이다. 초등학교 6년 동안 공부 자신감을 충분히 심어주어야만 아이는 어려운 그 어떤 공부도 스스로 해내려는 마음을 갖게 된다.

아무리 초등학생 때 성적이 잘 나온다고 해도 아이가 공부 자신감을 갖추고 있지 않다면 가장 중요한 중 · 고등학교 때 아이의 공부는 금방 무너져 내린다. 어려운 문제를 마주할 때마다 금방 좌절하고 문제 풀기를 포기해버린다. 그래서 내 아이가 초등학생일 때 반드시 아이에게 공부 동기부여를 적절하게 유발하여야 한다.

처음부터 공부를 잘하게 태어난 사람은 없다. 우리 주변에서 공부를 잘하는 사람 대부분은 노력의 천재이다. 즉, 꾸준한 노력으로 공부를 잘하게 되었다는 의미이다.

초등학생이 스스로 공부하는 습관을 자신의 것으로 만들려면 반드시 그 첫 출발은 부모의 강한 동기부여로 시작해야 한다. 꾸준한 동기부여는 내 아이가 공부 주눅이 들지 않게 만든다. 부모의 동기부여는 내 아이에게 공부 자신감을 심어주고 공부 뒷심을 길러주는 가장 강력한 무기임을 잊지 말자.

부모의 지나친 공부 잔소리는 독이다

"너는 도대체 언제 공부할래? 오늘 복습 30분 하라고 했지!"

초등학생에게 가장 듣기 싫은 소리가 무엇이냐고 물어보면 대부분 아이가 "부모님의 잔소리!"라고 대답한다. 특히 공부와 관련된 잔소리는 더더욱 싫어한다. 그래서 열심히 수학 교과서 문제를 풀어보겠다고 마음먹고 의자에 앉았는데, 아이가 의자에 앉자마자 부모가 위와 같은 말을 한다면 아이는 방금까지 스스로 보려던 수학 교과서를 덮어버리고 만다. 청개구리로 변해버리는 것이다.

부모의 잔소리를 BGM 삼아 스스로 공부하는 아이는 단 한 명도 없을 것이다. 성인인 우리도 마찬가지다. 어릴 적 유독 잔소리를 심하게 했을 때의 부모님을 생각하면 대부분 '어휴, 듣기 싫어. 오늘도 역시나 또 시작이네.'라며 그 자리를 벗어나고 싶었던 기억이 있을 것이다.

지금은 나도 한 아이의 부모이지만, 과거 내 부모의 자식이자 학생이었을 때를 떠올려보자. 나 역시 부모님의 잔소리가 듣기 싫었을 것이다. 그런데도 내 아이가 남들보다 공부를 잘했으면 하는 마음에 자신도 듣기 싫은 잔소리를 자꾸만 아이에게 하는 꼴이다.

아이에게 공부해라 책 읽어라 잔소리하기 전에 아이 스스로 책을 읽고 공부하는 모습 등을 보여주기를 기대한다면 부모가 먼저 아이 앞에서 그런 행동을 보여주면 된다. 아이는 부모의 모든 행동과 말 등을 무의식적으로 보고 들어 스펀지처럼 흡수해 행동한다.

아이에게는 매번 잔소리하면서 정작 부모는 아이에게 공부하는 모습을 보이지 않는다면 아이는 공부의 중요성을 느끼지 못한다. 오히려 반발심이 생긴다. 아이는 속으로 '자기들은 맨날 텔레비전 보고 스마트폰만 하면서… 왜 나에게만 공부해라 책 읽어라 하는 거야?'라고 생각하게 된다.

아이가 이런 마음을 품고 있는데 과연 학년이 올라갈수록 스스로 공부하는 아이가 될 수 있을까? 결코 그럴 수 없다. 만일 부모가 매번 아이에게 공부해라 잔소리하면서 본인은 텔레비전을 매일 들여다보고 있다면 내 아이도 학년이 올라갈수록 텔레비전이나 스마

트폰을 열심히 하는 아이로 성장할 것이다.

잔소리보다 중요한 것은 행동이다. 내 아이가 스스로 공부하기를 바란다면 "공부해!"라는 말보다 부모가 직접 공부하는 모습을 보여주면 된다. 식구 모두 조용히 책을 읽고 있는데 아이가 과연 이 상황에서 "텔레비전 보고 싶어요."라는 말을 꺼낼 수 있을까? 그럴 수 없을 것이다.

사소한 것 하나하나가 모여 결국 모든 것을 바꾼다. 즉, 사소한 부모의 행동이 내 아이의 모든 행동을 바꿀 수 있다. 그 사소한 것이 긍정적이라면 내 아이도 몰라보게 긍정적으로 달라질 것이다.

반대로 그 사소한 것이 부정적이라면 내 아이는 학년이 올라갈수록 몰라보게 부정적으로 달라진다. 잔소리보다 더 중요한 것은 부모가 행동하는 모습을 직접 보여주는 것이다. 이 사소한 행동을 매일 반복하다 보면 시간이 지날수록 부모의 그러한 모습이 아이에게는 익숙한 모습이 된다.

과거 일제고사가 폐지되기 전에 초등학교 3학년 담임을 맡았던 적이 있다. 반에 시험을 볼 때마다 유독 긴장하는 아이가 한 명 있었다. 분명 평소에 단원평가를 보면 많이 틀려봐야 1~2개 정도 틀리던 아이가 유독 중간고사나 기말고사를 보면 잦은 실수를 했다. 잘 알고 있는 내용도 틀리고 객관식 숫자를 잘못 적기도 했다.

그 아이는 일기장에 유독 부모가 하는 잔소리에 관한 내용을 많이 썼다. 나는 아이의 일기장을 보며 아이가 시험 때마다 왜 유독 긴장하는지 그 이유를 알 수 있었다. 그리고 내게 자주 "부모님 잔소리를 그만 듣고 싶어요."라는 말을 하기도 했다.

학부모 상담 결과 부모는 아이가 공부를 잘하기를 원했다. 그래서 아이가 시험에서 실수할 때마다 아이를 심하게 다그치고 혼을 냈다. 부모는 이런 행동이 아이가 공부에서 실수하지 않기를 바라는 마음에서 비롯된 표현이라고 말했다. 내 아이가 남들보다 공부를 잘했으면 좋겠고, 공부하기를 긍정적인 습관으로 만들었으면 하는 바람을 부모는 '잔소리'를 통해 아이에게 표현한 것이다.

하지만 그런 부모의 속마음을 당사자인 아이는 알 리 없다. 아이에게는 그저 잔소리로 들릴 뿐이다. 그래서 공부를 떠올리면 가장 먼저 내게 잔소리하는 부모의 모습이 연상되는 것이다. 우리 인간은 무엇이 되었든 무언가를 떠올렸을 때 그 경험이 즐겁고 행복했던 기억이면 굳이 누군가가 시키지 않아도 저절로 그 행동을 반복하게 된다.

초등학생에게 긍정적인 공부 습관을 심어주려고 할 때 가장 중요한 점은 부모의 기다림이다. 공부 잔소리를 하기보다 기다리는 것이 훨씬 더 중요하다. 만일 아이가 수학 문제집을 1장 풀기로 부모와 약속했다면, 아이가 그날 약속을 스스로 지키고 실천하는지 기다려주는 자세가 필요하다.

또한 아직 공부하는 것이 습관이 되지 않은 아이에게 한 번에 많은 양의 학습 과제를 내주기보다는 충분히 할 수 있는 적절한 양의 과제를 제시해야 한다. 그래야 아이가 스스로 공부하는 것을 습관화할 수 있기 때문이다.

예를 들어, 아이가 매일 책을 30분씩 읽고 국어 문제집과 수학 문제집을 푸는 걸 힘들어한다면 아이에게 이 모든 것을 하루에 다 할 필요가 없음을 알려주어야 한다. 아직 자기 주도 공부 습관이 잡히지 않은 아이에게 많은 양의 과제는 무의미하기 때문이다.

한 가지를 하더라도 제대로, 그리고 효과적으로 하는 것이 오히려 아이에게 도움이 된다. 그래서 평소 부모가 아이에게 과제를 3개 제시했다면 1개로 줄이는 것이 좋다. 아이에게 먼저 선택권을 주어 1개를 선택하도록 한 후, 아이가 매일 그걸 실천하고 있는지 기다리고 지켜보면 된다. 그럼 부모 또한 아이에게 잔소리하는 횟수가 확연히 줄어들 것이다. 아이 또한 평소 3개나 해야 하던 과제를 1개만 해도 되니 여유롭게 과제에 집중할 수 있다. 이렇듯 공부는 1개만 하더라도 제대로 하는 것이 낫다.

결국 해야 할 과제의 수가 줄어들면 부모의 잔소리하는 횟수도 줄어들고, 아이 또한 과제에 더 집중할 수 있으니 모두에게 좋은 방향인 셈이다. 또한, 아이가 과제를 집중해서 해결할 때마다 부모가 칭찬까지 빠트리지 않고 아낌없이 해준다면 아이는 몰라보게 달라질 것이다. 굳이 부모가 잔소리하지 않아도 스스로 1개의 과제를 실천했던 아이는 곧 2개의 과제를 실천할 것이고, 이는 곧 3가지 과제를 공부할 수 있게 발전할 것이다.

그리고 이렇게 과제를 하나씩 더 수행할 때마다 아이는 자기 주도 공부 방법도 성공적으로 익히게 된다.

사소한 행동은 생각보다 많은 변화를 일으킨다. 사소하게 시작했던 부모의 잔소리도 시간이 지날수록 아이에게는 큰 상처로 다가올 수 있다. 그 상처가 심하면 아이는 공부 무기력증이 올 수 있다. 비록 아이를 위한 마음에 하는 공부 잔소리라고 하지만, 그것도 쌓이고 쌓이면 결국 내 아이에게는 독이 됨을 꼭 알아야만 한다. 잔소리하기 전에 과제의 양을 먼저 줄이자. 그리고 아이가 과제를 수행할 때마다 칭찬을 아끼지 말자. 아이를 향한 부모의 잔소리가 줄어든 만큼 아이는 스스로 공부하는 방법을 깨달으며 무럭무럭 성장할 것이다(p.119 참조).

좀 더 알아볼까요?

오늘 아이에게 어떤 말을 했는지 확인해보세요.

날짜	(부정의 말) 오늘 내가 아이에게 한 잔소리는?	(긍정의 말) 오늘 내가 아이에게 한 칭찬의 말은?
11.19	공부 좀 해! 틀린 문제를 또 틀리면 어떡하니?	오늘 하겠다고 약속한 숙제를 늦게라도 해주어서 고마워.

매일, 혹은 일주일에 2~3번이라도 내가 아이에게 어떤 말을 했는지 이렇게 따로 적는 습관을 들이면 좋습니다. 부모인 내가 아이에게 주로 긍정의 말을 많이 하는지 부정의 말을 많이 하는지 확인할 수 있기 때문입니다. 아이의 자기 주도 공부는 긍정의 말을 많이 들었을 때 더 잘 형성될 수 있습니다. 아이에게 긍정의 말을 더 많이 할수록 아이의 자존감과 자기 주도 공부 능력 향상에 도움이 되니, 가능하다면 매일 확인해보세요.

3장

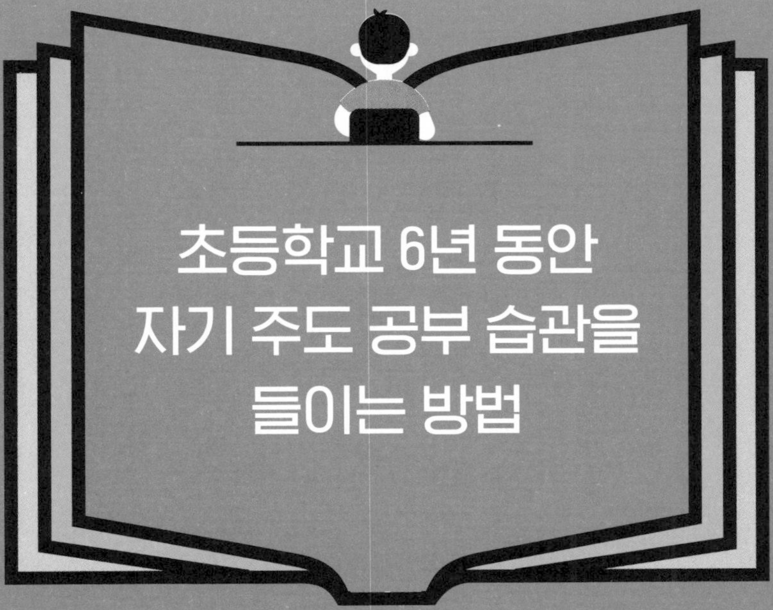

초등학교 6년 동안 자기 주도 공부 습관을 들이는 방법

책 한 권으로도 자기 주도 공부법을 익힐 수 있다

3월 초, 새 학기가 되어 새로운 학년의 담임을 맡게 되면 나는 항상 우리 반 아이들에게 "공부할 때 가장 필요한 것은 무엇일까요?"라는 질문을 한다. 그럼 아이들은 십중팔구 이렇게 대답한다.

"교과서랑 문제집이요."
"학원이랑 학습지요."

이렇게 대답하는 아이들에게 나는 가장 필요한 것은 '책'이라고 알려준다. 어떤 책이든 상관없다. 책 한 권이면 아이는 자기 주도 공부 습관을 충분히 기를 수 있다. 아이들이 공부할 때 가장 필요한 것이 문제집과 학원이라고 대답하는 이유는 아직 제대로 된 공부 방법을 알지 못하기 때문이다.

그래서 나는 항상 책 한 권을 활용해 아이들이 스스로 공부하는 다양한 방법을 알려준다. 책 한 권만 있어도 아이들은 다양한 공책 정리 방법을 알 수 있다. 글을 읽으며 중심 문장을 찾는 방법도 익힐 수 있다. 책 한 권을 꾸준히 읽는 연습을 통해 집중력까지 기를 수 있다.

이런 기본적인 자기 주도 공부 습관이 형성된 후 아이의 공부 질을 좀 더 높이기 위해 활용하는 것이 바로 문제집과 학원, 학습지이다. 공부의 기본은 먼저 공부하는 방법을 스스로 깨닫는 것이다. 공부하는 방법을 깨닫지 못하면 공부하는 척을 하게 된다. 그래서 초등학교 6년은 아이들에게 제대로 된 공부 방법을 알려주고 습득하게 하는 매우 중요한 시기이다.

초등학교 때 자기 주도 공부 방법을 제대로 깨달아 습관화한 아이는 학년이 올라갈수록 커다랗고 튼튼한 공부 날개를 달게 된다. 공부하는 방법을 굳이 알려주지 않아도 스스로 익히고 터득한 것을 응용할 수 있다. 자신에게 더 적합한 방법을 연구하고 깨달았기에 중·고등학생 때 그 능력을 충분히 발휘할 수 있는 것이다.

그래서 초등학교 때는 많은 양의 문제집을 풀기보다 다양한 종류의 책을 읽으며 공부하는 방법을 배워야만 한다. 중학생, 특히 고등학생이 되면 하루 중 대부분 시간에 문제집을 푸는 공부를 해야 한다. 즉, 어차피 학년이 올라갈수록 문제집을 풀 수밖에 없는 상황에 놓이게 된다. 그러니 굳이 초등학생 때부터 내 아이에게 많은 양의 문제집을 사줄 필요가 없다.

책을 읽을 때는 미리 한 달 계획표를 세운다(p.128~129 참조). 한 달 동안 어떤 책을 읽을지 스스로 고르는 훈련을 하는 것은 중요하다. 이 훈련은 앞으로 해야 할 '공부 계획표 세우기'를 아이 스스로 할 수 있는 습관을 기르는 아주 중요한 과정이다.

한 달 동안 읽을 책을 미리 고르고 날짜와 함께 읽을 책의 제목을 적어놓는 일이 습관이 되었다면 부모는 아이에게 "이렇게 하는 게 바로 공부 계획표를 만드는 과정이다."라고 자연스럽게 설명하면 된다. 책으로 시작한 계획표가 나중에는 공부할 과목, 공부할 내용 등으로 뻗어 나갈 수 있다고 말이다.

또한 책 한 권을 잘 활용하면 아이는 발췌독필요한 내용만 골라서 읽는 독서법하는 법을 익힐 수 있다. 발췌독은 자기 주도 공부 방법을 익힐 때 매우 중요한 요소이다. 특히 고등학생이 되면 접하게 될 언어 영역은 아이들이 중요한 문장과 문제 풀이에 알맞은 내용을 발췌독해야만 문제를 잘 풀 수 있게끔 구성되어 있다.

한 권의 책을 읽을 때마다 이 책에서 찾을 수 있는 핵심 주제를 정한 후 아이에게 책을 읽으라고 하면, 아이는 책을 읽으면서 핵심 내용을 찾기 위해 집중하게 된다. 그래서 책을 대충 읽지 않고 꼼꼼하게 읽는 연습을 하게 된다.

예를 들어, 위인전을 읽을 때는 항상 아이에게 같은 책을 최소 5번 정도 읽도록 지도한다. 그리고 한 번에 처음부터 끝까지 모든 내용을 읽도록 지도하지 않고 읽을 때마다 한 가지 주제를 정한 후 그 주제에 맞는 내용만 찾도록 한다(p.130 참조). 예를 들어, 위인전 『장영실』을 읽고 있다면 처음에는 장영실의 가족과 신분 등만 아이가 찾도록 지도한다.

그럼 아이는 가족과 신분이 나오는 내용을 찾으려고 꼼꼼하게 책을 읽게 된다. 대충 읽으면 놓칠 수 있으니 집중해서 읽으며 주제가 잘 나온 문장을 찾기 위해 노력한다. 내용을 찾았으면 아이에게 공책에 정리하도록 지도하면 된다.

두 번째, 세 번째로 읽을 때도 마찬가지이다. 미리 아이가 찾아야 하는 주제를 정하면 아이는 다시 책을 또 읽으며 그 주제와 관련된 문장을 찾는다. 그리고 그렇게 찾은 내용을 공책에 정리한다. 다섯 번 정도 충분히 읽고 난 후에는 아이가 지금까지 찾은 내용을 주제망 정리를 통해 한 번에 정리한다(p.131 참조).

이런 과정을 반복할수록 아이는 스스로 발췌독하는 방법과 공책 정리하는 방법을 익히게 된다. 그리고 요약 정리하는 방법도 스스로 터득하게 된다. 이런 습관들이 초등학생인 내 아이가 자기 주도 공부 방법을 익히기 위한 가장 기본적인 자세다.

아이가 문제를 풀 때 그 문제를 제대로 이해하고 정답을 구하려면 그 문제가 무엇을 요구하는지 알아야 한다. 즉, 그 문제의 주제를 명확하게 찾아야 한다는 의미이다. 이런 능력을 키우기 위해 부모는 아이에게 책을 읽을 때마다 주제를 정해 해당 문장을 찾도록 지도한다. 주제를 잘 찾을수록 아이는 문제를 풀 때 그 문제가 무엇을 물어보고 있는지 정확히 파악하는 힘이 생긴다. 문제집을 다양하게 풀면서 아이가 잘 풀고 있는지 확인하는 일이 중요한 게 아니다. 아이가 문제를 풀 때 그 문제가 무엇을 요구하는지 정확히 파악하는 힘을 기르는 공부 방법이 선행되어야만 하는 것이다.

책을 읽은 후 요약 정리하는 과정도 마찬가지다(p.132~133 참조). 책 한 권을 여러 번 읽으면서 공책에 따로 정리하고 공책에 정리했던 내용을 토대로 주제망 정리까지 마치면 아이는 다시 책을 들여다볼 필요가 없다. 주제망 안에 책을 요약한 내용이 모두 들어 있기 때문이다.

이렇게 주제망으로 요약하여 정리하고 나면 아이는 공부한 내용이 생각나지 않을 때마다 따로 교과서를 살펴보지 않고도 주제망으로 정리했던 내용을 다시 꺼내 복습하면 된다. 그리고 주제망으로 정리했던 내용을 1주일에 최소 1번씩 부모와 이야기하는 시간을 갖는다면 아이는 누군가에게 설명할 수 있는 아웃풋(p.182 참조) 기회를 얻을 수 있고, 자신이 정리했던 내용을 누군가에게 말하면서 다시 복습하는 기회도 얻게 된다.

스스로 공부하는 방법을 익힐 때 가장 중요한 습관은 똑같은 책을 여러 번 읽기, 발췌독하기, 중요한 내용 스스로 정리하기, 요약 정리하는 습관 기르기, 복습하기, 누군가에게 설명하며 내 것으로 만들기 등이다. 이런 기본적인 자세가 초등학교 때부터 아이의 습관으로 형성되어야만 아이는 이어질 중학교 고등학교 공부를 완벽하게 해낼 수 있다. 기본 습관이 형성되지 않으면 스스로 공부하기를 꾸준히 해낼 수 없다. 그리고 이런 습관이 있어야만 인내심 있게 공부해 나갈 수 있다.

초등학생 자녀를 둔 부모 대부분이 아이에게 더 좋은 문제집을 풀게 하거나 더 나은 학원에 보내기 위한 정보를 얻기 위해 노력한다. 그러나 아무리 좋은 문제집과 학원 등으로 사교육을 시킨다고 해도 아이가 스스로 공부하는 방법을 깨우치지 않는다면 그 무엇이든 아무 쓸모가 없다. 초등학교 6년은 아이에게 공부하는 방법을 꾸준히 일깨워주는 시기이다. 그리고 그 방법으로 책 한 권이면 충분하다. 그러므로 더 나은 문제집을 찾기 전에 집에 있는 책 한 권을 꺼내 아이가 자기 주도 공부 방법을 익히는 것이 선행되어야 함을 반드시 명심해야 한다.

좀 더 알아볼까요?

○○이의 12월 독서 계획표

날짜	읽을 책	실천 여부(○, ×)
12/1	너라면 가만있겠니?	○
12/2	너라면 가만있겠니?	×(책을 학교에 두고 왔다.)
12/3	너라면 가만있겠니?	○
12/4	책이 사라진 날	○
12/5	책이 사라진 날	○
12/6	프린들 주세요	○
12/7	프린들 주세요	×(너무 피곤했다.)
12/8	프린들 주세요	○
12/9	프린들 주세요	○
12/10	축구부에 들고싶다	○
12/11	축구부에 들고싶다	○
12/12	축구부에 들고싶다	○
12/13	축구부에 들고싶다	○
12/14	축구부에 들고싶다	○
12/15	진짜 투명인간	○
12/16	진짜 투명인간	○

12/17	사과의 길	○
12/18	사과의 길	○
12/19	사과의 길	○
12/20	사과의 길	○
12/21	만복이네 떡집	×(다른 책 읽음)
12/22	만복이네 떡집	○
12/23	만복이네 떡집	○
12/24	리디아의 정원	○
12/25	리디아의 정원	○
12/26	아씨방 일곱동무	○
12/27	아씨방 일곱동무	○
12/28	아씨방 일곱동무	○
12/29	짜우 까우 이야기	○
12/30	짜우 까우 이야기	○
12/31	짜우 까우 이야기	○
한 달 동안 책을 읽으며 느낀 점	* 이 부분은 12월 한 달 동안 독서 계획표를 실천한 후 쓰도록 지도합니다. 예) 12월에 적었던 책을 계획한 대로 모두 읽었다. 내년에는 책을 한 권 더 읽어야겠다.	

한 달 독서 계획을 세울 때 굳이 여러 권을 읽을 필요가 없습니다. '온작품 읽기 한 학기에 한 권 깊이 있게 읽기'도 있으니 한 달 계획표에 한 권의 책만 꾸준히 읽는 계획표를 세워도 됩니다. 한 달 계획표에 많은 책을 읽도록 지도하지 않고, 이렇게 계획표를 스스로 쓰고 실천하는 방법을 알려주는 것에 중점을 두도록 합니다. 만일 실천하지 못했던 날은 무엇 때문에 실천하지 못했는지 그 이유도 간단히 쓸 수 있게 지도해주세요.

'위인전(장영실)'을 읽고 공책 정리하기

「위인전」 주제 생각하며 정리하기

예) 장 영 실

1. 신분, 가족 → 이게 바로 "주제"입니다. 그래서 장영실을 읽을 때 '신분, 가족'을 생각하며 읽습니다.

- 가생의 아들로 태어남
- 어머니 : 동래현 관청 가생
- 아버지는 안 계심
- 장영실 : 노비

2. 장영실의 성격 → 2번째로 읽을 땐 이게 주제가 되니, 성격을 생각하며 읽습니다.

- 끈기가 있음
  ↳ 이유: 어렸을 적부터 고장난 농기구를 고칠 때까지 계속 수리함
  ↳ 이유: 임금님을 위해 최선을 다해서 발명품을 만듦

- 친절함 / 이해심이 있음
  ↳ 이유: 어렸을 적부터 자신을 놀렸던 친구들을 미워하지 않고, 친구들의 고장난 물건을 잘 고쳐줌

- 가족을 사랑함
  ↳ 이유: 하나밖에 없는 엄마를 위해 집을 지으려고 함.

3. 장영실이 만든 물건 → 3번째로 읽을 때는 장영실이 만든 물건을 생각하며 읽습니다.

- 간의
- 혼천의
- 자격루
- 해시계 앙부일구

주제 정하고 공책 정리하기

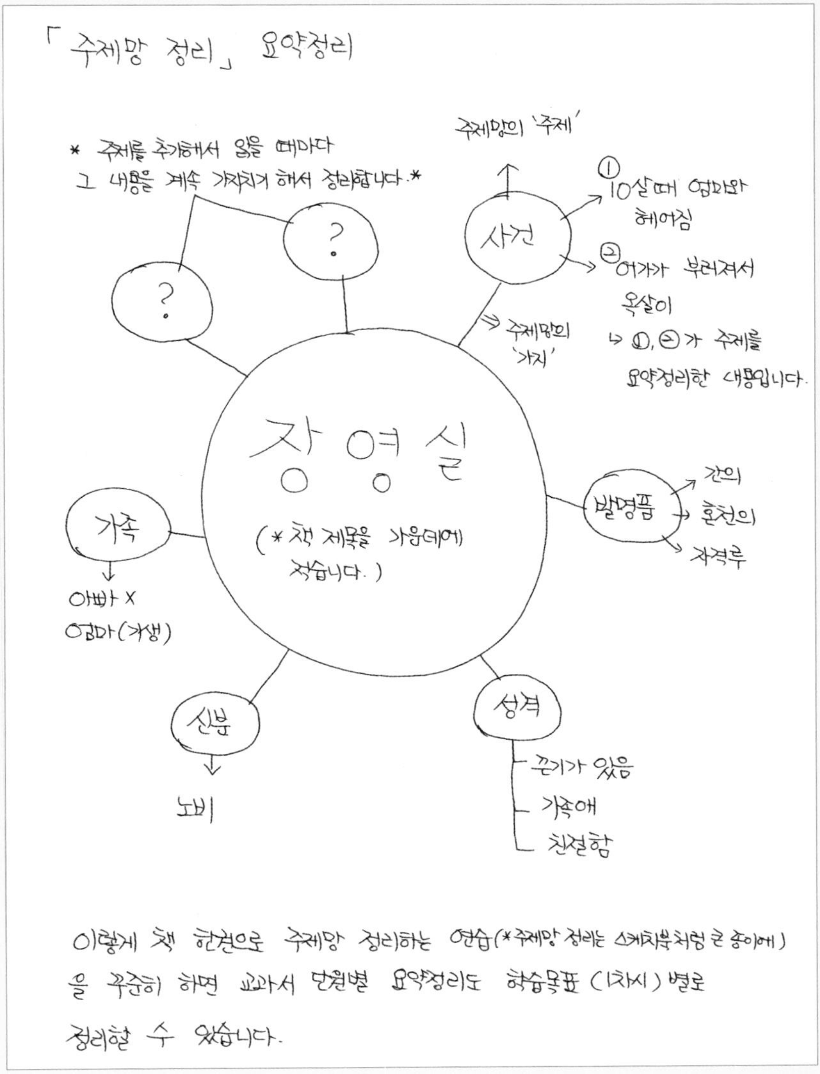

주제망 정리(요약정리)하기

책을 읽고 공책에 요약정리하는 방법을 소개합니다. 책의 분야에 따라 요약정리 방법을 달리할 수 있으니 부모와 아이가 편한 방법을 선택하여 정리해보세요.

동화책(개구리네 한솥밥)을 읽고 공책 정리하기

「책 한 권을 활용한 공부하는 방법 익히기」 예) 그림동화 중 '개구리네 한솥밥' 발췌독하며 정리하기

날짜	주제 (부모님이 정해줄 내용) (*교과서 공부에 적용하면 '학습차시목표')	찾은 내용 (★: 느낀 점, 알게된 점) (*교과서 공부에 적용하면 학습목표 공부 후 정리내용)
10.1 (1회독)	등장인물은 누구인가요? * 등장인물만 생각하며 발췌독	개구리, 소시랑게, 방아깨비, 쇠똥구리, 하늘소, 개똥벌레 ★ 오늘은 등장인물만 찾아봤다. 소시랑게가 무슨 말인지 몰라서 국어사전을 찾아봤다.
10. 2 (2회독)	개구리가 도와준 친구와 그 이유는?	1. 소시랑게 – 발을 다쳐서 2. 방아깨비 – 길을 잃어버려서 3. 쇠똥구리 – 구멍에 빠져서 4. 하늘소 – 풀대에 걸려서 5. 개똥벌레 – 물에 빠져서 ★ 개구리는 참 착한 것 같다.
10. 3 (3회독)	모르는 낱말 찾으면서 읽기	쌀 한말, 복판, 풀대, 길섶, 못도랑 ★ 그림동화 낱말 공책에 정리했다.
10. 4 (4회독)	주인공은 누구며, 그 이유는?	개구리. 왜냐하면 개구리가 쌀 한말을 얻으러 가는 과정이 있기 때문이다. ★ 4번 읽으니 더 재미있다.
10. 5 (5회독)	개구리에게 닥친 시련 찾기 시련을 도와준 친구는?	<개똥벌레가 불을 밝힘> <하늘소가 들어줌> <쇠똥구리가 치워줌> 친구들을 도와주다가 어두워짐 → 집이 무거움 → 길에 쇠똥 쌓임 → 쌀을 찧을 수 없음 → 밥을 못 지음. <방아깨비가 찧어줌> <소시랑게가 지어줌> ★ 누군가를 도와주면 그만큼 돌려받는다.

주제 정하고 공책 정리하기

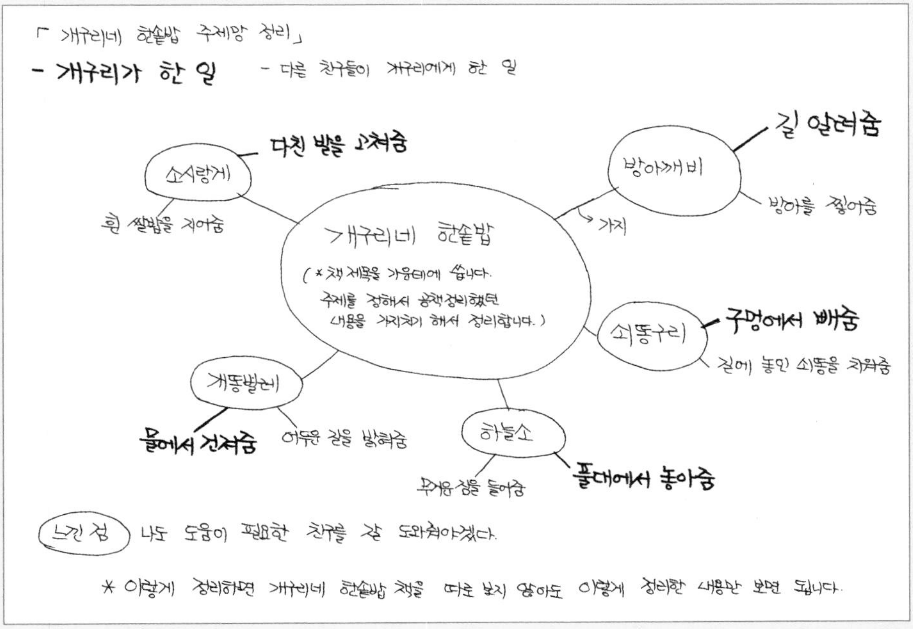

주제망 정리(요약정리)하기

모든 공부의 기초인 어휘를 먼저 다져야 한다

공부할 때 가장 중요하게 갖추어야 할 능력은 바로 '문해력文解力'이다. 즉, 글을 읽고 이해하는 능력이 있어야만 무엇을 공부하던 그 내용을 잘 이해할 수 있고 중요한 개념을 빨리 파악할 수 있다. 이러한 문해력의 핵심은 바로 '어휘'다. 글을 읽을 때 낱말의 뜻을 전혀 알지 못하면 눈으로는 문장을 읽지만, 머릿속으로는 방금 내가 읽은 문장이 무엇을 의미하는지 전혀 알지 못한다.

특히 서술형 평가를 볼 때 어휘력이 부족한 아이는 문제가 요구하는 것을 제대로 파악하지 못하고 문제 안에 적힌 낱말의 뜻을 물어보느라 바쁘다. 예를 들어, "다음 중 가장 알맞은 응답을 쓰시오."

라는 평가 문항이 있을 때 여기에서 아이들이 알아야 할 내용은 '알맞은' '응답'이다. 그러나 저렇게 단순하게 한 줄로 쓴 문장도 어휘력이 부족한 아이는 전혀 이해하지 못하고 다음과 같은 질문을 하느라 바쁘다.

"선생님, '알맞은'이 무슨 말이에요?"
"선생님, '응답'이 무슨 말이에요?"

책을 많이 읽지 않아 다양한 어휘를 접하지 못한 아이는 저렇게 쉬운 문장조차 제대로 이해하는 걸 어려워한다. 그래서 서술형 평가 문항이 10개라면, 한 문항씩 풀 때마다 아이에게는 이해하기 어려운 문장을 해석해야 하는 고행이 되어버린다. 이렇듯 아이가 스스로 공부하는 습관을 기르는 것도 중요하지만, 공부의 가장 기본인 어휘력을 향상해야 하는 것도 중요하다.

특히 초등학교 6년은 다양한 낱말을 공부해 그 뜻을 정확히 아는 연습을 해야만 하는 때이다. 언어학자들은 초등학교 3학년 즈음이 아이가 어휘력을 습득하기에 가장 좋을 때라 어휘력이 폭발적으로 성장하게 된다고 말한다. 그 말은 초등학교 6년 동안 아이는 반드시 어휘를 최대한 많이 습득해 자신의 것으로 만들어야 한다는 의미와도 같다.

어휘력을 키우는 가장 기본적인 방법은 '국어사전'을 잘 활용하는 것이다(p.140~144 참조). 그래서 모든 아이가 초등학교 1학년 때부터 반드시 국어사전을 활용하는 방법을 알아야 한다. 1학년부터 국어사전을 활용하는 게 어렵다면 적어도 초등학교 3학년부터는 반드시 국어사전을 활용할 줄 알아야 한다.

현재 '2015 개정 교육 과정 국어 교과서' 중 국어사전을 처음으로 학습하는 내용을 공부하는 학년은 초등학교 3학년이다. 즉, 초등학교 3학년 국어 교과서 〈3-1 나 7단원. 반갑다, 국어사전〉에서 아이는 국어사전을 처음 접하고 이를 어떻게 활용하며 공부해야 하는지 배운다.

국어사전에는 교과서에서 자주 쓰이는 낱말은 물론 그 외에도 다양한 낱말이 수록되어 있다. 또한 여러 가지 문장 부호와 원고지 쓰는 법 등 글쓰기와 관련된 다양한 내용도 적혀 있다. 만약 아이가 초등학생이 된 후 매일 국어사전에 있는 낱말을 3개씩만 공부하는 습관을 들인다고 가정해보자. 그럼 한 달이면 적어도 90개 정도의 낱말을 더 알게 된다. 이렇게 1년이면 1,080개 이상의 낱말을 습득하게 되고, 이것이 6년 동안 꾸준한 습관이 되었다면 아이는 적어도 6,500개 이상의 낱말을 더 알게 된다.

'매일 낱말 3개씩 공부하기'가 처음에는 별거 아닌 것처럼 보일 수 있겠지만, 이러한 공부를 6년 동안 하면 아이는 6,500개 이상의 낱말을 공부하게 된다. 이는 앞으로 해야 할 아이의 공부에 엄청난 영향을 미친다.

예를 들어, 서술형 평가 중 "'영글다'라는 단어를 포함하여 문장을 만들어보시오."라는 문제가 나왔을 때 '영글다'라는 단어의 뜻을 모르는 아이는 절대로 문제를 풀 수 없다. 그래서 '영글다'라는 단어의 뜻과는 전혀 상관없는 내용의 문장을 적어 그대로 시험지를 제출해 버린다. 이런 상황이 반복되면 낱말을 많이 아는 아이와 조금 아는 아이의 학습 격차는 계속 발생할 수밖에 없다.

어휘력을 다지기 위해서는 교과서에 나오는 낱말 뜻은 모두 알고 있어야만 한다. 특히 현재 아이의 학년에 해당하는 모든 교과서 본문에 나온 낱말의 뜻은 자신 있게 말할 수 있어야만 한다. 글을 읽을 때 문장이 의미하는 내용이 무엇인지도 분명하게 알아야 한다. 교과서는 말 그대로 그 학년의 발달 수준에 맞게끔 잘 정리된 책이다. 그래서 아이의 눈높이에 맞게 적절한 낱말이 적혀 있으며 문장 또한 아이가 쉽게 이해할 수 있게 정리되어 있다.

공부의 기본인 어휘력을 향상하려면 가정 내에 과목별로 교과서가 최소 1권쯤은 있어야 한다. 학기가 끝났다고 교과서를 버리지 말고 방학 때 교과서를 처음부터 끝까지 눈으로 꼼꼼하게 읽는 습관을 들이면 좋다. 읽으면서 이해되지 않거나 애매한 낱말이 보이면 바로 형광펜으로 표시한다. 그리고 표시한 낱말은 국어사전을 활용해 뜻을 알아본다.

하지만 뜻만 알아보면 아이는 며칠 지나면 또다시 그 낱말이 어떤 뜻이었는지 기억나지 않을 수 있다. 이럴 때 내가 추천하는 자기 주도 공부 방법은 '포스트잇 활용'이다. 국어사전에서 찾은 낱말의 뜻을 포스트잇에 적고 형광펜으로 표시한 교과서 쪽수 밑에 그 포스트잇을 붙인다. 이렇게 포스트잇을 붙여놓아야 아이는 자신이 잘 몰랐던 낱말이 적힌 쪽수를 금방 찾을 수 있다(p.145 참조).

포스트잇을 따로 붙이는 이유는 형광펜으로 표시한 낱말 옆에 바로 단어의 뜻을 적으면 아이가 다시 공부할 때 낱말을 읽으면서 동시에 뜻도 함께 읽게 된다. 낱말과 뜻을 함께 보면 아이는 마치 자신이 이미 알고 있는 것처럼 느껴진다. 그래서 포스트잇을 항상 밑에 붙여둔 후 자신이 몰랐던 낱말의 뜻을 스스로 생각해보고, 생각한 게 맞는지 포스트잇을 보며 따로 확인해야 한다. 이런 식으로 교과서에 나온 낱말 뜻을 다 익힌다면 아이는 해당 학년에서 반드시 알아야 할 낱말 뜻을 모두 알게 되는 셈이다.

낱말을 많이 알고 있다는 것은 그만큼 공부 자신감 또한 향상했다는 의미이다. 자기 주도 공부 방법이 숲이라면 어휘력은 그 숲에 자리 잡은 나무들이다. 숲이 울창하려면 숲속에 나무가 많아야 하고 나무의 종류도 다양해야 한다. 이렇듯 아이는 공부의 기본인 스스로 공부하는 방법을 익히면서 동시에 이를 뒷받침할 어휘력을 쌓아야만 한다. 제아무리 숲이 크다고 해도 숲속에 나무가 많지 않으면 그 숲은 결코 울창해질 수 없다.

어휘력을 키우는 방법은 간단하다. 위에서 언급한 국어사전과 교과서를 잘 활용하는 것이다. 여기에 스스로 책을 읽는 습관까지 더한다면 말할 나위 없이 좋다. 글 내용이 무엇을 의미하는지 파악하는 것은 매우 중요하다. 아무리 열심히 공부한다 해도 글의 내용을 파악하지 못한다면 헛공부나 마찬가지이기 때문이다. 그래서 초등학교 시기는 스스로 공부하는 방법을 자신의 습관으로 만들면서 동시에 어휘력을 잘 다져야만 한다. 어휘력은 곧 모든 공부의 기초임을 반드시 알아야만 한다.

좀 더 알아볼까요?

[반갑다 국어사전] 교과서 일부분 살펴보기

1. 국어사전을 활용하여 어휘력을 키우는 방법

준비

국어사전에 대해 알기

1. 낱말의 뜻을 정확하게 알려면 어떻게 해야 할지 알아봅시다.

(1) 낱말의 뜻이 궁금할 때에는 어떻게 해야 하는지 친구들과 이야기 해 보세요.

(2) 국어사전이 필요한 까닭을 말해 보세요.

188

7

2. 국어사전에 대해 알아봅시다.

(1) 국어사전 겉모습을 살펴보고 그 특징을 말해 보세요.

(2) 국어사전을 살펴보고 그 특징을 말해 보세요.

189

놀이로 시작하는 공부는 아이의 어휘력 향상에 도움이 됩니다. 가정에서 쉽게 할 수 있는 놀이로는 '자음/모음 카드 활용 놀이'가 있는데요. 매일 최소 30분씩 아이와 꾸준하게 활동하면 좋은데, 준비 방법은 다음과 같습니다.

① 부모와 아이가 종이를 잘라 자음 카드와 모음 카드를 만든다.

② 바구니(통) 3개를 준비해 한쪽에는 자음 카드를 담고, 다른 한쪽에는 모음 카드를 담는다.

(Tip. 카드는 항상 뒤집은 상태로 바구니에 놓아두는 것이 좋다. 그래야 어떤 자음과 모음이 나올지 아이도 더욱더 호기심 있게 놀이 활동을 할 수 있기 때문이다.)

먼저 자음 바구니와 모음 바구니에서 자음 카드와 모음 카드를 각각 1장씩 꺼냅니다. 만일 자음 카드에서 'ㄴ'이 나오고 모음 카드에서 'ㅗ'가 나왔다면 오늘은 '노'로 시작하는 낱말을 공부해보세요. 아이와 부모가 함께 국어사전에서 '노'로 시작하는 글자를 찾아 단어를 쭉 봅니다.

하루에 볼 단어의 양은 아이가 정합니다. 20개를 공부하겠다고 아이가 결정했다면 '노'로 시작하는 단어 중 20개만 공부합니다. 그리고 항상 어디까지 보았는지 국어사전에 표시해둡니다. 그럼 다음에 또 '노'라는 카드가 나왔을 때 국어사전에서 표시한 뒷부분 단어부터 보면 되기 때문입니다.

'노'로 시작하는 낱말을 쭉 볼 때 처음 본 낱말은 형광펜으로 표시해둡니다. 만일 '노가리'를 처음 보았다면 '노가리'에 형광펜 표시를 하고 작은 종이크기는 포스트잇 정도를 준비해 '노가리'를 적습니다. 이렇게 '노'로 시작하는 낱말 20개를 보면서 모르는 낱말이 나오면 계속 종이에 적습니다. '노'로 시작하는 단어 20개 중 모르는 단어를 모두 종이에 쓰고 나면 사전에 풀이된 낱말 뜻을 최소 5번 정도는 부모와 아이가 함께 읽어보세요.

이제 마지막으로 단어를 쓴 종이를 두 번 접어 한곳에 모아둔 다음 그중 하나를 골라보세요만약 가족 모두 종이를 고른다면 누가 먼저 고를지 미리 순서를 정할 것. 자신이 고른 종이에 쓰인 낱말의 뜻을 상대방에게 제대로 설명하면 '자음/모음 카드 활용 놀이'는 끝납니다.

놀이가 끝나도 두 번 접은 종이는 버리지 말고 따로 낱말 바구니를 만들어 차곡차곡 모아두세요. 이는 주말에는 국어사전을 활용하지 않고 이 낱말 바구니에 들어 있는 종이를 꺼내 낱말 뜻을 서로에게 말해주며 다시 한번 복습하는 데 사용할 수 있습니다. 이런 식으로 국어사전을 활용해 단어 공부 놀이를 하면 아이는 즐겁게 어휘력을 향상할 수 있습니다.

2. 교과서를 활용하여 어휘력을 키우는 방법

교과서를 활용하여 아이의 어휘력을 키우는 가장 좋은 방법은 교과서 한 차시씩교과서 한 차시 분량은 교과서 상단의 큰 글씨로 확인 공부할 때마다 모르는 낱말을 형광펜으로 표시하는 것입니다. 한 차시로 분량을 정하는 이유는 아이의 공부 부담을 줄이기 위해서예요. 만일 한 차시 분량이 교과서 한 장이라면 살펴보면서 모르는 낱말은 형광펜으로 표시합니다. 그리고 국어사전을 활용해 낱말의 뜻을 찾아봅시다.

국어사전을 활용해 낱말의 뜻을 찾았다면 정리하는 방법은 2가지에요. 하나는 '낱말 정리 공책'을 따로 만들어 교과별로 낱말을 정리하는 방법입니다. 다른 하나는 포스트잇에 따로 낱말 뜻을 쓴 후 그 낱말이 있는 교과서 페이지 하단에 붙여놓는 것입니다. 만일 국어 교과서 23쪽에 있는 '회의'라는 단어를 처음 보았다면 '회의'의 뜻을 포스트잇에 쓴 후 23쪽 밑에 붙여두면 됩니다. 둘 중 어떤 방법이든 아이에게 편한 방법을 선택해 활용하면 됩니다.

이렇게 정리한 낱말은 최소 1주일에 1번, 아이와 부모가 함께 점검해보세요. 아이에게 낱말의 뜻을 읽어준 후 이게 무슨 낱말의 뜻이냐고 질문하시면 됩니다. 만약 아이가 대답하지 못한다면 조금 더 기다린 후 좀 더 구체적인 힌트예를 들어, "이 낱말은 국어 교과서 2단원 23쪽 지문에 있던 말이었어." 등를 알려주면 됩니다.

이렇게 1주일에 최소 1번씩 아이가 1주일 동안 정리했던 낱말을 한 번 더 점검하면서 아이가 제대로 대답하지 못했던 낱말만 다시 표시해 주세요. 이렇게 표시한 낱말은 아이가 최소 5번 이상 반복해서 읽도록 지도하고, 다음번에 다른 낱말을 테스트하면서 표시했던 낱말도 다시 물어보는 과정을 진행해주세요.

낱말 공책 정리 예시

날짜	교과	단원(쪽수)	모르는 낱말	뜻
9.29	국어	9. 자랑스러운 한글 (249쪽)	짐작	사정이나 형편을 어림잡아 헤아림.
	수학	1. 큰 수 (30쪽)	표현	눈앞에 나타나 보이는 사물의 이러저러한 모양과 상태.
	과학	2. 지층과 화석 (15쪽)	물풀	종이와 같은 물건 따위를 붙이는 액체형 물질.
	사회	3. 지역의 공공 기관과 주민 참여 (99쪽)	갈등	두 가지 이상의 상반되는 요구나 욕구, 기회 또는 목표에 직면하였을 때 선택하지 못하고 괴로워함.

* 위의 표는 초등학교 4학년 교육과정에서 발췌했습니다. 국어사전은 어린이용 국어사전을 활용하면 아이가 좀 더 쉽게 뜻풀이를 이해할 수 있습니다.

포스트잇에 내용을 정리해 교과서에 붙이는 활용 예시

독서 감상문을 쓰는 방법 알기

국어 활동 58~59쪽

1. 어떤 내용이 들어 있는지 생각하며 시후가 쓴 독서 감상문을 읽어 봅시다.

학교 도서관에서 책을 고르다가 『세시 풍속』이라는 책을 읽었습니다. 이 책은 우리 조상이 농사일로 고된 일상 속에서 빼먹지 않고 지켜 오던 일 년의 세시 풍속을 담은 책입니다. 세시 풍속은 옛날에만 있었던 것인 줄 알았는데 오늘날 우리 삶에도 많이 남아 있어서 신기했습니다.

책은 계절의 차례대로 봄, 여름, 가을, 겨울의 세시 풍속을 소개했습니다. 지금 계절이 겨울이므로 겨울 부분부터 읽어 보았습니다. 겨울의 세시 풍속 가운데에서 인상 깊었던 것은 동지의 풍속입니다.

동지는 음력 십일월인데, 세시 풍속으로 팥죽을 끓여 먹습니다. 얼마 전에 학교에서 팥죽이 나온 것이 떠올라 반가워서 읽었습니다. 동
…는 날인 줄만 알았는데 생각보다 재미있는 이
… 옛날 사람들은 병을 옮기는 나쁜 귀신이 팥
…다. 그래서 동지에 팥으로 죽을 만들어 귀신
…답니다. 이 일에서 동지에 팥죽 먹는 풍습이

…를 지닌 동지는 낮이 길어지기 시작하는 날
…태양의 기운이 다시 살아난다고 생각했다고

> 222쪽 모르는 낱말 / 뜻
>
> 고된(고되다) 하는 일이 힘에 겨워 고단하다.
>
> 세시(새해 처음) 풍속(유행, 습관 따위) 해마다 일정한 시기에 되풀이하여 행해 온 습관
>
> 풍습 풍속과 습관을 이르는 말

222

자투리 시간을 활용하는 공부법을 익혀야 한다

"선생님, 국어 교과서 42쪽 질문 3개 다 해결했어요. 이제 뭐 하고 있으면 돼요? 그냥 기다려요?"

교직 경력이 얼마 되지 않았을 때는 아이들의 이런 질문이 항상 당황스러웠다. 한 반에 30명의 아이가 앉아 있다면 아이마다 학습 수준, 학습 속도가 제각각이다. 그래서 아이들에게 문제를 해결하는 시간을 줄 때 어느 정도가 적당한 시간인지를 찾지 못해 늘 애를 먹었다.

어떤 아이는 문제를 해결하라고 말한 지 5분도 채 되지 않았는데 이미 해결했다고 하고, 어떤 아이는 10분을 주어도 끝내 해결하지 못하기도 한다. 이런 경우 이미 문제를 해결한 아이에게는 5분 정도 자투리 시간이 생긴다. 수업 시간마다 그러한 아이들에게 최소 5분이라는 자투리 시간이 생길 때 6교시까지 수업하는 날이면 그들에게는 최소 30분이라는 자투리 시간이 생긴다.

자투리 시간의 효과는 어마어마하다. 그 30분이 한 주간 쌓이면 150분이 생긴다. 이런 자투리 시간을 "다른 친구들이 다 끝낼 때까지 그냥 앉아 있어."라고 말해 흘려보낸다면 그 아이들은 황금 같은 150분을 그냥 날려버리는 것이다. 그렇게 되면 아이들은 그 5분의 중요성과 가치를 깨닫지 못하게 된다.

과거 나는 다니던 대학교를 자퇴하고 다시 수능을 보기 위해 독학한 경험이 있다. 당시 6등급이었던 내 성적을 독학을 통해 1등급까지 끌어올렸다. 이렇게 할 수 있었던 비결은 자투리 시간을 완벽하게 잘 활용한 덕분이었다.

교사가 된 후 나는 내가 활용했었던 자투리 시간 관리법을 우리 반 아이들에게 반드시 알려주어야겠다고 생각했다. 시간 관리의 중요성을 초등학생 때부터 알고 공부하는 아이와 모르고 공부하는 아이는 공부의 질적인 면에서 엄청난 차이가 생긴다는 것을 알고 있기 때문이다.

아이가 초등학생이 되었다면 가정에서도 초등학교 1학년 때부터 시간을 잘 활용하는 방법을 반드시 알려주어야만 한다. 오늘 내가 사용한 24시간은 내일이면 과거가 된다. 그리고 어제 쓰지 못한 시간을 다시 사용하고 싶어도 절대 사용할 수 없다.

시간은 모두에게 공평하게 하루 24시간이 주어진다. 그 24시간을 어떻게 쓰느냐에 따라 아이의 공부 미래가 달라진다. 자투리 시간까지 잘 활용하는 아이는 배움에 많은 시간이 소요되는 중·고등학교 때에도 현명하게 시간을 관리할 수 있다. 버리는 시간 없이 완벽하게 시간의 주인이 되는 것이다. 그러나 초등학교 때 시간 관리의 중요성을 배우지 못한 아이는 24시간을 지루하게 보낸다. 24시간이 너무 긴 시간이라고 생각해 허무하게 날려버리기도 한다.

이렇게 자투리 시간을 활용하는 습관이 초등학생 때 형성되지 않으면 중·고등학생이 되었을 때 아이는 늘 "시간이 너무 부족하다."라는 말을 입에 달고 산다. 공부를 포기하는 이유로 "공부할 내용은 많은데 시간이 없어 다 공부할 수 없어요."라는 핑계를 대기도 한다.

공부는 시간과의 싸움이다. 현명하게 공부하려면 시간을 완벽하게 관리할 수 있어야만 한다. 그러니 초등학생 때부터 '일의 우선순위 일기 쓰기'를 아이의 긍정적인 습관으로 만들면 좋다(p.154 참조).

일기는 하루를 반성하는 수단으로도 매우 좋은 방법이지만, 동시에 내 시간을 완벽하게 관리하는 수단이 되기도 한다. 그래서 나는 항상 반 아이들에게 일의 우선순위 일기 쓰기를 습관화할 수 있게끔 지도한다.

일의 우선순위 일기 쓰기를 하는 방법은 매일 그다음 날 나에게 중요한 일을 순서대로 나열하는 것이다. 1번은 내일 반드시 해야만 하는 가장 중요한 일이다. 2번은 1번보다는 덜 중요하지만 역시 내일 꼭 해야 할 일 중 하나이다. 이런 식으로 일의 순서를 정하는 일기를 쓰면 아이는 그다음 날 24시간을 보낼 때 일기장에 쓴 내용을 생각하며 하루를 보내게 된다.

나 또한 수업 시간에 해야 할 과제를 주어진 시간보다 일찍 끝내 자투리 시간이 생긴 아이들에게 일의 우선순위 일기 쓰기로 적은 과제를 수행하라고 알려준다. 그럼 아이들은 아직 과제를 해결하지 못한 친구들을 그저 멍하게 앉아 기다릴 필요가 없다.

예를 들어, 일의 우선순위 일기 쓰기 1번에 '하루에 독서 30분 하기'를 적었다면 그 아이는 자투리 시간마다 읽을 책을 꺼내 다른 친구들이 과제를 해결할 때까지 책을 읽으면 된다. 아이에게 오늘 수업 중 자투리 시간이 30분 정도 생겼다면 이런 식으로 아이는 수업 시간을 활용해 일의 우선순위 일기 쓰기 1번 목표를 완수할 수 있다.

자기 주도 공부에서 가장 중요한 점은 시간을 잘 활용하는 것이다. 물론 공부를 잘하려면 그만큼 의자에 앉아 공부하는 시간도 어느 정도 있어야 한다. 하지만 그보다 더 중요한 것은 지금 당장 오랜 시간 의자에 앉아 공부할 수 있는 상황이 아니라면, 그 상황 안에서 생기는 자투리 시간을 잘 활용하는 방법을 알아야 한다는 점이다.

또한 내가 공부한 내용을 잘 기억하려면 한꺼번에 많은 양의 공부를 하는 게 아니라 매일 조금씩 배운 내용을 반복해 읽는 것이 더 효과적이다. 이것 또한 자투리 시간에 충분히 활용할 수 있는 공부 방법이다.

'국어사전으로 새로운 낱말 익히기' '지난 시간에 배운 내용 복습하기' 등은 오랫동안 의자에 앉아서 하는 공부보다 자투리 시간을 활용하기 좋은 공부이다. '저녁 7시부터 9시까지 공부하기'라고 거창하게 정해놓고 나머지 시간을 잘 활용하지 못하면 아이는 목표로 한 2시간 동안 생각했던 것보다 더 많은 양을 공부해야만 한다.

하지만 자투리 시간을 잘 활용하게 되어 시간이 생길 때마다 그날 공부해야 할 내용을 조금씩 미리 공부했다면 아이가 목표로 한 2시간은 훨씬 더 여유롭게 공부하는 시간이 된다. 그래서 3번 읽을 것을 5번 읽을 수 있고, 5번 읽을 것을 10번 읽을 수 있는 시간적 여유와 마음의 여유가 동시에 생기는 것이다.

특히, 공부의 배경지식이 되는 책 읽기를 게을리하거나 싫어하는 아이라면 이런 자투리 시간에 책 읽기를 지도하면 좋다. 책을 멀리하거나 싫어하는 아이에게 매일 1시간씩 책을 읽으라고 하면 아이는 벌써 겁을 먹는다. 하지만 5분, 10분씩 자투리 시간이 생길 때마다 책을 읽으라고 지도하면 아이는 가벼운 마음으로 책을 읽을 수 있다.

가벼운 마음으로 책을 읽지만 5분이라는 자투리 시간이 24시간

중 아이에게 7번 있다면 아이는 벌써 35분이라는 시간 동안 책을 읽을 수 있다. 이 점을 아이에게 알려주면 아이도 자신에게 주어진 자투리 시간의 소중함을 깨달을 수 있다. 그리고 책 읽는 것이 결코 어려운 일이 아님을 알게 된다.

공부하기 싫고 의자에 앉아 있는 것은 더 싫은 아이일수록 '자투리 시간 공부 공략'을 잘 활용해야 한다. 예를 들면, 딱 5분간만이라도 의자에 앉아 공부하는 습관을 먼저 들인다. 그리고 5분 자투리 시간이 하루에 최소 6번 이상 되도록 유도한다.

자기 주도 공부 방법에서 가장 중요하게 해야 할 점은 바로 시간 관리이다. 그러니 부모는 스스로 공부를 막 시작한 내 아이에게 반드시 자투리 시간 관리의 중요성을 설명하여 아이가 이해할 수 있도록 해야 한다.

좀 더 알아볼까요?

자투리 시간 활용법 계획표 만들기

자투리 시간일수록 계획표를 세워 활용하면 좋습니다. 즉 전날 아이가 자기 힘으로 다음 날 있을 하루 스케줄을 구체적으로 정리하는 것이지요. 시간을 나눌 때는 최대한 세부적으로 나누는 편이 좋습니다. 그래야만 정확하게 내 아이의 자투리 시간을 알 수 있어요.

항상 고정된 시각에 하는 일이라면 미리 계획표로 정리합니다. 예를 들어, 학교에서 수업 듣는 시간과 학원에서 수업 듣는 시간 등은 고정된 스케줄이니 미리 적어놓으면 됩니다. 다음 날 꼭 해야 할 일들을 전날 미리 계획표에 적어놓는다면 아이는 자투리 시간이 생길 때마다 미리 해야 할 일들을 처리할 수 있어요.

그리고 다음 날에는 전날 기록한 계획표를 보며 자투리 시간이 생길 때마다 무엇을 했는지 꼼꼼하게 기록하면 됩니다. 그래서 일의 우선순위를 적는 일기장을 활용하거나, 일의 우선순위 일기장을 적지 않는 아이들은 계획표에 꼭 해야 할 일을 함께 적어놓으면 됩니다.

(예시) 자투리 시간 활용 계획표 작성법

<table>
<tr><th colspan="3">○○이의 하루일과</th></tr>
<tr><td>7:00~8:00</td><td>일어나서 수업 준비</td><td>내일 꼭 해야 할 일</td></tr>
<tr><td>8:00~9:00</td><td></td><td>1. 책 30분 읽기</td></tr>
<tr><td>9:00~9:40</td><td>1교시 수업</td><td>2. 엄마 심부름하기</td></tr>
<tr><td>9:40~9:50</td><td>10분 쉬는 시간</td><td>3. 국어 숙제하기</td></tr>
<tr><td>9:50~10:30</td><td>2교시 수업</td><td>4. 숙제한 내용 자료 올리기</td></tr>
<tr><td>10:30~10:40</td><td>10분 쉬는 시간</td><td>5. 낱말 3개 공부하기</td></tr>
<tr><td>10:40~11:20</td><td>3교시 수업</td><td rowspan="12">이렇게 할 일을 미리 적어두면 아이는 이 계획표를 다음 날 보면서 비는 시간에 1번부터 5번까지 적힌 내용을 틈틈이 해결하면 됩니다.
일의 우선순위 일기장을 적는 친구들은 내일 꼭 해야 할 일을 계획표에 적지 않아도 됩니다.
다음 날이 되면 비어 있는 시간대에 어떤 활동을 했는지 구체적으로 적으면 됩니다.</td></tr>
<tr><td>11:30~11:40</td><td>10분 쉬는 시간</td></tr>
<tr><td>11:40~12:20</td><td>4교시 수업</td></tr>
<tr><td>12:20~13:00</td><td>점심시간</td></tr>
<tr><td>13:00~13:40</td><td>5교시 수업</td></tr>
<tr><td>13:40~15:00</td><td></td></tr>
<tr><td>15:00~17:00</td><td>태권도/음악 학원</td></tr>
<tr><td>17:00~19:00</td><td></td></tr>
<tr><td>19:00~20:00</td><td>저녁밥 먹기</td></tr>
<tr><td>20:00~22:00</td><td></td></tr>
<tr><td>22:00~</td><td>잠자기</td></tr>
<tr><td>내일 나의
자투리 시간은?</td><td>(비어 있는 시간이
바로 자투리 시간)</td></tr>
</table>

(예시) 일의 우선 순위 정리 일기장

「일의 우선순위 일기장」 쓰는 법 예시

날짜	해야할 일	스스로 평가 (◎, ○, △) * ◎: 매우 잘함 ○ 잘함 △ 못함
10월 1일	1. 낱말 공부 3개하기 2. 줄넘기 10개 하기 3. 온라인 수업 숙제 (국어) 하기 4. 그림동화책 20분 읽기	1. ◎ 2. ○ (5개 함) 3. ◎ 4. ◎

(한 줄 반성) 줄넘기를 열심히 해야하는데 자꾸 게을러진다. 내일은 꼭 10개 해야지!

☆ 핵심 : 1. 해야할 일은 꼭 바로 전날 적습니다.
2. 스스로 평가와 한 줄 반성은 10월 1일 하루를 보낸 후 정리합니다.
3. 10월 2일에 해야 할 일은 꼭 10월 1일에 미리 적습니다.
4. 해야할 일을 쓸 때 가장 중요한 일을 1번에, 그 다음 중요한 일은 2번에" 이런 식으로 정리합니다.

초등학생 때부터 다양한 경험을 공부와 연결하면 좋다

한국의 교육 특성상 학생 신분으로 다양한 경험을 할 수 있는 시기가 바로 초등학교 시절이다. 초등학교 교육 기간은 6년으로 결코 길지 않은 시간이다. 신기하게도 어떤 배움이든 초등학생 때 배운 것은 성인이 되어서도 능숙하게 할 수 있다.

그래서 새로운 무언가를 배울 때 첫 경험을 어떻게 하느냐는 매우 중요하다. 특히 초등학생 시절의 경험을 다양한 학습과 연결 짓는다면 아이는 성인이 된 후에도 그 경험과 공부한 내용을 결코 잊지 못한다. 배움과 경험이 곧 아이의 배경지식이라는 재산이 되는 것이다. 초등학교 시절의 첫 경험을 학습과 연결 짓는 습관을 들이면 아이는 배움 자체가 즐거움이 된다. 특히 아이가 원하고 하고 싶은 경험을 학습과 연결 지을 때 아이는 더 적극적으로 배움에 임한다. 그리고 더 적극적인 경험을 즐길 수 있다.

예를 들어, 아이는 곧 자전거 타는 방법을 배울 예정이다. 그 전에 자전거 타는 요령 등을 자전거와 관련된 책으로 읽어 충분히 간접 경험 한 다음 아이가 직접 자전거를 타는 경험을 한다면 어떻게 될까? '자전거 학습'이 바로 '자전거 타기'라는 첫 경험과 연결된다. 자전거를 타면서도 아이의 머릿속에는 책으로 배운 자전거 경험과 직접 타면서 배운 자전거 경험을 끊임없이 비교하게 된다. 생각만큼 균형이 잡히지 않으면 책에서 배운 내용을 떠올리면서 균형을 잡으려고 노력한다. 균형을 잘 잡게 되었다면 자전거를 안전하게 타는 법 등을 생각하면서 재미있고 즐겁게 자전거를 타게 된다.

겉으로는 아이가 단순히 자전거를 타는 것처럼 보이지만, 아이는 '자전거'와 관련하여 이미 익히고 습득한 지식을 자전거를 타는 내내 끊임없이 생각하고 또 생각하고 있다. 이렇게 자전거를 배운 아이와 단순히 몸으로만 자전거를 경험한 아이의 '자전거 배경지식'은 다를 수밖에 없다.

이후 누군가에게 자전거에 관해 설명할 때 단지 몸으로만 자전거 타기를 경험한 아이는 자신이 직접 경험했던 내용 위주로만 자전거를 설명하게 된다. 하지만 자전거를 몸으로 타기 전에 다양한 공부를 했던 아이는 자신의 경험과 더불어 이미 배우고 익힌 자전거에 관한 배경지식까지 설명할 수 있다.

그렇다면 초등학생 아이의 경험을 학습과 연결 짓기 위해 가장 중요한 것은 무엇일까? 바로 교과서 내용이다. 특히 현재 아이 학년의 모든 교과서에 나오는 내용을 부모는 꼼꼼하게 살펴보아야 한다. 국어, 수학, 사회, 과학 등 다양한 교과를 보면서 교과서에 나왔던 내용만큼은 아이가 경험할 수 있게끔 도와주어야 한다.

'이미 학교에서 배웠으니까 그걸로 충분하겠지.'라고 생각해서는 안 된다. 교과서에 나온 내용을 학교에서는 아이가 '배움'으로 학습했다면 가정에서는 그 배움을 아이가 직접 몸으로 느끼고 체험할 수 있게 경험과 연결 지어주어야 한다.

학교에서 배운 내용을 가정에서 부모와 함께 직접 경험한다면 배움과 경험 모두 온전히 아이만의 지식이 된다. 그래서 교사들 또한 체험학습 장소를 지정하기 전에 그해 교과서 내용을 충분히 살펴본 후 교과서에 나온 내용과 관련된 장소를 체험학습 장소로 정하고 있다. 먼저 간접 경험 한 후 직접 경험을 하게 되면 아이는 책에서 봤던 모습과 실제로 체험하며 보는 것들을 비교하며 관찰할 수 있기 때문이다.

과거 담임을 맡았던 반에서 국어 수업을 할 때 국어 교과서에 '다양한 식물'이라는 지문이 나왔었다. 곧 식물원 체험이 있을 예정이라 나는 아이들이 직접 경험하기 전에 미리 책을 통해 간접 경험으로 배움을 익힌 후 직접 체험해 식물을 제대로 알 수 있게끔 하고 싶었다. 그래서 아이들에게 오늘 배운 내용 중 더 공부하고 싶은 식물을 찾아오라는 과제를 내주었다. 대부분 아이가 자신이 더 조사하고 싶은 식물과 관련된 책을 집에서 가져오거나 도서관에서 빌려와 스스로 공부했다.

만일 아이들이 식물원 체험 전에 식물을 제대로 알아보는 공부를 하지 않았다면 식물원에서 체험한 것을 온전히 자신의 지식으로 만들 수 있었을까? 간접 경험 없이 바로 직접 경험을 한다면 식물에 관심 없는 아이는 아무리 식물의 종류가 다양해도 그날 경험을 그냥 '풀 보고 온 날'이라고 생각할 것이다.

그러나 아이들은 나와 함께 '다양한 식물'이라는 국어 교과서 지문으로 식물에 관해 공부한 후 다양한 책을 통해 스스로 식물을 더 학습했기 때문에 적극적으로 체험학습 활동을 할 수 있었다. 한 예로, 파리지옥잎의 감각모에 벌레가 닿으면 급히 닫아 잡아먹는 끈끈이귀갯과의 여러해살이풀을 더 자세히 알아보고 싶어 책을 통해 파리지옥을 공부한 다음 직접 경험을 통해 파리지옥을 관찰했던 아이는 내게 이렇게 말했다.

"선생님, 교과서랑 도서관에서 빌린 책으로 봤을 때는 진짜 큰 식물인 것 같았는데, 실제로 보니까 그렇게 크지 않았어요. 그리고 아기 파리지옥도 있네요. 신기해서 식물원에 계셨던 선생님께 파리지옥에 관해 더 자세히 물어봤어요."

만약 아이가 파리지옥에 관한 간접 경험을 충분히 하지 않은 채 식물원에 갔다면 자신의 머릿속에 떠올린 파리지옥과 자세히 비교하며 관찰했을까? 아마 많은 식물 중 하나라고 생각하며 무심코 지나갔을 것이다. 그래서 직접 경험을 위한 체험학습 장소에 갔어도 돌아온 후 막상 자신이 무엇을 보았는지 기억조차 하지 못했을 것이다.

현장 체험학습에 다녀온 후 작성하는 체험학습 감상문은 고스란히 배움과 경험을 연결한 아이의 다양한 배경지식이 된다. 단순히 "식물원에 갔다. 풀이 많이 있었다."가 아니라 자신이 책으로 간접 경험했던 식물을 직접 보며 머릿속 내용과 비교했을 때 어땠는지 구체적으로 적혀 있기 때문이다. 그리고 시간이 흐른 후 똑같은 식물을 다시 보았을 때 아이의 머릿속에는 초등학생 때 책으로 배운 내용과 현장 체험학습으로 배운 내용이 동시에 떠오를 것이다.

초등학생 때 다양한 경험을 하는 일은 물론 중요하다. 하지만 단지 '경험'만 존재한다면 수박 겉핥기식 지식이 될 수 있다. 수박 겉핥기식 지식은 아이가 아무리 경험했어도 시간이 지나면 그 경험과 관련된 내용은 기억에서 점점 사라지기 마련이다. 스스로 공부하는 힘을 기르려면 초등학교 때 시야를 넓히는 경험을 해야 한다. 시야를 넓히는 경험이란 배움과 연결 지은 경험이다.

그리고 초등학생 때는 거창한 경험이 굳이 필요하지 않다. 교과서에 나온 내용을 경험하는 것만으로도 충분하다. 예를 들어, 교과서를 통해 '청소하는 법'을 배웠다면 공부한 내용을 가정에서 부모와 함께 직접 해보며 다시 한 번 공부하면 된다. 학교에서 배운 청소하는 법을 떠올리며 직접 청소해보면 학교에서 배운 내용과 직접 청소하는 것에 어떤 공통점이 있고 어떤 차이점이 있는지 비교할 수 있다. 그리고 부모에게는 교과서로 배운 청소법과 실제로 해본 청소법은 어땠는지 자신의 생각을 설명해본다. 그럼 아이에게는 '청소하기'라는 경험과 배움이 모두 자신의 배경지식이 된다.

초등학생 때는 다양한 경험을 하는 것도 중요하지만, 단지 경험으로만 끝나서는 안 된다. 그 경험과 관련한 모든 학습이 온전히 아이만의 배움이 될 수 있도록 해야 한다(p.161~162 참조). 이를 위해 교과서에 나온 내용만큼은 반드시 아이가 경험해야 한다.

사소한 경험일지라도 학습과 연결된다면 그 경험은 더는 사소한 경험이 아니다. 아이에게는 다양하게 활용할 수 있는 배경지식이 된다. 다양한 배경지식은 아이의 자기 주도 공부법의 활력소이다. 그 활력소는 경험이 곧 학습과 연결 될 때만 생긴다는 것을 부모는 결코 잊어서는 안 된다.

좀 더 알아볼까요?

학년별로 교과 과정 중에 학습→경험으로 연결할 수 있는 내용을 학년별로 정리했어요. 이것만큼은 가족이 함께 꼭 직접 체험해보도록 해요.

학년	교과	학습-경험 연결
1~2학년	통합 교과 (봄, 여름, 가을, 겨울)	• 통합 교과의 '해봐요' 부분은 가정에서 부모와 다시 한번 해보기 (특히 '수업 만들기')
1~6학년 공통	수학	'놀이 수학' 부분 가정에서 함께 하기
3학년	사회	• 우리 고장 자세히 알아보기(여러 장소 직접 가보기, 문화유산 알아보기, 백지도로 나타내기 등) - 관련 단원 : 3학년 1학기 사회 교과서 1~2단원 • 세시풍속 체험해보기 - 관련 단원 : 3학년 2학기 사회 교과서 2단원
3~6학년 공통	과학	• 과학책에서 실험하는 내용은 가정에서 반드시 꼭 실험할 것 (실험도구는 온라인 쇼핑으로 살 수 있어요.)
4학년	사회	• 중심지 답사하기 - 관련 단원 : 4학년 1학기 사회 교과서 1단원 • 우리 지역의 문화유산 답사하기 - 관련 단원 : 4학년 1학기 사회 교과서 2단원 • 우리 지역의 공공기관 견학하기 - 관련 단원 :4학년 1학기 사회 교과서 3단원

4학년	사회 지역 교과서 '○○의 생활'	사회 지역 교과서는 우리 지역을 자세히 알아볼 수 있도록 구성되어 있으니, 4학년 지역 교과서를 활용해 우리 지역 관련 내용을 직접 체험하며 공부할 것을 추천
5학년	사회	• 법원 견학 –관련 단원 : 5학년 1학기 사회 교과서 3단원 • 역사 관련 장소 견학 –관련 단원 : 5학년 2학기 사회(역사) 교과서 전 단원 해당
6학년	사회	• 국회, 법원, 청와대 견학 –관련 단원 : 6학년 1학기 사회 교과서 1단원

원격수업 학습에 필요한 집중력을 길러야 한다

수업 시간에 아이들을 관찰하다 보면 자리에서 정말 열심히 공부하는 아이를 종종 볼 수 있다. 쉬는 시간에도 교과서로 틈틈이 복습하고 모르는 문제가 있으면 교사인 내게 와서 질문하는 등 배운 내용을 자신의 것으로 만들기 위해 노력한다.

그런데 분명 충분히 설명해주었고 아이도 충분히 공부한 것 같은데 뒤돌아서면 아이는 또 기억이 나지 않는다고 한다. 열심히 공부한 것 같은데 왜 아이는 금방 까먹고 생각이 나지 않는다고 하는 걸까? 그 이유는 아이의 집중력 때문이다. 초등학생 때는 스스로 공부하는 방법을 알아야만 하는데, 그중 하나가 바로 집중력이다. 아무리 스스로 의자에 앉아 2시간, 3시간 공부했다고 해도 제대로 집중하지 않았으면 눈으로 글자만 읽었을 뿐이다. 머릿속으로는 2시간, 3시간 공부했던 내용이 하나도 기억에 남아 있지 않다.

공부 효율성은 바로 '집중력'이다. 단 5분간 앉아 공부했어도 제대로 집중했다면 5분 동안 공부했던 모든 내용을 아이는 자신의 것으로 만들 수 있다. 그래서 초등학교 6년 동안 아이는 공부하는 방법을 배우면서 집중력을 기르는 훈련도 틈틈이 해야 한다.

유독 시끄러운 소리에 예민한 아이가 있다. 그리고 친구들의 떠드는 소리에 잘 집중하지 못하는 아이도 있다. 그래서 이런 상황이 오면 "선생님, 시끄러워서 도저히 집중을 못 하겠어요. 친구들 좀 조용히 하라고 해주세요."라고 말하는 아이가 있다. 하지만 매번 이 아이를 위해 열심히 활동하고 있는 다른 아이들에게 조용히 하라고 말할 수는 없다. 그러니 다른 아이들에게 조용히 하라고 말하는 것보다 아이가 이런 상황에서도 집중해서 몰입할 힘을 키우는 것이 더 중요하다.

하지만 아이가 어릴 때부터 집중력을 길러주기 위해 집안 분위기를 독서실처럼 만드는 부모가 있다. 과거 인기리에 방영한 드라마 〈스카이 캐슬〉을 떠올려 보자. 아이 방에 따로 독서실과 같은 분위기가 나는 공간을 만들어 아이가 그곳에 들어가 공부하는 장면이 종종 나왔었다. 만일 초등학생부터 그렇게 조용한 곳에서만 공부하는 것이 습관이 되었다면 과연 아이는 성장할수록 다양한 환경에서 집중력을 잘 발휘할 수 있을까? 아마 조금만 시끄러워도 집중하는 것이 힘들 것이다.

인간은 환경에 적응하는 동물이다. 아이가 공부할 때마다 아무런 소리가 나지 않는 조용한 분위기의 공간 등이 제공된다면 아이는 그와 유사한 분위기나 공간에서만 집중력을 발휘할 수 있게 된다. 그러니 아이는 초등학교 1학년 때부터 다양한 환경에서 집중하는 방법을 알아야 한다. 처음부터 아이에게 너무 조용한 공간을 제공해 그곳에서 공부하라고 해서는 안 된다. 오히려 그런 환경이 내 아이가 성장할수록 집중력을 방해하는 요소가 될 수 있다.

아이가 공부할 때는 의자에 앉자마자 집중할 수 있도록 해야 한다. 이를 위해 아이는 다양한 환경에 노출되어 다양한 분위기를 느끼며 공부해보아야 한다. 그래서 번거롭더라도 부모는 아이가 초등학생일 때는 몇 달에 한 번, 혹은 1년에 한 번이라도 아이 방의 가구 위치를 바꾸어 주는 것이 좋다. 이 외에도 집에서만 공부하지 않고 야외에 나가 공부하기도 하는 등 자주 다양한 소리와 다양한 환경에서 공부하는 습관을 만들어야 한다. 그래서 소리에 예민하지 않고 어떤 소리가 나든 그 소리와는 상관없이 공부할 수 있는 집중력을 길러야 한다.

거실을 가족 모두 함께 공부하는 공간으로 만드는 것도 아이의 집중력을 높이는 좋은 방법의 하나이다. 과거 TV 프로그램 〈SBS 스페셜〉 중 '공간의 힘' 편을 본 적이 있는데, 아이 4명을 모두 일본의 명문대학교에 진학시킨 화제의 부모가 등장했다. 1명도 아니고 4명 모두 명문대학교 진학이라니? 나 역시 궁금해서 끝까지 시청했는데 그 부모가 내린 결론은 단순했다.

바로 '공부방을 없애고 거실을 공부하는 공간으로 만든 것'이다. 실제로 도쿄대학교 학생들을 대상으로 설문 조사를 한 결과, 70% 이상이 거실에서 공부했다고 한다. 이는 열린 공간인 거실에서 공부하면 아이의 집중력이 높아지는 데에 많은 도움이 된다는 사실을 입증한 결과라고 생각한다.

또한 거실에서 가족 모두 함께 책을 읽거나 공부 등을 한다면 부모가 집중하는 모습을 아이가 쉽게 관찰할 수 있다. 이런 꾸준한 관찰도 아이의 집중력에 긍정적인 영향을 미친다. 그러니 온 가족이 함께 열린 공간인 거실에서 공부하는 습관을 만드는 것도 중요하다.

아이가 초등학교 고학년이 되면 스톱워치 사용법을 알려주는 것도 좋다. 예를 들어, 시끄러운 소리가 나는 환경에서 공부할 때는 스톱워치를 누른 후 책을 읽거나 단순한 과제를 해결한다. 이때 시끄러운 소리는 라디오가 될 수도 있고 부엌에서 나는 소리 혹은 텔레비전 소리 등 다양하다.

스톱워치 연습을 하는 이유는 외부에서 다양한 소리가 나지만, 그 상황에서도 내가 집중해서 얼마나 공부할 수 있는지를 확인하기 위해서이다. 여기서 중요한 점은 아이가 초등학생일 때는 집중력을 기르는 방법을 알려주어야 하니 아이가 1분밖에 집중하지 못했다고 야단쳐서는 안 된다. 그 1분을 시작으로 점점 집중하는 시간을 늘리며 아이에게 꾸준한 피드백을 해주면 된다.

마지막으로 '집중력 일기 쓰기'도 좋은 방법이다. 아이가 집중력 일기를 쓰려면 오늘 공부했던 내용을 다시 생각해보아야 한다. 그리고 오늘 공부한 내용 중 어떤 부분이 집중이 잘 되었는지, 어떤 부분이 집중이 어려웠는지 스스로 반성하는 일기를 간단하게 쓰면 된다.

만약 오늘 수학 교과를 공부할 때 분수의 덧셈 부분에서 유독 집중이 되지 않았다면 집중력 일기에 그 내용을 적는다. 간단히 까닭을 적는 것도 좋다. 예를 들어, "오늘은 수학 교과에서 분수의 덧셈을 공부했다. 그런데 자꾸 오전에 봤던 만화책 뒷부분이 너무 궁금해서 그것만 생각하느라 집중을 하지 못했다."라는 식으로 말이다.

이렇게 구체적인 이유를 들며 일기로 남겨 놓으면 내가 어떤 상황에서 집중이 되지 않는지 확인할 수 있다. 그리고 그런 점을 극복하는 나만의 방법도 집중력 일기에 쓰면 좋다. 위의 예시처럼 만화책을 봐서 공부에 집중하기 어려웠다면 집중력 일기 쓰기 반성을 통해 '먼저 공부를 다 하고 난 후 만화를 봐야겠다.'처럼 아이 스스로 대책을 마련할 수 있다.

이런 식으로 집중하는 방법을 배운 아이는 집중력이란 어떤 환경이나 상황과는 상관없이 그 안에서 내가 집중해서 공부할 수 있는 능력이라는 생각을 품게 된다. 과거 나 역시 대학교를 자퇴하고 독학할 때 도서관에서 공부한 이유가 바로 이것이다.

그래서 초등학생 때부터 조용한 환경에서만 공부하는 버릇을 들인 아이는 교실에서 들리는 다양한 소음에 제대로 집중하지 못해 자신의 실력을 제대로 발휘하지 못하게 될 수도 있다. 집중하는 것도 내 아이의 공부 실력이다. 그래서 집중력을 기르기 위해 다양한 환경에 노출되는 것뿐만 아니라 평소 의자에 앉을 때 바르게 앉도록 하는 것도 무척 중요하다. 평소 구부정한 자세로 앉아 있는 아이는 의자에 앉아 있는 시간이 길수록 점점 굽은 등으로 변하게 된다.

바르게 앉아 있지 못하는 습관도 집중력을 방해하는 요소 중 하나이다. 바르게 앉아 있지 않은 아이는 평소 바르게 앉아 있는 아이들보다 학년이 올라갈수록 쉽게 피로가 쌓이고 심하면 허리 통증까지 와서 의자에 제대로 앉지 못하게 될 수도 있다.

바른 자세의 중요성은 아무리 강조해도 지나치지 않다. 그래서 학교에서나 가정에서나 아이에게 의자에 앉을 때는 항상 엉덩이를 의자 뒤쪽까지 깊숙이 넣은 후 허리를 쭉 펴고 의자에 앉아야 한다는 것을 가르쳐주어야 한다.

초등학교 6년 동안 아이는 다양한 환경에 노출되어 적응하고 바른 자세로 앉아 있는 습관을 꾸준히 만들면 아이의 집중력은 몰라보게 달라질 것이다. 시끄러운 소리가 나는지도 모르고 열심히 책을 읽을 테고, 누가 지나갔는지도 모를 정도로 공부에 빠져들게 될 것이다.

자기 주도 공부 방법을 초등학교 때부터 제대로 습관화하면 아이에게는 공부 뒷심이 생긴다. 거기에 효율적인 공부까지 더해지면 아이의 공부 실력은 계속 향상한다. 바로 그 효율적인 공부가 내 아이의 집중력이다. 집중력은 꼭 거창한 것을 해야만 생기는 것이 결코 아니다. 그저 잡초처럼 다양한 상황에서도 금방 적응할 방법을 꾸준히 알려주면 된다. 그러므로 부모는 내 아이가 초등학교 6년 동안 공부하는 데에 필요한 집중력을 기를 수 있도록 돕는 것이 매우 중요하다.

좀 더 알아볼까요?

원격수업 파헤치기 하나, 원격수업 꼼꼼하게 듣는 방법

코로나19 이후 대부분 학교에서 원격수업이 진행되고 있습니다. 그런데 원격수업은 등교수업처럼 담임선생님이 바로 옆에서 하나하나 지도할 수 없습니다. 그래서 원격수업을 들은 후 부모와 아이가 함께 꼼꼼하게 수업을 관리하고 공부하는 방법을 알려드리겠습니다.

1. 원격수업 전날

- 다음날 들어야 하는 수업 시간표를 꼼꼼하게 살핀다.
- 담임선생님이 올려준 주간수업계획표 공부할 교과목과 교과서를 몇 쪽부터 몇 쪽까지 배우는지 미리 알려주는 계획표를 보고 내일 공부할 부분을 미리 읽는다.
- 첫 번째로 읽을 때는 모르는 낱말을 표시해 국어사전을 활용하여 그 뜻을 알아본다.
- 두 번째로 읽을 때는 궁금한 점, 더 알고 싶은 점 등을 학습 차시 위에 미리 적는다.

2. 원격수업 당일

- 전날 미리 적었던 궁금한 점, 더 알고 싶은 점 등이 원격수업에 나오는지 확인한다.
- 수업을 들으며 이해되지 않는 부분은 반드시 밑줄을 긋는다. 어떤 문장 자체가 이해되지 않으면 그 문장 전체에 밑줄 긋고, 교과서에 나온 문제가 어렵다면 그 문제를 표시해놓는다. 여기서 중요한 점은, 교과서 지문을 통해 아이 스스로 얼마든지 해결할 수 있는 문제라면 아이가 제힘으로 발췌독해 해결할 수 있도록 부모가 돕는다. 단, 해결 방법도 점점 구체적으로 알려주어야 한다. 예를 들어, 처음에는 해당 지문만 알려준다. 그래도 아이가 풀지 못하면 교과서 몇 쪽에 있는지 정확하게 알려준다. 그런데도 헤매면 교과서 몇 쪽 몇 번째 줄에 있는지 알려준다. 이런 식으로 해결 방법을 단계별로 상세하게 알려준다.
- 온라인 공부 노트를 마련해 그날의 공부를 아이가 얼마나 이해했는지 기록한다. 이해도가 부족했던 내용은 저녁에 복습 시간을 조금씩 늘려 공부한다.

온라인 공부 노트

(　　)월 (　　)일

교시	과목	단 원	교과서 (쪽수)	이해도	모르는 내용, 알고 싶은 내용	해결된 번호
1교시	예)국어	1단원	70~73	○○○	1. 중심문장 2. 뒷받침 문장	1,2
2교시	예) 수학	1단원	12~13	○○○	1. 세 자리 수+세 자리 수 계산법	1
3교시	예) 과학	2단원	28~31	○○○	1. 물질 뜻 2. 플라스틱의 성질	1
4교시	예) 사회	1단원	10~12	○○○	1. 고장의 특징 2. 우리 고장 장소 알아보기	1,2
5교시				○○○		
6교시				○○○		

오늘 수업 후 느낀 점
오늘 수업 중 과학이 조금 어려웠던 것 같다. 플라스틱의 성질을 조금 더 구체적으로 공부해야겠다.

※3학년 1학기 교육과정 일부를 예시로 적어보았습니다.

* 이해도

– 원격수업을 들을 때 모든 내용을 다 이해했다면 동그라미 3개를 전부 색칠합니다.
– 원격수업을 들을 때 내용을 절반 이상 이해했다면 동그라미 2개를 색칠합니다.
– 원격수업을 들을 때 내용 대부분을 이해하지 못했다면 동그라미 1개 혹은 동그라미를 색칠하지 않습니다.

* 모르는 내용, 알고 싶은 내용

– 이 부분은 전날 아이 스스로 정리합니다. 초등학교 저학년이라면 부모와 함께 정리합니다.
– 전날 혹은 그다음 날 배울 교과서 내용을 보며 모르는 내용과 수업을 통해 알고 싶은 내용을 아래 예시와 같이 번호를 매겨 간단하게 적습니다. 예를 들어, [수학 4학년 1학기 1단원 '큰 수' 중 4차시인 십만, 백만, 천만을 알아봅시다] 부분을 배운다면 모르는 내용, 알고 싶은 내용 칸에 아래처럼 번호와 함께 알고 싶은 내용을 간단히 적으면 됩니다.

1. 십만이란?
2. 백만이란?
3. 천만이란?

* 해결된 번호

이 부분은 원격학습을 하며 적는 부분입니다. 수업 전날 모르는 내용, 알고 싶은 내용을 번호로 매기며 미리 써보았지요? 이 부분에는 온라인 수업을 통해 해결된 내용이 있다면 그 번호를 적습니다. 위의 예시에서 '십만'의 개념을 이해했다면 해결된 번호에 '1'이라고 적습니다.
만일 2번인 '백만'의 개념이 잘 형성되지 않았다면 '2'는 적지 않습니다. 아이가 적지 않은 부분은 담임선생님에게 더 자세히 알려주기를 요청하거나 가정에서도 부모와 아이가 함께 보충 수업을 하면 좋습니다.

3. 등교수업 할 때

- 가정에서 해결되지 않은 문제는 한 번 더 담임 선생님에게 질문한다.
- 학교에서 해결된 문제는 반드시 그날이 가기 전에 한 번 더 복습해 내 것으로 만든다. 이때 복습이 아이의 습관이 되기까지 부모의 점검

이 매우 중요하다. 그러니 아이가 복습할 때마다 어떤 문제가 어려웠고 어떤 과정을 통해 해결했는지 꼭 물어보며 확인해야 한다.

원격수업 파헤치기 둘, 디지털 교과서 활용하는 방법

코로나19 이후 가정에서 교과서를 활용해 공부할 때 책으로 된 교과서로만 공부하는 데는 한계가 있습니다. 그러니 디지털 교과서도 함께 활용할 것을 적극적으로 추천합니다. 먼저 디지털 교과서 볼 수 있는 곳부터 차근차근 알려드리도록 할게요.

에듀넷·티-클리어(www.edunet.net) 사이트에 접속

↓

홈페이지에서 '디지털 교과서'를 찾아 클릭

↓

회원가입 후 디지털 교과서 활용

특히 디지털 교과서를 잘 활용해야 하는 교과는 『사회』와 『과학』입니다. 『사회』와 『과학』 모두 아이가 자료를 보고 스스로 해석할 줄 알아야 제대로 된 공부를 할 수 있습니다. 단순히 문장만 열심히 읽은 것은 완벽하게 공부했다고 말할 수 없습니다.

책으로 된 교과서를 볼 때는 사진 자료가 1장밖에 없지만, 같은 부분을 디지털 교과서로 보면 그 사진 1장과 관련된 더 많은 사진 자료나 동영

상 자료를 볼 수 있습니다. 그러니 가정에서 아이가 원격수업을 듣고 복습할 때 『사회』와 『과학』은 꼭 디지털 교과서를 활용해 오늘 배운 부분과 관련된 사진 자료와 동영상 자료도 꼭 함께 보도록 합니다.

교과 공부보다 중요한 자기주도 공부법을 익혀야 한다

교과 공부, 특히 국어 영어 수학 사회 과학 등의 주지 교과 공부는 매우 중요하다. 하지만 교과 공부보다 더 중요한 것이 있다. 바로 '공부 동기부여'이다. 지금 이 순간 왜 의자에 앉아 공부해야만 하고 삶에서 공부가 왜 중요한지 아이 스스로 깨닫는 것은 매우 중요하다.

그 깨달음의 여부가 앞으로 있을 아이의 공부에 많은 영향을 미친다. 그 깨달음을 초등학교 때 일찍 알게 된 아이는 학년이 올라갈수록 부모가 잔소리하지 않아도 아이 스스로 의자에 앉아 공부하게 된다. 공부의 중요성을 부모만큼 아이 자신도 중요하게 생각하기 때문이다.

그래서 아이가 초등학생 때부터 자기 주도 공부 방법을 익히려면 교과 공부와 함께 아이에게 공부 동기부여를 심어주는 것이 중요하다. 단순히 아이에게 "수학 문제집 지금 꺼내서 얼른 공부해." 라고 말하는 것보다 아이가 지금 왜 수학 교과 공부를 열심히 해야 하는지 그 동기부여를 심어 주는 것이 가장 우선이다.

즉 굳이 부모가 아이에게 지시하거나 잔소리하지 않아도 아이가 스스로 수학 문제집을 꺼내 공부하게끔 해야 한다는 말이다.

공부 동기부여 방법은 아이가 초등학교 저학년생일 때부터 일찍 알려주어야 한다. 그래야만 아이는 일찍 공부의 중요성을 깨닫고 누군가를 위한 공부가 아닌 자신을 위한 공부를 한다. 공부의 중요성을 깨닫지 못한 채 부모의 잔소리를 들으며 하는 공부는 아이 마음에 하기 싫은 공부를 억지로 하게 한다는 원망만 차곡차곡 쌓이기 시작한다. 공부하는 것이 나를 위한 것이 아니라 부모를 위한 것으로 생각하기 때문이다.

이런 생각을 품고 있는 아이는 중학교 · 고등학교에 진학했을 때 결코 제대로 된 공부를 할 수 없다. 초등학생 때는 부모의 말에 어느 정도 순종하며 공부하는 시늉을 하겠지만, 성장할수록 아이는 더더욱 공부의 중요성을 느끼지 못할 것이며 결국 공부하는 시늉조차 하지 않을 것이다.

그래서 나는 늘 우리 반 아이들에게 교과 공부보다 자이가르닉 공부법이 우선이라고 말한다. 이 자이가르닉 공부법을 꾸준히 반복하여 자신의 것으로 만든 아이는 학년이 올라갈수록 공부의 중요성을 더욱 깨닫게 된다. 자이가르닉 공부법은 자이가르닉 효과Zeigarnik Effect, 아직 해결되지 않은 과업이 잔상처럼 자꾸 머릿속에 떠다니는 현상을 말하는데, '미완성 효과'라고도 한다를 직접 자기 주도 공부법에 적용한 것이다.

자이가르닉 효과와 관련된 일화를 간단히 언급하자면, 러시아의 심리학자 블루마 자이가르닉Bluma Zeigarnik은 어느 날 식당에 가서 음식을 주문했다. 자이가르닉은 식당 안에 유독 사람이 많은데도 식당 종업원이 주문한 음식을 정확하게 주문한 손님에게 제대로 가져다주는 모습을 보고 의아해졌다. 그래서 밥을 다 먹고 계산을 한 후 종업원에게 "제가 무슨 음식을 주문했었는지 기억하시나요?"라고 물었고, 종업원은 "무슨 음식을 주문하셨는지 기억이 나지 않습니다."라고 대답했다.

자이가르닉에게 음식을 가져다주기 전까지 그 음식은 종업원에게는 미처 해결하지 못한 과업이라 굳이 열심히 외우려고 하지 않아도 종업원의 머릿속에 잔상처럼 계속 남아 있었다. 하지만 자이가르닉에게 음식을 가져다준 순간 이제 해결된 일이 되었기 때문에 일을 수행함과 동시에 무슨 음식이었는지 기억해내지 못한 것이다.

이 잔상처럼 떠다니는 현상을 아이의 공부 동기부여에 적용하면 된다. 아이가 계속 공부해야 하는 이유와 아이가 공부를 통해 얻고자 하는 것을 시각화해 아이가 잔상처럼 매일 볼 수 있게 해주는 것이다. 그 동기부여는 먼저 아이가 하고 싶은 일과 이루고자 하는 꿈 등을 활용하면 된다. 예를 들어, 아이가 초등학교 선생님이 꿈이라면 '꿈 공책'을 만들어 그 안에 초등학교 선생님과 관련된 사진을 붙이면 된다.

선생님이 아이들을 가르치는 모습, 초등학교 교실 모습, 초등학생 등 다양한 모습이 담긴 사진을 붙이고 아이가 매일 최소 3번씩 꿈 공책을 볼 수 있게 지도한다. 그리고 그 꿈을 이루기 위해 지금 아이가 무엇을 해야 하는지 구체적으로 써보도록 지도하는 것이 좋다. 그럼 공책에 붙인 사진과 자신이 쓴 글이 아이에게는 아직 완성하지 못한 과업이 된다. 그래서 사진과 글을 볼 때마다 아이의 머릿속에는 그것들이 계속 잔상처럼 남게 되고, 꿈 공책을 자주 들여다볼수록 아이는 그 횟수만큼 공부 동기부여를 받게 된다.

또한 초등학교 때에는 외적 보상을 통한 공부 동기부여도 아이가 자기 주도 공부 방법을 습관으로 만드는 데에 긍정적인 역할을 한다. 그러니 꿈 공책에 내가 이루고자 하는 꿈과 함께 공부를 통해 얻고 싶은 외적 보상 사진을 붙여놓는 것도 좋다.

예를 들어, 하루에 30분씩 한 달 동안 복습하기를 빠뜨리지 않고 꾸준히 했을 때 부모에게 받고 싶은 선물을 사진으로 붙여놔 보자. 그리고 꿈 공책을 책상에 올려놓고 매일 들여다보자. 그럼 그 선물이 아이에게 잔상처럼 남게 된다. 그래서 아이는 자신도 모르게 30분씩 복습하는 습관을 만들게 된다.

물론 자기 주도 공부법 중 가장 좋은 방법은 내적 동기부여이다. 하지만 초등학생은 아직 어리다. 자기 조절 능력이 성인만큼 뛰어나지 않기 때문에 부모는 외적 보상을 활용하면서 아이가 점점 내적 보상을 더 강하게 느낄 수 있게 도와주어야 한다.

자이가르닉 공부법이 바로 그 역할을 한다. 부모의 잔소리가 아닌 꿈 공책을 볼 때마다 아이는 공부의 중요성을 깨닫게 된다. 자신이 생각하는 꿈, 직업 등을 구체적으로 생각하고 그때마다 공책에 시각화할 수 있는 자료를 붙이거나 글씨를 쓴다면 아이에게는 조금씩 공부 동기부여가 생기게 된다.

그래서 아이가 공부를 소홀히 하는 것 같은 느낌이 들면 부모는 아이에게 잔소리하는 게 아니라 꿈 공책을 들여다보라고 지도해야 한다. 꿈 공책을 들여다보며 요즘 자신이 어떤 공부를 소홀히 했는지 스스로 반성하는 시간을 갖도록 해야 한다. 반성한 내용도 꿈 공책에 함께 적어두면 좋다. 아이는 자신이 반성했던 내용을 볼 때마다 또다시 공부 동기부여 자극을 받을 수 있기 때문이다.

초등학교 때는 부모의 잔소리로 아이를 공부하게 할 수 있지만, 학년이 올라갈수록 부모의 잔소리 때문에 결국 공부를 멀리하거나 포기하게 된다. 그래서 공부는 누군가를 위한 게 아닌 나를 위한 것임을 내 아이가 일찍 깨닫도록 하는 게 중요하다. 자이가르닉 공부법이 바로 아이에게 이를 알려주는 역할을 한다.

그래서 부모의 백 마디 잔소리보다 자이가르닉 효과가 담긴 꿈 공책을 한 번 들여다보는 것에 아이는 공부 동기부여를 더욱더 충분히 받을 수 있다. 자이가르닉 공부법 덕분에 나를 위한 공부가 중요함을 아이가 깨닫는다면 그 뒤에 이어질 교과 공부는 더욱 빛을 발할 것이다.

아웃풋(Output)을 통해 자신의 공부를 평가할 줄 알아야 한다

"오늘 공부한 내용을 친구들에게 다시 설명해보고 싶은 사람은 손들어보세요."

한 차시 수업을 끝내고 난 후 항상 내가 아이들에게 하는 질문이다. 학기 초에는 모든 아이가 이런 질문에 당황하거나 손을 들어도 많아야 2명 정도였다. 아이들이 당황하는 이유는 자신이 배운 내용을 선생님처럼 누군가에게 설명해본 경험이 많이 없기 때문이다.

제대로 된 배움이 일어나는 때는 내가 배운 내용을 누군가에게 설명하는 순간부터 시작된다. 여기서 말하는 제대로 된 배움이란 내가 설명한 내용을 상대방도 쉽게 이해했다면 그 배움은 완전히 내 것이 되었다는 의미와도 같다. 내 눈으로 읽으며 한 공부와 내 머릿속에 이미 정리한 내용을 누군가에게 설명하는 공부는 매우 다르다.

자리에 앉아 새로운 내용을 공부할 때는 여러 번 읽다 보면 이미 내가 다 배운 것 같은 느낌을 받게 된다. 하지만 그렇게 여러 번 읽었던 내용을 누군가에게 설명할 때는 내가 잘 아는 낱말과 문장 등을 활용해 나의 언어로 새롭게 이야기해야 한다. 이미 공부한 내용을 처음부터 끝까지 기계식으로 읊지 않는 한 누군가에게는 나의 언어로 전달해주어야만 한다.

그래서 내가 제대로 공부했는지의 확인 여부는 누군가에게 설명할 때, 즉 '아웃풋'을 할 때 제대로 파악할 수 있다. 처음에는 누군가에게 설명할 때 조리 있게 말하는 게 어려울 수 있다. 특히 이제 막 초등학교에 입학한 아이라면 더더욱 그렇다. 하지만 괜찮다. 무엇이든 처음에는 힘들지만, 계속하다 보면 실력이 늘듯 아웃풋 또한 마찬가지다.

배운 내용을 다른 사람에게 설명하는 아웃풋은 처음에는 낱말로 시작하는 편이 좋다. 그리고 아웃풋은 일찍 시작할수록 좋다. 아이가 초등학교 1학년이 되었다면 최소 하루에 5분씩은 부모에게 학교에서 배운 내용 중 중요하다고 생각하는 것 혹은 기억나는 것을 설명하는 아웃풋 시간을 만들어야 한다. 예를 들어, '동시'에 관해 배웠다면 '동시'라고 말하거나 학교에서 읽었던 동시 중 기억나는 낱말이 있으면 그것을 말해도 된다.

그럼 아이는 부모에게 낱말을 말하면서 머릿속으로는 오늘 공부한 내용이 무엇이었는지 복습하는 과정을 한 번 더 할 수 있다. 이러한 아웃풋 과정은 초등학교 1학년생이 학교에서 한글을 배우는 과정과 같이 진행하면 된다. 먼저 자음을 익히고 모음을 익힌 다음 글자의 짜임과 낱말, 문장 순으로 공부하게 된다. 그러니 가정에서는 아이의 국어 교과서를 틈틈이 살펴보면서 아이가 어디까지 학습했는지 알아야 한다. 학교에서 문장까지 공부한 것을 확인했다면 그때부터는 낱말이 아닌 문장으로 아웃풋 연습을 하면 된다.

내 아이가 아웃풋을 조리 있게 잘하려면 꾸준함과 인내가 필요하다. 꾸준히 하다 보면 아이의 자기 주도 공부는 수많은 아웃풋 과정을 통해 아이에게 긍정적인 공부 습관으로 남게 된다. 예를 들어, 언제 어디서나 반짝이는 보석 또한 그러한 모양이 되기까지 수많은 가공 과정을 거쳐야 한다. 아이가 이제 막 초등학교에 입학했다면 아이의 자기 주도 공부 능력은 원석 상태이다. 그 원석이 수많은 아웃풋 훈련이라는 가공 과정을 통해 늘 빛나는 자기 주도 공부 습관이라는 보석이 되는 것이다.

하지만 자기 주도 공부 습관이라는 보석을 만들려면 단순히 아웃풋만 진행해서는 안 된다. 부모의 긍정적인 피드백과 함께 아이 스스로 반성하는 시간도 가져야만 한다. 아웃풋에는 항상 자신감이 필요하다. 그리고 공부 또한 자신감이 있어야 꾸준히 해낼 수 있는 것이다.

내 아이가 자신이 배운 내용을 부모에게 아웃풋 하는 시간이 점점 많아질수록 그날 자신의 설명 중 부족했던 점은 무엇이었는지 아이 스스로 파악할 수 있게 된다. 그럼 그 부족한 부분을 '아웃풋 공책'으로 따로 만들어 어떤 점이 부족했는지 아이 스스로 쓸 수 있는 반성의 시간을 갖는 것이 좋다. 아웃풋을 할 때마다 아이가 충분히 스스로 반성할 수 있으니 부모는 아이가 아웃풋을 하면서 어떤 점을 잘 이야기해주었는지 항상 긍정적으로 피드백해야 한다.

예를 들어, 아이가 오늘 학교 국어 수업 시간에 배운 '의견'과 '까닭'이라는 낱말의 뜻을 부모에게 설명할 때 두 낱말의 뜻을 반대로 이야기했다. 그럴 때 부모가 "의견이랑 까닭 뜻을 반대로 말했잖아. 제대로 공부한 거 맞아?"라고 다그쳐서는 안 된다. 피드백을 줄 때는 긍정적인 피드백을 주어야 한다. 그러니 아이가 제대로 설명하지 못한 것을 지적하기보다는 아이를 통해 '의견'과 '까닭'이라는 낱말을 알게 되어 고맙다는 긍정적인 피드백을 해야 한다. 그 후 아이에게 다시 의견과 까닭을 공부해보도록 지도하면 된다.

또한 아이가 아웃풋을 할 때는 긍정적인 언어적 신호와 비언어적 신호를 항상 해주어야 한다. 우리는 누군가에게 내 이야기를 하거나 무엇인가를 설명할 때 호응을 잘해주거나 내 의견에 긍정적인 질문을 하는 사람과 더 많은 이야기를 나누고 싶어 한다. 이는 아이 또한 마찬가지다. 부모의 반응이 긍정적일수록 아이는 더 많은 내용을 부모에게 알려주고 싶어 한다. 그리고 실제로 그런 반응이 아이가 생각하지 못했던 개념을 떠올릴 수 있게 도와준다. 그래서 오늘 배운 내용과 예전에 배운 내용 중 유사한 개념이 있다면 그것을 함께 연결해 설명할 수 있게 된다.

"와, 우리 ○○이 덕분에 오늘 새로운 내용을 알게 됐어!"
"그래서 그 개념은 어떤 뜻인데? 구체적으로 설명해줄 수 있을까?"
"잘 이해하지 못했던 내용을 자세히 알려줘서 고마워!"

아이가 아웃풋을 할 때마다 부모가 위와 같은 긍정적인 반응과 질문을 해주면 더욱더 자신감 있게 아웃풋을 할 수 있도록 도와준다. 꾸준한 아웃풋은 자기 주도 공부 습관뿐만 아니라 아이 스스로 개념 접붙이기를 잘하는 능력을 심어준다. 즉, 기존에 알고 있었던 상위 개념과 관련된 하위 개념을 상위 개념 밑으로 접붙이기하듯 차곡차곡 정리를 잘하게 되는 것이다.

이렇게 차곡차곡 정리된 개념이 아이의 머릿속에 쌓일수록 아이는 아웃풋 하는 시간이 점점 길어진다. 처음에는 5분에서 시작했지만, 나중에는 1시간 동안 자신이 공부한 내용을 부모에게 설명할 수 있게 되는 것이다. 이런 과정이 반복될수록 아이는 아웃풋을 진정으로 즐기게 된다. 또한 즐기게 될수록 내가 익히고 배운 내용을 부모에게만 설명하는 단계를 넘어 반 친구들에게도 조리 있게 설명할 수 있게 된다.

내 아이가 자기 주도 공부 방법으로 공부하기를 원한다면 아웃풋을 통한 평가 과정을 진행하는 일은 매우 중요하다. 원석 상태인 공부 습관을 보석으로 잘 다듬는 가공 과정을 거쳐야만 학년이 올라갈수록 공부를 잘하고 공부에 여전히 흥미를 붙이는 아이가 된다. 이를 가능하게 할 과정이 바로 아웃풋이다. 그래서 아웃풋은 일찍 시작할수록 좋다. 일찍 시작한 아이는 그만큼 더 공부를 잘하게 된다.

아웃풋은 꾸준함이 중요하다. 그리고 부모의 긍정적인 피드백 또한 중요하다. "시작이 반이다!"라는 말이 있다. 아직 내 아이가 제대로 된 아웃풋을 해보지 못했다면, 가정에서는 오늘부터 낱말부터 말하는 아웃풋을 실천해보도록 하자.

좀 더 알아볼까요?

(예시) 아웃풋(Output) 공책 정리 방법

날짜	부모님과 말한 내용	잘한 점 (○ : 나 ● :부모님)	부족한 점
12월 1일	(4학년 교육과정 예시) 국어 – 회의 절차 수학 – 큰 수 사회 – 지도의 의미	○ : 회의 절차를 5번 복습했더니 내가 설명할 때 부모님께서 잘 이해하셨다. ● : 지도를 설명할 때 '위'에서 내려다본 것처럼 어느 위치에서 바라본 것인지 그 개념을 정확히 설명해줘서 ○○에게 고마워.	큰 수 개념을 너무 짧게 설명한 것 같다. 다음에는 더 보충해서 말해야겠다.
12월 2일	(3학년 교육과정 예시) 국어 – 기억에 남는 일 이야기 수학 – 원의 중심 말하기 체육 – 손 깨끗이 씻는 법	○ : 손을 깨끗이 씻는 6단계를 부모님에게 직접 시범을 보여주면서 말했다. ● : 기억에 남는 일을 이야기할 때 가족여행을 이야기해주어 그날의 추억이 새록새록 떠올라 좋았단다.	오늘은 부족한 점 없이 이야기를 잘한 것 같아 뿌듯하다.

아이가 매일 아웃풋 공책 정리를 힘들어하면 최소 1주일에 2~3번 정도라도 쓸 수 있게 부모가 지도합니다. 여기서 중요한 점은 마지막 항목인 '부족한 점'은 아이만 쓸 수 있게 해주세요. 누군가에게 조리 있게 설명하는 행동은 성인도 하기 어렵고 힘들답니다.

공부한 내용을 부모에게 설명하는 과정 또한 자기 주도 공부의 일부분이니 부모는 아이에게 긍정적인 피드백을 많이 해주시기를 바랍니다.

공책 정리의 흐름을 알아야 한다

눈으로 보고 귀로 들은 것 모두 머릿속에 그대로 저장되면 좋겠지만, 인간의 능력은 그렇게까지 타고나기가 어렵다. 그래서 이런 부족한 점을 보완하기 위해 우리는 끊임없이 무엇인가를 정리한다. 반드시 알아야 할 내용이나 잊어먹으면 안 되는 내용 등을 정리한다. 그래서 기억이 나지 않을 때마다 우리는 예전에 정리했던 내용을 다시 보면서 기억을 되뇐다.

자기 주도 공부의 가장 기본은 정리하는 습관이다. 배운 내용이 무엇이든 정리하는 습관은 중요하다. 자리에 앉아 2시간, 3시간을 공부했다고 해도 그날 공부한 내용을 제대로 정리하지 않으면 어떻게 될까? 1달이 지나고 2달이 지나면 어느새 그 내용은 신기루처럼 이미 기억에서 흩어져버리고 만다.

그래서 무엇이든 정리하고 메모해야 한다. 특히 초등학생 때부터 공책 정리하는 방법을 꾸준히 익혀야 한다. 초등학교 6년 동안 공책 정리하는 방법을 꾸준히 익히면 이는 아이의 긍정적인 공부 습관이 된다. 그 습관은 학년이 올라갈수록 아이의 성적이 오르는 결과물을 만들어낼 것이다.

아이 스스로 공책 정리하는 법을 깨우치고 익힌다면 그만큼 아이는 새롭게 알게 된 공부 내용을 내 것으로 만드는 힘이 생긴다. 즉, 이것저것 배워 어질러진 머릿속 정보들을 스스로 정리하는 긍정적인 습관이 생기는 것이다. 아이의 이런 습관은 초등학교 1학년부터 반드시 만들어야 한다. 그리고 부모와 교사가 아이가 이런 습관을 만들 수 있게 도와주어야 한다.

특히 초등학교 저학년생에게 공책 정리하기는 무척 어려운 일이다. 그래서 초등학교 입학 후 교사가 처음으로 아이들의 알림장을 적을 때 교사는 알림장에 적어야 할 내용을 그대로 프린트해 아이들 알림장에 붙여준다. 그리고 아이들은 교사가 붙여준 알림장 내용을 보며 알림장은 어떤 식으로 정리하는지 점점 익히게 된다. 아이들이 어느 정도 눈으로 익힌 것 같으면 40분간 시간을 주고 아이들이 직접 알림장을 적을 수 있도록 지도한다. 40분이라는 시간을 주는 이유는 아이가 천천히 한 글자 한 글자 쓰면서 연필을 쥘 때의 느낌, 그리고 공책의 칸 안에 글씨를 또박또박 쓰는 법 등을 스스로 충분히 익힐 기회를 주기 위함이다.

이렇게 알림장을 시작으로 '공책' 자체를 충분히 시각화했다면 그다음에는 아이가 그날그날 배운 내용을 공책에 정리하는 방법을 천천히 알려주면 된다. 특히 초등학교 1학년 때는 학교에서 배우는 한글 흐름 순으로 공책 정리하는 방법을 지도해야 한다.

만일 아이가 이제 막 자음과 모음, 글자의 짜임 등을 익혔다면 문장으로 풀어 쓰는 공책 정리는 아직 어려울 수 있다. 그럴 때는 낱말을 학교에서 충분히 공부할 때까지 기다린다. 학교 국어 수업 시간에 낱말 공부가 끝나고 문장 공부를 시작한다면 그때부터 낱말로 공책 정리하는 방법을 알려주면 된다(p.195 참조). 가장 좋은 방법은 교과서에 나온 문장을 보면서 그 문장 속에 담긴 낱말을 하나씩 정리해보는 것이다. 예를 들어, "참새가 짹짹하고 날아갑니다." 하는 문장이 있다면 이 문장에 있는 '참새' '짹짹'이라는 낱말만 공책에 정리해보는 것이다.

그 후 아이가 학교에서 문장을 충분히 익혔고 낱말 공책 정리하는 습관도 생겼다면, 이때부터는 바로 교과서 문장 따라 쓰기를 해보면 된다. 교과서 문장 그대로 따라 쓰기를 하는 이유는 문장으로 쓰는 법을 알려주되, 아이에게는 공책 정리 부담을 덜어주기 위함이다. 학교에서 그날그날 배운 내용 중 가장 중요하다고 생각하는 부분을 부모와 함께 찾고, 그 문장을 그대로 따라 쓰면 된다.

초등학교에서는 과목별로 40분씩 수업하는데 대부분 1차시씩 공부한다. 교과서에서 1차시는 거의 1장이다. 줄글만 있는 것이 아닌, 그림과 각종 자료가 있는 교과서 1장은 아이에게 학습 부담이 되지 않는다. 그래서 가정에서도 교과서 한 장을 보며 그 속의 문장을 그대로 따라 쓰도록 지도하면 된다.

또한 교과서 문장 그대로 따라 쓰기를 하면 아이는 그날 배운 내용을 적어도 세 번은 복습할 기회를 얻는다. 교과서를 다시 눈으로 훑으면서 중요한 문장을 찾는 과정이 바로 첫 번째 복습이다. 그리고 내가 찾은 문장을 공책에 그대로 따라 쓰는 과정이 두 번째 복습이 된다. 마지막으로 내가 정리했던 내용을 눈으로 다시 한번 읽는 과정이 세 번째 복습이다. 이렇게 교과서 문장 따라 쓰기는 아이에게 공책 정리하기라는 부담감을 덜어주면서 아이가 문장의 흐름을 스스로 익히도록 알려준다.

특히, 국어 교과는 단원마다 학습 도우미인 '책 선생님' '지우개 친구' '연필 친구'가 등장해 그 단원의 중요한 내용을 말풍선으로 쉽게 알려준다. 그래서 국어 교과는 단원마다 학습 도우미 말풍선을 그대로 따라 쓰기만 해도 해당 단원의 중요한 내용은 충분히 공부할 수 있다(p.196 참조).

이렇게 교과서 문장 그대로 따라 쓰기를 통해 공책 정리하는 법을 배웠다면 다음으로는 구조화하는 방법을 알려주면 된다. 구조화하는 방법을 알려주는 것 역시 아이가 이미 공책 정리했던 내용을 보면서 지도하면 된다.

이미 교과서에서 중요하다고 생각한 문장을 그대로 따라 쓰는 연습을 했으니 이번에는 따라 쓰기 했던 문장을 보며 중요한 낱말만 찾아 동그라미 쳐보는 연습을 해본다. 그래서 학기가 끝날 때마다 동그라미 쳤던 낱말들만 주제망처럼 정리해 구조화하는 연습을 해보는 것이다(p.197 참조).

예를 들어, 국어 교과서 1학기 단원이 총 10단원으로 구성되어 있다면 아이는 이미 단원마다 중요한 문장을 써보았다. 그럼 구조화할 때는 단원마다 썼던 문장 중 중요한 낱말에 동그라미를 친다. 이런 식으로 10개 단원 문장에서 낱말을 찾았다면 백지 가운데에 큰 동그라미를 그린다. '국어 4학년 1학기'라고 적고 가지치기하듯 10개의 가지를 쳐서 단원마다 동그라미 쳤던 낱말을 단원별로 적는 것이다.

이렇게 정리하면 4학년 1학기 국어 교과서를 주제로 한 주제망이 만들어지고, 아이는 10개의 가지를 볼 때마다 단원마다 중요했던 내용을 한눈에 복습할 수 있다. 이는 학기가 끝나 교과서를 버려도 아이가 자신이 직접 만든 주제망을 보며 어떤 내용을 배웠는지 계속 스스로 공부할 수 있게 한다.

'낱말 정리하기→교과서 문장 그대로 따라 써보기→구조화해보기'의 절차대로 공책 정리 방법을 초등학생일 때 충분히 알려주면 아이는 교과서 공부를 대충 하지 않게 된다. 학교에서 수업을 들을 때는 미리 그날 공책에 정리할 중요한 내용을 찾으면서 공부하게 된다. 그리고 문장을 따라 적으면서 나중에 하게 될 공책 구조화를 위해 미리 중요한 낱말을 찾아 동그라미 치는 긍정적인 습관도 생긴다.

사소한 것처럼 보이지만, 이런 긍정적인 습관을 아이가 초등학생일 때 바르게 형성하면 학년이 올라갈수록 빛을 발휘하게 된다. 두껍디두꺼운 고등학교 교과서를 볼 때도 아이는 중요한 문장을 잘 찾을 수 있고 그 중요한 문장 속에서 가장 핵심인 낱말도 쉽게 찾을 수 있다.

공부를 잘하는 방법의 하나는 교과서 내용을 모두 꼼꼼하게 읽으면서도 가장 핵심인 내용을 빠르게 찾아내는 감을 익히는 것이다. 이런 감은 하루아침에 생기지 않는다. 또한 많은 양을 공부한 후 구조화하는 작업 역시 쉬운 일이 아니다. 이런 능력은 꾸준한 공책 정리 습관으로 키울 수 있다.

내 아이가 아직 한 번도 공책 정리를 해보지 않았다면, 오늘부터 교과서 문장을 그대로 따라 쓰는 정리를 해볼 것을 추천한다. 교과서 문장 따라 쓰기를 하면서 학기가 끝날 때마다 구조화한다면 그만큼 아이의 자기 주도 공부 능력은 몰라보게 성장할 것이다.

좀 더 알아볼까요?

공책 정리 흐름을 위한 <1-1 가/나 교과서> 한글 공부 흐름 알아보기

단원	단원명	한글 공부 흐름	공책 정리 흐름
1단원	바른 자세로 읽고 쓰기		
2단원	재미있게 ㄱㄴㄷ	자음 공부 시작	
3단원	다함께 아야어여	모음 공부가 시작	
4단원	글자를 만들어요	이 단원부터 글자의 짜임, 즉 낱말 공부가 시작	학교에서 4단원 공부를 할 즈음, 집에서는 낱말로 쓰는 공책 정리 시작
5단원	다정하게 인사해요		
6단원	받침이 있는 글자		
7단원	생각을 나타내요	이 단원부터 문장 공부가 시작	학교에서 7단원 공부를 할 즈음, 집에서는 교과서 문장 그대로 따라 쓰는 공책 정리 시작
8단원	소리 내어 또박또박 읽어요		
9단원	그림일기를 써요		

국어 학습 도우미 미리보기

국어 교과서 문장 따라 쓰기를 할 때는 위의 예시처럼 학습 도우미 말풍선을 그대로 따라 쓰기만 하면 됩니다.

낱말의 뜻을 국어사전에서 찾고 비슷한말이나 그 낱말이 쓰인 예를 함께 찾아보면 낱말의 뜻을 깊이 이해할 수 있어요. 그리고 글의 내용을 더 쉽게 이해할 수 있어 중심 생각을 파악하는 데 도움이 돼요.

(예시) 공책 정리 이론편

낱말	문장	구조화
[초등학교 『국어 1-1 가』 4단원] 공부할 때부터 각 단원의 학습 목표를 쓰고 내용을 정리합니다. 초등학교 1학년은 부모가 학습 목표를 적어주도록 합니다.	[초등학교 『국어 1-1 나』 7단원] 공부할 때부터 교과서 문장 베껴 쓰기를 시작합니다. 학습 도우미들의 말풍선을 그대로 베껴 쓰면 됩니다. 중요한 낱말에는 동그라미를 쳐봅니다.	한 학기가 끝날 때마다 교과의 단원별로 구조화를 합니다. 구조화하는 종이는 스케치북 크기(8절 도화지)가 적당합니다. 구조화하는 작업은 각 단원에서 중요한 내용(교과서 문장 베껴 쓰기를 했던 부분) 위주로 정리합니다.

(예시) 공책 정리 실전법

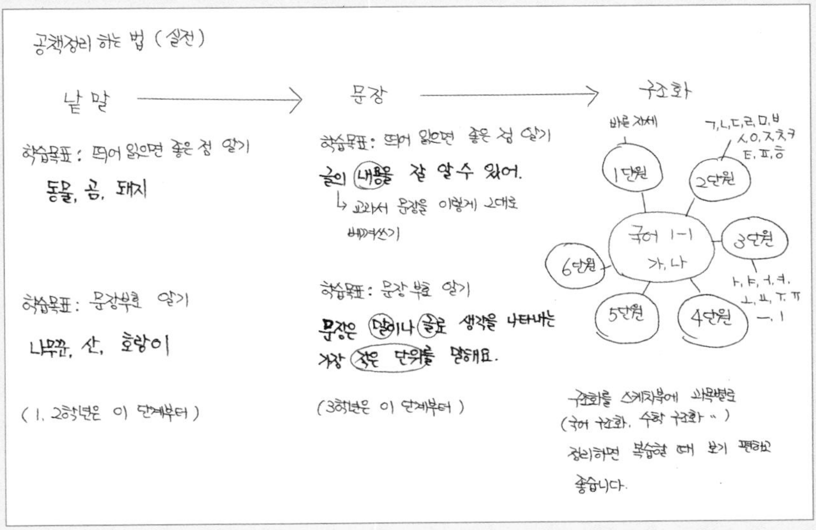

『국어 1-1 나』 8단원 〈소리 내어 또박또박 읽어요〉 중 학습 목표 일부를 활용한 예시입니다. 초등학교 3학년부터는 바로 문장 쓰기 단계부터 시작하면 됩니다.

4장

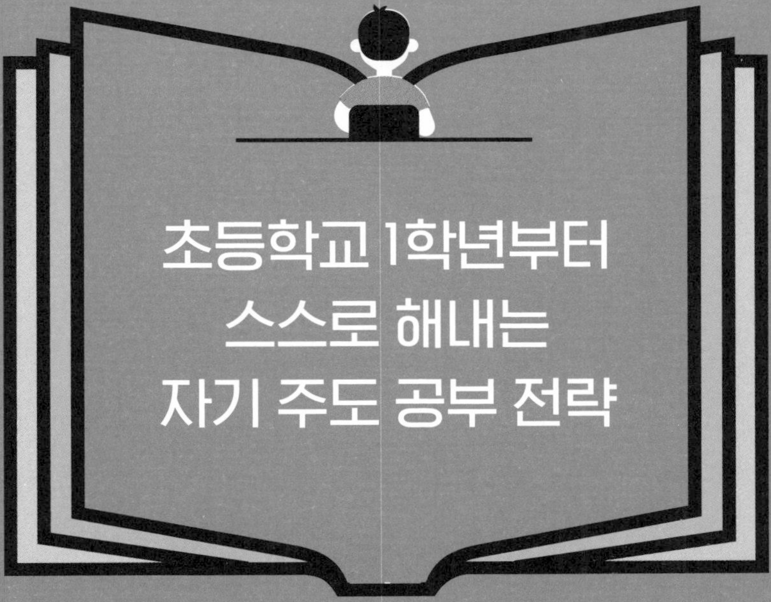

초등학교 1학년부터 스스로 해내는 자기 주도 공부 전략

계획하고 실천하게 하는 플래너 활용법을 익혀야 한다

코로나19 이후 학교 수업 대부분이 원격 수업으로 전환되었다. 특히 초등학생은 가정에서 시간을 보내야 하는 날이 점점 늘어나게 되었다. 코로나19가 종식된다고 해도 이와 유사한 전염병이 다시 생기지 않는다는 보장이 없다. 그 말은 또다시 언젠가 바깥 외출을 자제하고 가정에서 시간을 보내야 하는 때가 길어질 수 있다는 의미다.

이때 내 아이가 하루 24시간이라는 시간을 알차게 사용하지 못하고 온라인 게임을 하거나 딱히 볼 게 없으면서도 지루하게 텔레비전만 계속 쳐다보고 있으면 어떨까? 스스로 시간 계획을 세워 실천하는 아이보다 모든 면에서 훨씬 뒤처지게 될 것이다.

그러니 초등학생 때부터 제힘으로 하루를 제대로 계획할 줄 알고, 자신이 계획한 대로 시간을 알차게 쓰는 법을 익혀야만 한다. 그리고 매일 그 계획대로 실천하려는 노력도 할 줄 알아야 한다. 계획은 곧 24시간의 흐름을 알차게 정리하는 방법이다. 계획의 중요성은 이루 말할 수 없다. 잘못된 방향으로 나가지 않고 올바른 방향으로 나갈 수 있게끔 알려주는 것이 바로 계획이다.

지금은 초등학생부터 다양한 계획 세우기를 알아야 한다. 시간에 관한 계획을 세울 줄 알아야 하고 공부에 관한 계획도 세울 줄 알아야 한다. 건강 관리를 위한 계획도 세울 줄 알아야만 한다. 즉, '공부'에만 국한된 계획을 세우는 것이 아니라 다양한 계획을 스스로 세우는 법을 알아야만 하는 것이다.

시간에 관한 계획을 세울 때는 1년, 1학기, 1달, 1일 단위로 구체적인 계획을 세워야 한다. 먼저 1년이라는 시간 동안 내가 중요하게 해야 할 것들을 굵직굵직하게 정리해야 한다. 1년 계획 세우기는 무엇이든 좋다. 교우 관계, 건강, 공부 등 다양할수록 좋다(p.206 참조).

다양한 계획을 세우는 이유는 아이가 다양한 시행착오를 겪기 위함이다. 1년 계획으로 오직 공부를 위한 계획만 세우면 공부에 아직 흥미를 느끼지 못한 아이는 1년 계획을 볼 때마다 스트레스를 받게 된다. 하지만 1년 동안 아이가 지켜야 할 교우 관계, 건강 관리 등 다양한 계획을 세우면 아이는 계획대로 1년을 보내고 난 후 무엇이 자신의 인생에서 가장 중요한지 스스로 점점 깨닫게 된다.

특히 스스로 공부하는 방법을 꾸준히 반복하면서 점점 공부에 자신감을 느낀다면 아이는 조금씩 공부가 인생에서 매우 중요하다는 것을 알게 될 것이다. 그렇게 되면 아이는 자신의 1년 계획에서 공부를 더 중점에 두어 계획을 세울 것이다. 그리고 열심히 공부하기 위해 어떻게 건강을 관리해야 하는지 등 다른 부분에서도 더욱 더 구체적인 계획을 세울 수 있다. 아이 스스로 이렇게 1년의 계획을 굵직굵직하게 세웠다면 부모는 아이가 점점 더 자세하고 세분화한 계획을 세울 수 있도록 지도해야 한다.

1년 단위였던 계획을 1학기로, 1학기였던 계획을 1달 단위로 더 구체적으로 잡고, 그 1달 단위의 계획을 다시 1일 계획으로 좁혀갈 수 있게 해야 한다. 예를 들어, 1년 계획 세우기에 '1년 동안 낱말 공부 많이 하기'라는 목표를 세웠다면 그 계획을 다시 1학기에 맞추어 구체적으로 접근한다. '1학기 동안 낱말 300개 공부하기' 이렇게 더 구체적으로 계획을 세웠다면 이걸 다시 더욱더 세부적인 1달 단위로 계획을 세운다. 한 학기가 5개월이라면 아이는 1달 동안 60개의 낱말을 공부해야 한다. '한 달 동안 60개 낱말 공부하기'라는 계획을 세운 후 이 계획을 다시 1일 계획으로 세분화하는 것이다. 그럼 아이가 하루 동안 공부해야 할 낱말의 개수는 최소 2개이다. 그럼 '낱말 공부 많이 하기'라는 두루뭉술한 계획이 '하루에 낱말 2개씩 공부하기'로 좁혀질 수 있다.

계획을 구체적으로 세워야 하는 이유가 바로 이것이다. '낱말 공부 많이 하기'처럼 두루뭉술하게 계획을 세우면 그 기준을 몰라 아이는 계획한 대로 실천하지 않을 가능성이 더 크다. 그러니 두루뭉술한 계획을 작은 시간 단위로 계속 좁혀가면서 '하루에 2개씩 낱말 공부하기'라는 구체적이고 실천 가능성도 높은 계획을 세우는 것이다.

만일 '하루에 낱말 2개 공부하기'를 실천하지 못했다 해도 '한 달 동안 낱말 60개 공부하기'라는 계획이 있으니 다음 날 단어 2개가 아닌 단어 4개를 공부하는 등 융통성 있게 계획을 관리하고 실천할 수 있다. 이것이 1일 계획, 1달 계획, 1학기 계획, 1년 계획을 세워야만 하는 이유이다.

이런 식으로 과목별로 1년 계획, 1학기 계획, 1달 계획, 1일 계획을 세운다면 아이는 하루를 알차게 사용할 수 있다. 그리고 1일 계획을 세울 때 '일의 우선순위 일기장'을 함께 활용하면 더더욱 좋다.

일의 우선순위 일기장을 활용하면 아이는 공부에서 더 중요한 과목이나 더 많은 시간이 소요되는 과목을 우선순위에 두게 된다. 그래서 가장 많이 공부해야 하는 교과 공부를 첫 번째로 해야 할 일에 적고 그다음으로 많이 소요되는 공부를 두 번째 해야 할 일로 적는다.

계획을 세울 때 이런 식으로 일의 우선순위 일기장까지 함께 활용하면 아이는 학교에 가지 않고 가정에서 원격 수업을 하게 되어도 버리는 시간 없이 하루를 알차게 쓸 수 있다. 원격 수업을 받고 난 후 그날 하루를 그냥 대충 마무리하는 것이 아니라, 그때부터 일의 우선순위 일기장을 보면서 자신의 남은 일과를 계획한 대로 실천할 수 있게 된다.

또한 잠자기 전에 오늘 하루 일의 우선순위 일기장에 적은 대로 계획을 실천했는지 점검하며 하루를 반성할 수 있다. 만일 부족한 점이 있었다면 무엇이 부족했는지 파악한 후 부족했던 점을 내일 일의 우선순위에 보충하여 내일 이어질 하루도 알차게 보낼 수 있다.

이제는 이렇게 계획하고 실천하는 습관이 절실히 필요한 시대가 되었다. 초등학생 때부터 이런 습관을 자신의 것으로 만든 아이는 학년이 올라갈수록 낭비하는 시간 없이 알차게 하루를 사용할 수 있다. 또한 자신에게 부족한 교과나 시간이 더 많이 소요되는 교과가 무엇인지 파악할 수 있다.

위에서 예시로 든 '하루에 낱말 2개 공부하기'처럼 자신이 세운 계획대로 실천하며 하루를 보낸 아이는 1년이면 600개의 낱말을 새롭게 공부하게 된다. 하지만 이런 계획을 세우지 않고 그냥저냥 흐르는 대로 1년을 보낸 아이는 다음 학년에서 작년에 이미 600개의 낱말을 공부한 아이보다 어휘력 쪽에서 훨씬 뒤처지게 된다.

이렇게 계획표를 세우고 실천해야 아이가 초등학교 교육 과정을 두루두루 공부할 수 있다. 초등학교 교육 과정은 수능 시험 과목인 국어, 수학, 사회, 과학, 영어만 중요하게 여기지 않는다. 다른 예체능 교과 또한 중요하게 생각한다.

예를 들어, 수능 언어 영역 중 비문학 지문을 살펴보면 미술과 관련된 내용이나 체육과 관련된 내용이 많이 나온다. 초등학교 때부터 계획표를 잘 세워 모든 교과를 골고루 공부했던 아이는 학년이 올라가 교과서에 미술과 관련된 비문학 지문이 나와도 익숙하게 지문을 읽고 문제를 풀 수 있다. 초등학교 때 공부하고 익혔던 미술 용어가 지문에 나왔으니 이미 용어를 학습한 아이에게는 익숙하기 때문이다.

그래서 아이와 함께 계획을 세울 때는 아이가 초등학교에서 배우는 모든 교과를 최소 한 번씩은 볼 수 있게끔 계획표를 세우도록 부모가 지도해야 한다. 국어, 수학, 사회, 과학, 영어에만 중점을 둔 계획표를 세우다 보면 아이는 예체능 교과는 쓸모없는 교과라는 인식을 가질 수 있다.

코로나19 상황에서도 공부를 잘하는 아이가 되는 건 이제 시간 관리를 누가 잘하느냐의 싸움이다. 하루 24시간을 버리는 시간 없이 얼마나 알차게 사용하느냐에 따라 아이의 공부 질과 양이 달라진다. 그러므로 아이 스스로 계획표를 세우는 일은 중요하다. 그리고 그 계획표대로 하루를 알차게 보내는 것 또한 매우 중요하다. 1일, 1달, 1학기, 1년이라는 시간을 알차게 계획하고 계획한 대로 실천한 아이는 그 어떤 전염병 시대가 다가온다고 해도 당황하거나 방황하지 않고 자신만의 공부를 묵묵히 잘 해낼 것이다.

좀 더 알아볼까요?

(예시) 1년→1학기→1달→1일 계획표 만드는 방법

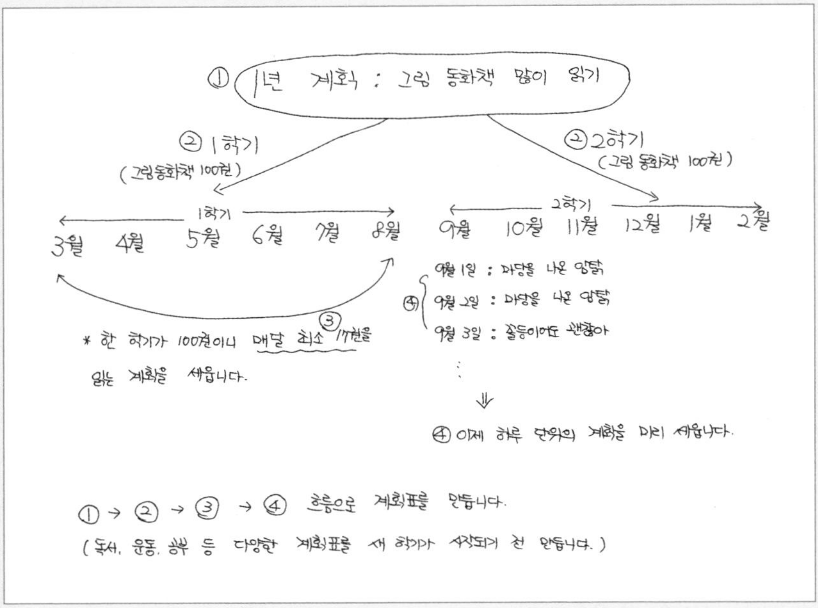

가정에서 교과서 활용은 선택이 아닌 필수다

"공부를 잘하기 위해 가장 중요한 게 무엇이라 생각하며 공부했나요?"

"교과서를 활용해서 열심히 공부했어요."

공부를 잘하는 아이들에게 위와 같은 질문을 하면 하나같이 교과서가 중요하다는 대답을 한다. 학창 시절, 내가 공부를 잘하지 못했을 때는 저런 질문의 답이 거짓말처럼 느껴졌다. 다른 사교육을 열심히 받았지만, 그 사실을 숨기고 저렇게 교과서만 언급한다고 생각했다.

그러나 대학교를 자퇴하고 혼자 공부하며 6등급이었던 성적을

1등급까지 끌어올리면서 나 역시 깨달았다. 바로 교과서를 활용한 공부는 선택이 아닌 필수라는 점이다. 실제로 당시 수학 점수가 형편없었던 나는 초등학교 수학 3학년 교과서를 활용해 꼼꼼하게 공부했다.

초등학교 교과서는 아이들이 이해하기 쉬운 문장으로 적혀 있어서 당시 17살이었던 내게도 한 문장 한 문장이 공부하기 쉽게 느껴졌다. 그래서 수학을 좀 더 집중해서 공부할 수 있었고 그때부터 다른 교과 역시 교과서부터 차근차근 공부를 시작해야겠다고 생각하게 되었다.

공부를 잘하지 못했을 때는 그저 문제집만 많이 풀면 될 거라는 잘못된 생각을 했었다. 하지만 실제로는 당시 초등학교 교과부터 다시 공부할 때는 수학 개념을 제대로 이해하기 전까지 그 어떤 문제집도 풀지 않았다. 그리고 이렇게 바꾼 공부법이 정말로 효과가 있었다.

스스로 해내는 자기 주도 공부 능력을 만들려면 초등학생 때는 반드시 교과서를 활용한 공부를 해야 한다. 교과서는 학년별 발달 수준과 학년별로 꼭 배워야만 하는 내용을 여러 집필진이 함께 연구해서 만든 결과물이다. 그러니 공부를 잘하고 싶다면 우선 교과서부터 먼저 정복해야만 한다. 교과서는 학교 수업 시간에만 보는 책이 결코 아니다. 가정에서도 반드시 한 권씩 가지고 있어야 할 책이다. 가정에서 10권의 문제집을 풀며 공부하는 것보다 교과서 1권을 10번씩 반복해서 읽는 것이 더더욱 효율적인 공부다.

자기 주도 공부에서 가장 중요한 교과서의 필요성을 초등학생 본인들은 잘 알지 못한다. 그래서 아이들이 하교하고 나면 교실 안 사물함이나 아이들 책상 서랍 속에 오늘 배웠던 교과서가 그대로 놓여 있다. 교과서를 집에 챙겨가는 아이는 많아 봐야 한 반에 1~2명 정도이다.

하지만 이제 시대가 바뀌었다. 코로나19가 확산하면서 아이들은 가정에서 원격 수업을 해야 한다. 그리고 그 원격 수업을 위해 교과서를 집으로 가져가야만 한다. 코로나19가 생기기 전에는 주기적으로 학부모 상담을 할 때 교과서 활용에 관한 상담을 요청했던 학부모는 단 한 분도 없었다.

그러나 연일 이어지는 원격 수업으로 가정에서도 교과서를 활용하게 되면서 올해 가장 많은 상담을 받았던 내용이 바로 '가정에서의 효과적인 교과서 활용법'이었다. 교과서를 잘 활용하는 것은 매우 중요하다. 그리고 시대가 바뀐 만큼 아이들도 교과서를 잘 활용하면서 스스로 공부하는 법을 익혀야만 한다.

가장 중요한 것은 먼저 교과서에 나온 낱말부터 반드시 익혀야 한다는 점이다. 낱말을 공부할 때는 다음 날 수업할 교과서를 미리 살펴보며 모르는 낱말도 미리 공부하는 게 도움이 된다. 아이가 학교에서 그날 배워야 할 내용은 해당 교과서를 넘길 때마다 상단에 큰 글씨로 적힌 내용이 보일 것이다. 그게 바로 1차시 40분 수업 분량이다.

1차시 수업은 교과서 한 장 정도다. 그래서 교과서를 한 장씩 넘길 때마다 교과서 상단에 항상 새로운 주제가 적힌 것을 볼 수 있다. 미리 1차시 분량인 교과서 한 장을 상단 큰 글씨부터 시작해서 마지막 글자까지 꼼꼼하게 읽으며 모르는 낱말을 찾아야 한다.

낱말의 뜻을 다 찾으며 공부했다면 그다음으로 교과서 한 차시를 본 후 궁금한 점을 질문으로 교과서 상단에 적어보자. 이렇게 미리 궁금한 내용을 적어놓아야만 아이는 궁금했던 내용을 떠올리며 공부하게 된다. 그리고 궁금한 내용이 해결되어야만 1차시 공부를 완벽히 해낼 수 있다.

1차시 교과서 내용 흐름이 어떻게 흘러가고 1차시 수업을 위해 어떤 질문이 필요한지 등을 알고 싶다면 초등학교 교사용 지도서를 구매해 함께 살펴볼 것을 추천한다. 초등학교 교사용 지도서는 학교에서 1차시 분량의 수업을 어떤 흐름으로 구성하여 진행해야 하는지 아주 자세히 적혀 있는 책이다. 지도서는 아이의 호기심을 자극할 수 있는 질문과 아이가 이해했는지 알아보는 질문 등이 매우 구체적으로 나와 있다.

그래서 지도서 흐름대로만 아이에게 질문해도 많은 도움이 된다. 아이에게 질문하는 것을 교사용 지도서에서는 '발문'이라는 개념으로 적혀 있다. 그래서 효과적인 발문은 아이의 사고를 확장하고 아이가 1차시 공부를 하면서 그 차시와 관련된 다양한 생각을 할 수 있도록 도와준다.

지도서를 잘 활용하는 방법은 그날 학교 수업 시간에 배운 내용을 아이가 부모에게 설명할 때 유용하게 활용할 수 있다. 그러기 위해 한 차시씩 공부한 후 아이가 그날 저녁 부모와 함께 교과서를 살펴보며 설명할 수 있는 시간을 만들어야 한다. 이때 아이가 교과서 내용을 부모에게 설명할 때마다 부모는 지도서를 보며 아이에게 하고 싶은 질문을 하면 된다. 지도서에 질문할 거리가 상세하게 나와 있으니 그 흐름대로 아이에게 질문하면 된다.

지도서 질문 밑에는 그 질문의 답으로 예상되는 학생들의 응답도 친절하게 적혀 있다. 그래서 내용을 파악하는 질문을 할 때는 지도서 활용이 많은 도움이 된다. 만약 지문 속에 나와 있는 내용을 확인하는 질문이고 아이가 지도서 안에 나와 있는 학생의 응답과 유사하게 대답하면 아이가 교과서 공부를 제대로 해낸 것이다(p.213~214 참조).

교과서를 활용한 기본 개념 공부가 먼저 잡혀야만 아이는 그다음 단계인 문제집 풀기도 수월하게 할 수 있다. 교과서 내용을 제대로 이해하지 못했는데 문제집 풀기부터 지속하다 보면 긍정적인 자기 주도 공부 습관이 생기지 않는다.

이런 습관이 반복되면 학창 시절 공부를 잘하지 못했던 나처럼 수업 시간 외에 교과서는 쳐다보지 않고 다양한 문제집만 종류별로 사서 공부하는, 좋지 않은 습관을 갖게 된다. 문제집 풀이는 교과서 속 개념을 완전히 공부하고 난 후 풀어도 늦지 않다.

그리고 초등학생 아이들에게 가장 중요한 내용은 문제집에 나온 문제가 아닌 교과서에 나온 개념이다. 초등학교 교과서에 나온 개념은 모두 자기 것으로 만들어야만 아이는 초등교육과정에서 나온 개념의 심화 내용이 담긴 중학교와 고등학교 공부도 꾸준히 해낼 수 있다. 내 아이가 초등학교에 입학했다면, 부모는 항상 교과서 공부가 가장 중요하다는 사실을 알려줘야만 한다. 그리고 가정에서도 교과서를 활용한 공부를 반드시 해야 한다.

교과서 한 차시 분량은 아이에게 많은 학습 부담을 주지 않을 뿐만 아니라, 꼼꼼하게 공부할수록 교과서 개념을 아이만의 것으로 만들 수 있다. 그러므로 교과서 활용은 선택이 아닌 필수다.

좀 더 알아볼까요?

(예시) 교사용 지도서 참고(국어/과학)

이 부분이 바로 교사의 '질문-학생 응답'입니다. 예로 든 부분은 「오늘이」의 내용을 물어보는 질문이므로 질문했을 때 예상되는 응답처럼 대답한다면 아이가 이 학습 목표를 제대로 공부했다고 말할 수 있습니다.

이렇게 아이에게 질문할 내용과 이 질문에 관한 아이의 예상 대답이 적혀 있어요.

만화 영화 감상하기

■ **내용 상상하기**

○ 「오늘이」 내용 상상하기

- 「오늘이」 광고지와 등장인물을 보고 어떤 내용이 펼쳐질지 상상해 봅시다. (뒷모습을 보이는 주인공 오늘이가 먼 길을 여행하는 것처럼 보입니다. 아마 여행을 하면서 일어난 이야기일 것 같습니다. / 주인공 오늘이를 다른 등장인물들이 도와주어서 엄마를 찾아 가는 내용일 것 같습니다. / 오늘이가 원천강에서 살다가 나쁜 사람들을 만나서 멀리 떠나 모험을 하는 이야기일 것 같습니다.)

■ **「오늘이」 감상하기**

○ 「오늘이」를 감상하고 물음에 답하기

- 「오늘이」 광고지와 등장인물을 보고 상상한 내용을 바탕으로 하여 「오늘이」를 감상해 봅시다. (등장인물에게 어떤 일이 일어나는지를 생각하며 감상하겠습니다. / 등장인물이 어디서 어떤 일을 하게 되는지 생각하며 감상해 보겠습니다.)
- 오늘이가 원천강으로 가려고 한 까닭은 무엇인가요? (야아와 행복하게 살았던 원천강으로 다시 돌아가 행복하게 살고 싶어서입니다.)
- 매일이가 책을 많이 읽은 까닭은 무엇인가요? (행복이 무엇인지 알고 싶어 계속해서 책을 읽었습니다.)
- 이무기는 어떻게 해서 용이 되었나요? (용이 되려고 모았던 여의주를 버리면서 오늘이를 구해 용이 되었습니다.)

■ **「오늘이」 내용 간추리기**

○ 사건의 흐름을 생각하며 내용 요약하기

- 「오늘이」의 각 장면을 보고 일이 일어난 차례를 생각하며 내용을 간추려 봅시다. (① 오늘이, 야아, 여의주가 원천강에서 행복하게 산다. → ② 수상한 뱃사람들이 야아 몰래 오늘이를 데려가다가 화살로 야아를 쏜 뒤에 원천강이 얼어붙는다. → ③ 오늘이는 원천강으로 돌아가는 길에 행복을 찾겠다며 책만 읽는 매일이를 만난다. → ④ 꽃봉오리를 많이 가졌지만 꽃이 한 송이밖에 피지 않는 연꽃나무를 만난다. → ⑤ 오늘이는 사막에서 비와 구름을 벗어나고 싶어 하

국어 지도서 예시

학습 흐름

들어가기 차가운 병 표면에 맺힌 물방울을 본 경험 나누기

1. 차가운 물이 담긴 병이나 컵 표면에 맺힌 물방울을 본 적이 있나요? 이 물은 어디에서 왔을까요?
   – 병이나 컵 안에서 나왔을 것입니다.
   – 공기 중에서 왔을 것입니다.

탐색 차가운 컵 표면에서 일어나는 변화 관찰하기

1. 플라스틱 컵에 얼음과 주스를 넣고 뚜껑을 덮은 뒤 시간이 지남에 따라 컵 표면에서 일어나는 변화를 관찰해 봅시다.
   1 플라스틱 컵에 얼음과 주스를 넣고 뚜껑을 덮습니다.

TIP
• 시기상 응결이 잘 일어나지 않는 것에 대비해 얼음을 많이 넣어 플라스틱 컵을 차갑게 만든다.

– 무게가 늘어났습니다.

2. 컵 표면에서 관찰할 수 있는 현상은 무엇인가요?
   – 컵 표면에 작은 물방울이 맺힙니다.
3. 은박 접시 위에서 관찰할 수 있는 현상은 무엇인가요?
   – 컵 표면의 물방울이 은박 접시 위로 흘러 물이 고입니다.
4. 처음 무게와 나중 무게를 비교했을 때 어떤 변화가 있나요?
   – 처음 무게보다 나중 무게가 더 무겁습니다.
5. 처음 무게와 나중 무게에 차이가 생긴 까닭은 무엇인가요?
   – 공기 중의 수증기가 물이 되어 차가운 컵 표면에 맺혔기 때문입니다.

TIP
• 측정 활동이 끝난 뒤 플라스틱 컵 표면에 맺힌 물방울을 휴지로 닦아 색깔이 없음을 알아보고, 무게를 측정했을 때 처음과 변함이 없음을 통해 플라스틱 컵 안의 주스가 밖으로 나온 것이 아님을 확인할 수 있다.

과학 지도서 예시

매일 10분 복습이면 충분하다

초등학교에서 배우는 모든 교과 내용은 직전 학년에서 배운 내용과 긴밀한 연관이 있다. 특히 수학 교과는 더더욱 그렇다. 그래서 수학 익힘책은 새로운 단원이 나올 때마다 항상 책 앞장에 바로 작년에 배운 내용을 복습할 수 있게 구성되어 있다.

수업을 진행할 때마다 나는 아이들에게 작년에 배운 내용을 살짝 언급한 후 오늘 배울 내용을 알려주는 편이다. 하지만 작년 내용을 알려줄 때마다 유독 "작년에 우리 저런 거 공부했어? 국어 교과서에 저런 내용이 나왔었나?" 하고 말하는 아이들이 있다. 물론 이런 반응과는 달리 작년에 배운 내용을 정확하게 기억하는 아이들도 있다. 이 기억력의 차이를 만드는 게 바로 복습이다. 복습하지 않은 아이들에게는 작년 내용이 이미 기억 저편으로 사라져버렸지만, 복습을 꾸준히 한 아이들은 작년에 공부했던 내용을 여전히 자신의 지식으로 잘 활용하고 있다.

복습의 힘은 정말로 위대하다. 예습보다 복습이 더 중요하다. 아이는 하루 24시간을 보내며 다양한 정보를 듣고 다양한 경험을 한다. 하루에 들어온 수많은 정보와 경험이 모두 다 내 아이의 머릿속에 차곡차곡 잘 정리되면 좋겠지만, 뇌는 한계가 있다.

하루 동안 아이가 눈으로 본 정보는 아이 뇌의 후두엽이라는 곳에 저장된다. 후두엽에 쌓인 정보는 마치 뒤죽박죽 엉망진창인 창고에 비유할 수 있다. 창고를 떠올렸을 때 어디에 무엇이 있는지 잘 파악하여 찾으려면 평소 비슷한 것끼리 잘 분류해 놓아야 한다. 즉, 어디에 무엇이 있는지 금방 파악할 수 있게끔 해야 한다. 그래야만 창고의 역할을 잘 해내는 것이다.

그렇게 해야만 어떤 물건을 찾아야 할 때 창고에서 바로 그 물건의 위치가 떠올라 내가 원하는 물건을 쉽게 가져올 수 있다. 후두엽에 있는 정보도 마찬가지다. 정리를 잘해놓으면 내가 알고 있는 정보나 지식을 남에게 술술 이야기하거나 글로 정확하게 쓸 수 있다.

후두엽의 정보가 잘 정리되면 기억을 입력하고 출력하는 역할을 맡는 전두엽까지 정보가 차곡차곡 잘 정리된다. 이렇게 후두엽 속에 뒤죽박죽으로 쌓인 정보를 잘 정리하는 과정이 바로 복습이다.

그래서 내 아이가 복습을 자주 할수록 아이 머릿속의 엉망진창인 정보를 다시 차곡차곡 아이 스스로 필요할 때마다 꺼내 볼 수 있게 정리할 수 있다.

이는 뇌의 단기 기억과 장기 기억에 관한 설명을 보면 이해할 수 있다. 우리 뇌의 단기기억은 우리가 보고 듣고 경험한 것들을 수 초 동안만 저장한다. 그래서 다시 복습하는 과정이 없으면 뇌의 단기 기억 속에 저장되었던 정보는 금방 사라져버린다.

예를 들어, 누군가가 내게 숫자 3개를 알려주고 그 자리에서 바로 숫자 3개를 말해보라고 하면 우리는 바로 이야기할 수 있다. 숫자 3개를 본 후 수 초 내에 그 숫자를 말할 수 있는 것은 우리 뇌의 단기 기억에 3개의 숫자가 저장되어 있기 때문이다.

그러나 이 정보는 수 초 동안만 유효하다. 내가 꾸준히 그 숫자 3개를 머릿속으로 되뇌며 생각하지 않으면 다음 날이면 바로 기억이 잘 나지 않을 것이다. 그래서 다음 날 또다시 숫자 3개를 말해보라고 한다면 한참 동안 그 숫자를 떠올리기 위해 애를 먹을 것이다.

지금 공부하고 배운 내용은 바로 뇌의 단기 기억에 저장되어 있다. 그래서 그 정보를 다시 내 것으로 정확하게 만들려면 반드시 복습해야 한다. 복습하는 과정이 곧 단기 기억에 저장된 정보를 장기기억으로 옮기는 과정이다. 그리고 장기 기억 속에 저장된 정보를 반복해서 볼수록 그 정보는 결국 내 아이만의 지식이 된다.

초등학교 때부터 반드시 하루에 최소 10분씩이라도 오늘 배운 내용을 복습하는 습관을 형성해야 한다. 먼저 첫 번째로 복습하는 시간은 수업을 받고 난 직후이다. 특히 코로나19 이후 원격수업을 받을 때는 더더욱 복습의 힘을 잘 활용해야 한다.

학교에서 1교시 수업을 받았거나 가정에서 1교시 원격 수업을 받았다면 이어지는 쉬는 시간 10분 중 최소 3분은 1교시 수업 내용을 복습하는 데에 사용해야 한다. 특히 학년이 올라갈수록 학습 격차가 심해지는 국어 수학 사회 과학 영어는 반드시 그런 식으로 복습해야 한다.

이 3분도 쌓이기 시작하면 어마어마한 시간이 된다. 그래서 그 3분을 잘 활용한 아이와 그 3분을 허망하게 써 버린 아이의 학업 격차는 시간이 지날수록 벌어지게 된다. 쉬는 시간에도 3분 동안 복습을 꾸준히 한 아이는 자투리 시간을 올바르게 사용하는 법도 익히게 된다. 그래서 24시간 중 대부분 시간을 학교에서 보내야 하는 고등학생 때 자신에게 주어진 자투리 시간을 빠르게 알아내고 그 시간을 잘 활용해 부족한 교과 공부를 하거나 교과 복습을 할 수 있는 것이다.

이렇게 수업이 바로 끝난 직후 첫 번째 복습 시간이 있다면 두 번째 복습 시간은 잠들기 전 최소 10분 정도가 복습하는 시간이 되어야 한다. 이미 오전에 수업이 끝나고 난 후 3분 정도 복습했기 때문에 아이는 그날 배운 내용을 어느 정도 기억하고 있다.

하지만 아직 그날 배운 내용을 완전히 내 것으로 만들지는 못했기 때문에 다음 날 다른 수업이 이어지기 전에 최소 10분씩이라도 반드시 복습해야 한다. 이때는 오전에 학교에서 배웠던 차시를 교과서를 보며 처음부터 끝까지 꼼꼼하게 읽는다. 오전에 3분 동안 충분히 복습하지 않았던 내용이 있는지 교과서 전체 내용을 다시 보면서 정확하게 파악하는 것이다. 그리고 이때 하는 복습은 오늘 배웠던 교과서 내용 중 이해되지 않았던 낱말을 찾는 복습도 해야 한다.

처음 본 낱말, 이해되지 않은 낱말은 저녁 복습 시간에 반드시 형광펜으로 표시해 국어사전을 활용하여 낱말의 뜻을 정확하게 알아봐야 한다. 그리고 이날 익혔던 낱말 뜻은 다음 날 일어나서 다시 한번 읽는 복습 습관을 만들어야 한다.

형광펜으로 표시한 낱말의 뜻을 읽는 것은 1분도 걸리지 않는다. 등교하기 전에 이렇게 낱말을 다시 제대로 이해한 후 등교하는 아이는 그날 이어질 공부를 충분히 자신만의 것으로 만들 수 있다.

또한 수업 시간 중에 전날 배운 내용을 다시 언급할 때 아이는 그 내용을 충분히 이해하며 고개를 끄덕일 수 있다. 이게 바로 복습의 힘이다. 초등학생에게 많은 시간 동안 복습할 것을 강요할 필요가 없다. 하루 최소 10분이라도 복습하는 시간이 있다면 충분하다.

습관이 되지 않았을 때는 10분도 길고 지루하지만, 아이가 공부에 흥미를 붙이고 스스로 공부하는 법을 조금씩 깨닫기 시작하면 이야기는 달라진다. 처음 시작한 10분이 20분이 되기도 하고 30분이 되기도 한다. 이렇게 아이 스스로 복습하는 시간을 늘리기 시작하면 부모는 아이에게 긍정적인 피드백을 해주면 된다. 부모의 긍정적인 피드백은 아이에게 또 복습할 시간을 연장해주는 원동력을 제공하기 때문이다.

오랜 시간 의자에 앉아 공부하는 법을 익히는 것은 중요하다. 하지만 그 전에 반드시 만들어야 할 긍정적인 습관은 최소 10분이라도 의자에 앉아서 복습하는 긍정적인 습관이다. 이 습관을 초등학생 때 제대로 형성되지 못한 아이들은 의자에 오랜 시간 앉아서 공부하지 못한다. 티끌 모아 태산이다. 복습하는 그 10분을 차곡차곡 늘린 아이들은 결국 오랜 시간 의자에 앉아서 공부하는 '자습'도 충분히 해낼 수 있다. 그러므로 10분 복습의 힘을 간과하지 말고 오늘부터 내 아이가 스스로 실천하며 복습하는 긍정적인 습관을 기를 수 있도록 하자.

좀 더 알아볼까요?

(예시) 복습 체크리스트 점검표

날짜: 0월 0일

복습 횟수	내용	잘함 ◎ 보통 ○ 못함 △	내게 한 마디
첫 번째 복습	1교시 수업 끝나고 3분 복습했나요?	◎	복습 시간을 조금씩 더 늘려야겠다.
	2교시 수업 끝나고 3분 복습했나요?	○	
	3교시 수업 끝나고 3분 복습했나요?	○	
	4교시 수업 끝나고 3분 복습했나요?	◎	
	5교시 수업 끝나고 3분 복습했나요?	◎	
	6교시 수업 끝나고 3분 복습했나요?	○	
두 번째 복습	오늘 배운 교과목을 10분 복습했나요?	◎	
	모르는 낱말 교과서에 형광펜으로 체크했나요?	○	
	국어사전을 활용해서 낱말 뜻을 알았나요?	◎	
아침 등교 전	어제 새로 익힌 낱말 한 번씩 읽었나요?	○	

문제집을 제대로 활용하는 방법을 알아야 한다

초등학생의 자기 주도 공부의 가장 기본은 교과서를 활용한 공부다. 교과서를 통해 충분히 완전 학습이 됐다고 생각한다면 문제집을 함께 활용해도 된다. 문제집은 그야말로 내가 교과서를 완전히 공부했는지 확인할 수 있는 수단이 되어야 한다.

그래서 교과서뿐만 아니라 문제집도 잘 활용하면 아이 스스로 공부를 잘했는지 확인할 수 있고, 아직 부족한 개념은 다시 교과서를 활용해서 복습할 기회를 얻을 수 있다. 하지만 이런 긍정적인 역할을 톡톡히 해내는 문제집을 제대로 활용하지 못하면 오히려 아이 공부에는 독이 될 수 있다.

너무 많은 양의 문제집을 사서 아이에게 풀도록 하거나 아이 또한 공부하는 방법을 일찍부터 다양한 문제집 푸는 방식으로만 공부한다면 정말 잘못된 공부법이다. 초등학생 시기는 많은 문제집을 살 필요가 없고 또 많은 문제집을 풀 필요도 전혀 없다.

무엇이든 첫 경험이 매우 중요하다. 그래서 무엇이든 처음 배울 때 제대로 된 방법으로 배우는 것이 중요하다. 예를 들어, 아이가 젓가락질을 처음 배우기 시작할 때 젓가락질을 제대로 하지 못하는 어른에게 젓가락질을 배우게 되면 아이 또한 잘못된 방법으로 젓가락질을 하기 시작한다.

그리고 그것이 습관이 되면 나중에는 그 버릇을 고치기 위해 처음 젓가락질 익혔던 시간보다 더 많은 시간을 들여서 젓가락질을 고쳐야만 한다. 그래서 무엇이든 처음부터 배울 때 제대로 배워야만 한다. 문제집도 마찬가지다. 문제집 활용하는 올바른 방법을 일찍 초등학교 때 배운다면 아이는 배움이 많아지는 중학교, 고등학교 시기에 문제집을 제대로 활용하면서 바르게 공부할 수 있다.

문제집은 교과마다 한 권이면 충분하다. 그리고 그 한 권을 열 번 정도 충분히 풀면 된다. 문제집 한 권을 고를 때도 부모가 먼저 찾고 정해서 아이에게 주지 않고 아이와 함께 문제집을 고를 것을 추천한다.

무엇이든 내가 직접 고르고 내가 직접 선택한 물건에 애착이 가기 마련이다. 문제집도 마찬가지다. 부모의 시선으로 좋아 보이는 문제집이어도 당사자인 아이에게는 맞지 않는 문제집일 수 있다.

주변에서 아무리 좋은 문제집을 추천해준다고 해도 결국 문제집을 푸는 사람은 부모가 아닌 아이라는 사실을 놓쳐서는 안 된다. 또한, 초등학교 배움의 첫 출발은 항상 교과서라는 사실을 깨닫고 있다면 굳이 다양한 문제집을 보며 고민할 필요가 전혀 없다.

아이가 직접 푼다는 생각만 하고 있으면 결국 문제집 선택권을 아이에게 주는 게 당연하다는 깨달음을 얻게 된다. 아이와 함께 인터넷을 찾으며 문제집을 고르거나 서점에 가서 문제집을 고를 것을 추천한다.

예를 들어, 국어 문제집을 사러 서점에 갔다면 아이가 다양한 국어 문제집을 스스로 훑어볼 수 있는 시간을 충분히 주는 게 좋다. 아이가 차근차근 문제집을 꺼내서 직접 살펴보도록 시간을 주고 엄마 또한 아이에게 가장 적당한 문제집이 무엇이 있을지 함께 골라본다.

그렇게 서로가 충분히 문제집을 고른 후 엄마도 아이에게 한 권을 추천하고 아이도 자신이 직접 고른 문제집을 엄마에게 설명한다. 이런 선택권을 아이에게 주면 아이는 엄마에게 인정받는 느낌을 받는다. 그리고 공부는 부모가 대신해주는 것이 아니라 본인이 스스로 해야 한다는 것을 알게 된다. 공부 주도권을 항상 부모가 아닌 아이에게 준다면 아이는 공부 책임감을 느끼게 된다.

그래서 문제집 선택권을 아이에게 주는 것이 별거 아닌 행동처럼 보일 수 있지만 이런 선택권도 아이에게는 '공부 주도권을 네게 주는 거야.'와 같은 메시지를 주는 것과도 같다.

엄마 역시 한 권의 문제집을 골라 아이에게 설명하는 이유는 아이가 더 나은 선택을 하기 위함이다. 엄마가 고른 문제집을 아이에게 설명할 때는 '엄마가 고른 문제집이 무조건 최고야.'라는 설명이 아닌 엄마가 그 문제집을 고른 이유를 객관적으로 설명하면 된다. 엄마 설명에 아이가 수긍하면 그 문제집을 사면 되고, 엄마가 고른 문제집보다 아이가 고른 문제집이 아이에게 더 적합하다고 판단되면 그 문제집을 사면 된다.

문제집 한 권을 샀다면 문제집에 문제를 풀어서는 안 된다. 문제집을 풀 다른 공책을 따로 준비해야 한다. 문제집 풀고 있는 쪽수와 문제 번호를 공책에 적으면서 공책에 따로 풀어야 한다. 처음부터 문제집에 직접 풀지 않는 이유는 그 문제집 한 권을 최소 5번 이상은 풀기 위함이다.

그래서 공책에 따로 문제 번호를 적으면서 풀 때 만일 객관식 문제를 풀고 있다면 정답 번호만 공책에 적어서는 안 된다. 정답이 아닌 번호는 왜 정답이 될 수 없는지 이유까지 쓰는 연습을 해야 한다. 예를 들어, 정답이 2번이라면 왜 2번이 정답인지 공책에 구체적으로 적어야 한다. 그리고 나머지 1, 3, 4, 5번이 정답이 될 수 없는 이유 또한 적어야 한다.

이렇게 초등학생 때부터 문제집을 제대로 풀어야만 아이는 문제를 대충 찍지 않게 된다. 단순히 내 아이에게 문제집을 사서 매일 1장씩만 풀라고 하면 아이는 1장씩만 풀면 되기 때문에 문제를 풀기 싫은 날은 대충 찍을 수도 있다. 그리고 대충 찍었던 그 문제를 문제집에 틀렸다고 표시만 해 놓고 다시 풀지 않는다면 틀렸던 개념은 영원히 아이 것이 되지 않는다. 만일 이런 식으로 계속 문제집을 풀다 보면 아이는 학년이 올라갈수록 채우지 못한 개념이 쌓이기 시작하고 결국 아이 성적에도 많은 영향을 미치게 된다.

반면에 한 문제 한 문제 풀 때마다 시간이 오래 걸려도 모든 문항에 대한 이유를 꼼꼼하게 적는 습관을 들이면 아이는 문제를 대충 풀 수 없게 된다. 그래서 하루에 단 2문제를 풀더라도 이런 식으로 문제를 푸는 습관을 만들어야 한다.

이렇게 문제를 풀고 난 후, 부모가 반드시 해야 할 일은 아이가 적은 이유와 정답지에 적힌 해설이 비슷한지 살펴보는 것이다. 아이가 공책에 적은 이유가 정답지에 적힌 내용과 유사하다면 아이는 해당 교과 해당 단원 내용을 완전히 공부했다는 의미다.

만일 아이가 정답은 맞았지만, 이유가 전혀 맞지 않는다면 이런 문제도 과감하게 틀렸다고 표시해야만 한다. 틀린 문제, 이유가 맞지 않았던 문제를 모두 포함해서 문제 문항에 형광펜으로 표시하면 된다. 그리고 그 문제는 다음날 아이가 다시 풀 수 있도록 지도해야 한다.

이런 식으로 한 권의 문제집을 다 풀고 난 후 2번째로 풀 때는 틀렸다고 형광펜으로 밑줄 그었던 틀린 문제들만 다시 풀면 된다. 마찬가지로 이유를 함께 적는 연습을 해야 한다.

2번째로 풀 때도 아이가 틀리거나 정답인 이유를 알맞게 적지 않았다면 다른 형광펜으로 또 틀렸다는 표시를 하면 된다. 이런 식으로 계속 형광펜으로 표시하며 더는 형광펜이 문제집에 칠해지지 않을 때까지 그렇게 한 권의 문제집을 완벽하게 푸는 것이다.

이렇게 문제집을 완벽하게 활용하면 아이는 자신의 부족한 개념을 파악할 수 있다. 자신의 부족한 개념은 곧 계속 형광펜으로 밑줄 그어진 문제임을 시각적으로 파악할 수 있기 때문이다. 그래서 한 권의 문제집을 완벽히 다 풀고 난 후 아이가 다시 해야 할 일은 유독 형광펜이 많이 그어졌던 문제와 관련된 단원을 교과서를 통해 다시 꼼꼼하게 처음부터 공부하는 것이다.

문제집 풀이는 말 그대로 아이의 부족한 구멍을 찾기 위한 수단이다. 그래서 초등학교 때부터 문제집을 제대로 활용하는 법을 알려준다면 아이는 학년이 올라갈수록 스스로 자신의 부족한 구멍을 문제집을 통해 찾는 능력이 생길 것이다.

초등 교과
과목별 학습 전략은 따로 있다

아무리 공부를 잘하고 싶어도 공부하는 방법을 제대로 알지 못하면 효율적으로 공부할 수 없다. 의자에 오랫동안 진득하게 앉아 공부할 뒷심은 충분하더라도, 제대로 공부하는 방법을 모르면 제아무리 10시간, 12시간을 넘게 공부한다 해도 의미 없는 공부가 될 수 있다.

열심히 공부하는데 유독 성적이 생각만큼 오르지 않는 아이들의 공통점이 있다. 교과마다 조금씩 공부하는 방법이 다른데, 모두 똑같은 방법으로만 공부하려고 하기 때문이다. 그래서 초등학생 때부터 자기 주도 공부법을 익히면서 교과별로 효율적인 공부전략을 익힌다면 아이의 공부에 많은 도움이 된다. 이는 배움이 많아지는 고등학생 때 특히 유용하게 잘 활용할 수 있다. 이를 위해 초등학교 때는 단기간에 성적을 올리는 것이 목표가 되어서는 안 되고, 교과별 공부법을 충분히 연습해야 함을 잊지 말아야 한다.

또한, 교과별 공부 전략 중 공통된 점은 반드시 교과서를 잘 활용해야 한다는 것이다. 교과서 활용은 어떤 교과에서든 중요하다. 그러니 어떤 과목이든 초등학생 때부터 아이 스스로 교과서의 모든 내용을 처음부터 끝까지 꼼꼼하게 잘 읽는 습관을 만드는 것이 중요하다. 학년이 올라갈수록 교과서의 두께가 두꺼워지고 그만큼 공부해야 할 양도 많아진다. 그럴수록 더욱 꼼꼼하게 교과서를 읽고 이해해야만 완벽한 공부를 할 수 있다. 습관이 잘 잡히면 교과서 두께가 아무리 두꺼워진다고 해도 아이는 항상 처음부터 끝까지 올바르게 형성된 정독하는 습관을 잘 활용할 것이다.

● 국어 교과

3월, 새 학기가 시작되면 부모는 반드시 아이의 국어 교과서 3권의 맨 뒤쪽을 꼭 살펴보아야 한다. 1학기에는 어떤 책이 국어 교과서 지문으로 나오는지 미리 파악해야 하기 때문이다(p.248~255 참조).

초등학교 국어 교과서는 학기당 '국어-가' '국어-나' '국어 활동' 이렇게 3권으로 구성된다. 학교에서 '국어-가'와 '국어-나'를 공부한다면 가정에서는 주로 '국어 활동'을 공부하기를 추천한다. 국어 교과는 따로 선행학습을 할 필요가 없는 교과다. 굳이 선행학습을 하겠다면 앞에서 언급한 것처럼 국어 교과서 맨 뒤에 실린 책들을 아이가 꼼꼼하게 읽도록 지도하는 것만으로도 충분하다. 학기가 시작되기 전에 아이와 함께 미리 교과서를 살펴보아 교과서에 어떤 책이 실렸는지 파악한 후 관련 책을 모두 읽으면 좋다.

책은 서점에서 구매해 읽어도 좋고 도서관에서 빌려와 읽어도 좋다. 다만 아이가 한 권당 최소 3번씩은 읽을 수 있게 지도하기를 추천한다. 책을 읽다 모르는 낱말이 나오면 국어사전을 활용해 반드시 그 뜻을 알도록 해야 한다. 아이가 낱말 뜻을 제대로 이해하지 못하면 국어 수업 시간에 교과서에서 해당 책의 지문이 나왔을 때 내용을 온전히 이해하지 못한다. 초등학교 국어 교과서에는 그림을 포함한 책의 모든 내용이 실려 있지 않다. 그러니 관련 책은 꼭 가정에서 끝까지 읽을 수 있게 지도해야 한다.

가정에서 국어 교과를 공부할 때는 국어 지도서를 잘 활용하면 좋다. 국어 지도서에는 단원마다 '들려줄 이야기 수록 목록'이라는 부분이 있는데 그 단원에 직접 그 책의 내용이 나오지는 않지만, 그 단원 학습을 위해 꼭 필요한 이야기를 알 수 있다(p.256 참조). 그래서 가정에서는 학기 시작 전에 국어 지도서를 함께 사서 이 부분을 반드시 확인하기를 추천한다. 아이에게 관련 책을 꼼꼼하게 읽도록 지도하면 아이가 낱말 공부와 함께 그 단원을 완전히 학습하는 데에 도움이 된다.

어떤 교과든 잘 공부하기 위해서는 어휘력이 필수이다. 특히 국어 교과를 공부할 때는 교과서 안에 나오는 모든 낱말을 아이 자신의 것이 되도록 공부해야 한다. 이를 위해 국어 교과서 옆에 늘 국어사전을 함께 두어야 한다. 아이가 국어사전을 자주 활용하며 낱말을 익히는 것을 반드시 습관으로 만들어야 하기 때문이다.

부모는 아이가 책에서 몰랐던 낱말과 국어 교과서에서 몰랐던 낱말 모두 낱말 공책을 만들어 꼼꼼하게 정리할 수 있게 지도해야 한다. 공책에 낱말과 낱말의 뜻을 적고 매달 최소 1번씩 부모와 아이가 함께 점검하는 시간을 만들어야 한다. 아이가 정리한 낱말 공책을 보면서 하나씩 다시 뜻을 물어보는 식으로 진행하면 된다.

혹은 아이가 몰랐던 낱말을 활용하여 새로운 문장을 만들어보는 활동을 해보는 것도 좋다. 부모와 번갈아 가며 문장을 만들어보는 것도 도움이 된다. 아이가 문장을 만들 때 부모도 옆에서 함께 문장을 만들며 자신이 쓴 문장을 서로에게 들려주는 것이다. 예를 들어, 국어 교과서 낱말 중 '건설'의 뜻을 몰랐다면 '건설'이 들어가는 문장은 이것저것 만들어 부모와 아이가 대화하는 것이다. 이것 또한 부모와 아이가 '공부'를 매개로 하는 긍정적인 소통의 시간이 된다.

초등학교 국어 교과서 안에는 학습 도우미 친구들이 자주 등장한다. 학습 도우미 친구들은 단원에서 반드시 알아야 할 내용을 말풍선으로 미리 알려준다. 그래서 아이가 학습 도우미 친구들의 말풍선 내용을 그대로 따라 쓰고 자주 반복해 읽으며 복습하는 습관을 기르도록 해야 한다.

● 사회 교과

사회 교과 공부에서도 가장 중요한 것은 낱말의 뜻이다. 낱말의 뜻을 정확하게 파악하면서 내용을 꼼꼼하게 읽어야 하는 것 또한 사회 교과의 특징이다. 그래서 사회 교과는 개념을 잘 형성하고 개념과 관련된 주제망 정리로 요약 정리하는 법을 익히면 많은 도움이 된다(p.257 참조).

사회 교과는 크게 대단원과 여러 개의 소주제로 구성되어 있다. 그래서 소주제별로 주제망 정리를 꼼꼼하게 해놓으면 그 주제에서 반드시 알아야 하는 내용을 주제망 정리를 통해 한눈에 확인할 수 있다. 예를 들어, 초등학교 4학년 사회 교과서 1단원 '지역의 위치와 특성대단원'을 보면 다음과 같이 구성되어 있다.

지역의 위치와 특성	1. 지도로 본 우리 지역	1) 지도가 무엇인지 알아보기
		2) 우리 지역을 나타낸 지도 살펴보기
		3) 지도에서 방위표를 이용해 위치 알아보기
		4) 지도에 있는 기호와 범례 살펴보기
		5) 지도에서 축척의 쓰임새 알아보기
		6) 지도에서 땅의 높낮이 나타내는 방법 알아보기
		7) 우리 생활에서 지도를 어떻게 활용하는지 알아보기

위와 같이 소주제예. 1. 지도로 본 우리 지역에서 다시 7개의 더 작은 소주제로 나뉜다. 그래서 주제망 정리를 할 때 주제망 제목은 '지도로 본 우리 지역'으로 적고 이 주제와 관련된 내용을 총 7개로 정리해야 한다.

주제망 정리를 제대로 하려면 7개의 주제에 나오는 내용을 정확하게 알아야 하는데 이를 위해 사회 교과를 반복해서 읽는 일이 가장 중요하다. 교과서를 활용해 꼼꼼하게 2번 3번 읽다 보면 처음에는 이해되지 않았던 부분이 조금씩 이해되기 시작한다. 반복해서 읽을 때마다 앎의 깊이가 점점 더 깊어지게 되는 것이다.

사회 교과의 핵심은 요약정리와 함께 직접 체험 경험이 중요하다. 먼저 교과서를 통해 간접 체험 후 부모와 함께 직접 체험해보면 아이는 교과서를 통해 알지 못했던 부분을 직접 체험을 통해 공부하게 된다. 이를 위해 특히 초등학교 4학년 때 지역에 관해 배우는 '○○의 생활' 내용을 반드시 잘 활용해야 한다. 아이가 자신이 사는 지역의 특징과 볼거리, 이 지역 출신인 유명한 위인 등을 공부하며 직접 체험해보는 경험을 할 수 있기 때문이다(p.161~162 참조).

또한 초등학교 사회 교과서의 흐름을 보면 5학년 때 집중적으로 '역사'를 배운다는 것을 알 수 있다(p.258 참조). 이러한 역사 공부를 위해 초등학교 3학년 때부터 미리 우리나라의 역사와 관련된 책을 조금씩 읽어보는 습관을 들이는 것을 추천한다. 아이가 아직 초등학교 5학년이 되지 않았어도 평소 역사에 관심이 많다면 초등학교

5학년 2학기 사회 교과서를 구매해 초등학교 국정 교과서는 온라인에서 '초등학교 교과서 구입'이라고 검색하면 구매 가능 사이트가 나옴 아이와 함께 교과서를 살펴보며 역사 공부를 시작하는 것도 좋다. 그럼 아이가 5학년이 되었을 때 학교에서 사회 과목을 배우는 시간을 무척 재미있게 여길 것이다. 더불어 자신이 아는 내용을 사회 과목 시간에 술술 발표하다 보면 아이의 공부 자신감 또한 그만큼 향상될 것이다.

● 수학 교과

수학 교과는 연계성과 계열성이 뚜렷한 교과이다. 그래서 학기마다 반드시 복습을 잘해두어야 하고 뒤처지는 내용이 생기지 않게끔 관리해야 한다. 예를 들어, 내 아이가 초등학교 2학년 2학기 수학 교과를 제대로 이해하지 못하고 3학년에 올라갔다면 3학년 1학기 수학 진도를 따라가기가 벅찰 것이다.

수학 교과 역시 교과서를 잘 활용해야 한다. 아이의 수학 실력을 높이려고 초등학교에 입학하자마자 여러 문제집을 풀도록 하고 있다면, 문제집보다는 수학 교과서를 먼저 활용할 것을 추천한다. 교과서만 잘 활용해도 아이의 현재 수학 실력을 알 수 있고 부족한 부분도 잘 메울 수 있기 때문이다.

수학 교과는 크게 '수와 연산' '도형' '측정' '규칙성' '자료와 가능성' 이렇게 5가지 내용으로 분류된다. 그리고 초등학교 수학 교과서 내용 또한 이 5가지 내용과 관련된 내용을 배운다. 예를 들어,

덧셈과 뺄셈을 공부하고 있다면 이 내용은 '수와 연산'에 해당한다(p.259~260 참조).

삼각형, 사각형, 원 등의 모양을 배운다면 이 부분은 '도형'에 해당한다. 그래서 수학 교과서를 볼 때는 가장 먼저 차례 단원을 살핀 후 각 단원이 위에서 언급한 5가지 영역 중 어디에 해당하는지 옆에 적어놓아야만 한다. 그렇게 하면 내 아이가 어떤 영역이 부족한지 금방 파악할 수 있다(p.261 참조).

수학 교과 또한 국어 교과처럼 수학 지도서를 활용하면 좋다. 각 영역에 대해 잘 정리되어 있고 지도 시 유의할 점도 자세히 나와 있다. 초등학교에서 수학 교과가 한 단원씩 끝날 때마다 가정에서는 수학 교과서를 활용하여 다시 처음부터 문제를 풀어보면 좋다. 예를 들어, 만일 수학 교과 1단원이 끝났다면 집에서는 다시 처음부터 수학 교과서 1단원 내용을 꼼꼼하게 풀어보는 것이다.

수학 교과에 바로 문제를 풀어 쓰지 말고 공책에 문제를 옮겨 적어 풀도록 지도하는 편이 좋다. 이것도 번거롭다면 문제를 적지 않고 'p.2의 3번 문제' 이런 식으로 써서 그 밑에 직접 풀이 내용을 적으면 된다. 이렇게 따로 공책에 푸는 이유는 아이가 틀린 문제, 애매하게 풀었는데 일단 맞은 문제, 대충 찍었는데 맞은 문제 등을 수학 교과에 형광펜으로 표시해야 하기 때문이다.

교과서에 처음부터 풀면 복습할 때마다 풀이를 지워야 하니 번거롭더라도 꼭 공책에 풀 것을 추천한다. 그 후 형광펜으로 표시한 문제는 한 번 더 꼼꼼하게 복습해야 한다. 이렇게 틀렸던 문제를 아이 스스로 완벽히 이해할 때까지 여러 번 풀어보고 부모 또한 아이가 완전히 이해할 수 있도록 여러 번 설명해주는 것이 좋다.

한 학기 수학 교과가 다 끝났다면 방학에는 한 학기 내용을 다시 복습한다. 이때 복습할 내용은 수학 교과 전체가 아니라 형광펜으로 표시했던 부분만이다. 수학 교과가 1단원부터 6단원까지 있다면 다시 1단원부터 형광펜으로 표시한 내용만 푼다. 이때도 수학 교과서에 바로 풀지 않고 공책에 따로 옮겨 푼다.

공책에 따로 풀면서 아이가 또 틀리는 내용은 다른 색의 형광펜으로 교과서에 표시한다. 그리고 어떤 단원에서 유독 많이 틀렸는지 확인하다. 예를 들어, 초등학교 4학년 1학기 단원 중 '3단원 곱셈과 나눗셈'을 많이 틀렸다면 이 단원은 수학 영역 중 '수와 연산'에 해당한다. 이미 학기 초 교과서의 차례를 보며 각 단원이 5가지의 수학 영역 중 어느 부분에 해당하는지 적었기 때문에 아이가 유독 많이 틀린 단원이 어느 영역인지 쉽게 파악할 수 있다.

이를 바탕으로 아이가 '수와 연산' 영역이 부족함을 알았으니 4학년 1학기 '수와 연산' 부분을 다시 공부하면서 동시에 3학년 2학기 '수와 연산'을 다시 공부하면 된다. 3학년 2학기 공부를 다시 하는 이유는, 3학년 2학기 때 배운 '곱셈과 나눗셈' 내용이 아직 온전히 아이만의 것이 되지 않았기 때문에 함께 복습하는 것이다.

고학년 담임을 맡았을 때 초등학교 6학년인데 선행학습으로 중학교 2학년 문제집을 푸는 아이를 더러 만난다. 하지만 중학교 2학년 문제집을 풀고 있다고 해서 이러한 아이들이 6학년 수준의 수학을 완벽하게 알고 있다고는 장담할 수는 없다. 실제로 평가해보면 6학년 수학 내용도 완벽히 공부하지 못했음을 알 수 있다.

여기에서 알 수 있듯 수학 교과는 선행학습에만 의미를 두어서는 안 되고, 복습과 함께 지금 배우고 있는 내용을 온전히 아이가 제대로 이해하도록 부모가 도와주어야 하는 교과다. 그러므로 부모라면 항상 수학 교과는 지금 내 아이의 수준이 어느 정도인지 정확하게 파악해야 한다. 아이가 지금 초등학교 3학년이라고 해서 수학 실력 또한 초등학교 3학년 수준이 아닐 수 있기 때문이다.

나 역시 고등학교 1학년 때 내 수학 실력이 초등학교 3학년 수준임을 알게 된 적이 있다. 그래서 고등학교 1학년 수학 문제보다 과감하게 초등학교 3학년 수학 교과서와 문제집을 선택해 공부했었다. 이처럼 내 아이도 현재 학년보다 수학 교과 실력이 뒤처진다면 다른 아이와 비교하지 말고 지금 내 아이의 수준에 맞는 수학 교과를 선택해 다시 철저하게 공부하면 된다.

예를 들어, 지금 아이가 초등학교 4학년일지라도 아이의 수학 수준이 초등학교 2학년이라면 지금부터 2학년 수학 내용을 완벽하게 공부하는 데에 목표를 두면 된다. 초등학교 저학년 때부터 꾸준히 수학 공부를 하면 아이가 고학년이 되었을 때 해당 학년의 수학 진도를 반드시 따라 맞출 수 있게 되기 때문이다.

그래서 수학 교과는 아이의 현재 수학 수준을 확인하며 수학 교과 공부를 포기하지 않고 꾸준히 할 수 있도록 부모가 격려하고 지도하는 것이 무척 중요하다.

● 영어 교과

초등학교 3학년부터 학교에서 영어 수업이 진행되는데, 3~4학년은 주 2회, 5~6학년은 주 3회다. 40분 수업에 적용하자면 3~4학년 아이들은 학교에서 1주일에 80분간 영어 수업을 받고, 5~6학년 아이들은 학교에서 1주일에 120분간 영어 수업을 받게 된다.

영어 교과는 되도록 아이가 학교에서 근무하는 원어민 선생님과 많은 대화를 나누도록 진행하는 편이 좋다. 영어는 곧 자신감이다. 비록 a b c 알파벳밖에 모른다고 해도 원어민 선생님과 대화하고 싶은 아이들은 손짓, 발짓을 활용해 어떻게든 대화하려고 노력한다. 이렇게 하면 원어민 선생님 또한 아이의 행동을 보고 아이가 생각했던 내용을 유추해 영어로 응답한다. 이때 함께 수업하는 한국인 영어 선생님이 원어민 선생님의 대답을 아이에게 한국말로 알려주면 아이는 자신이 듣고 싶었던 응답인지 확인할 수 있고 그 응답이 영어 표현으로는 무엇인지 공부할 수 있다.

제2외국어인 영어는 아이가 자주 접할수록 좋다. 그러니 가정에서 하루에 최소 30분간만이라도 학교에서 배운 낱말과 문장을 부모와 함께 여러 번 말하고 손으로 직접 쓰면서 익혀야 한다. 영어 교과는 검정 교과서민간이 교과서를 집필하되, 국가가 정한 검정 기준을 통과해야 하는 교과용 도서라 학교마다 교과서를 제작한 출판사가 다르다. 미리 내 아이 학교에서는 어떤 출판사의 영어 교과서를 채택했는지 확인한 후 해당 출판사의 영어 CD를 활용하면 된다.

'듣고 따라 읽기' '역할 바꾸어 대화 나누기' '교과서에 나왔던 내용을 보며 한 문장씩 함께 읽기' '아이에게 영어 낱말 뜻 물어보기' 등 집에서도 이런 방식으로 부모와 아이가 함께 공부한다. 아이에게 막 한글을 가르쳤던 때를 떠올려보자. 영어 공부 또한 그렇게 해나갈 수 있다. 아이가 자음과 모음, 글자의 짜임을 먼저 익힌 후 낱말을 배우고 문장을 썼던 것처럼 영어도 그 흐름으로 가르쳐주면 된다. 알파벳 대문자와 소문자를 익히고 낱말을 알아보고 문장을 공부한 후 그 문장을 활용해 직접 대화까지 해보는 것이다.

특히 영어 공부를 어려워하는 아이라면 영어를 공부가 아닌 놀이처럼 바꾸어 스스로 공부할 수 있게끔 부모가 도와주어야 한다. 이것도 한글을 공부했을 때를 떠올려보면 된다. 사물 그림 카드를 아이에게 보여주며 "이게 뭐야?"라고 묻고 답하며 한글을 가르쳤듯이, 영어 교과서에 나온 낱말과 관련된 그림을 종이에 프린트하거나 카드로 만들어보자. 이를 아이에게 꾸준히 보여주며 "이게 영어로 뭐였지? 엄마가 기억이 안 나네. 우리 ○○이가 알려줄 수 있어?"라고 하며 아이가 스스로 말할 수 있게 도와주자.

낱말 스펠링 또한 놀이처럼 확인하면 된다. 아이가 단어를 대답했다면 "근데 엄마가 어떻게 썼는지 기억이 안 나네. 사과를 영어로 쓰면 aple이었나? 어떻게 써야 해?" 하면서 계속 놀이처럼 공부를 이어가 보자.

영어는 결국 자신감이다. 특히 영어는 너무 욕심부리지 말자. 해당 학년의 교과서에 나온 대화 내용과 낱말을 아이가 정확하게 말하고 쓰고 읽을 수 있는 수준으로 공부해도 충분하다.

● 과학 교과

과학 교과서는 크게 '과학책' '실험관찰' 이렇게 2권으로 나뉜다. '실험관찰'에서는 과학 교과서를 보며 직접 실험하고 공부한 내용을 '글쓰기'로 정리하며 다시 한번 복습한다. 초등학교 과학 교과서를 보면 실생활과 관련한 과학적 내용과 다양한 과학 이야기, 집에서도 쉽게 할 수 있는 실험 등이 재미있게 나와 있다.

과학 교과서에 나오는 실험은 준비물과 실험 과정이 누구나 쉽게 이해할 수 있게 잘 정리되어 있다. 그래서 과학 교과서에 나왔던 해당 학년 실험을 가정에서 다시 해보면 아이가 한 번 더 직접 체험하면서 과학에 관한 흥미를 더욱 느낄 수 있다. 특히 조를 이루어 함께 해보아야 할 실험이 코로나19로 인해 원격수업에서는 실험 영상으로 대체되고 있다.

아이가 직접 실험해본 것과 단지 눈으로 실험 영상만 본 것은 아이가 가질 앎의 깊이에 큰 차이가 있다. 그러므로 가정에서는 교과서에 나온 실험 중 아이가 꼭 다시 실험하고 싶다고 말하거나 제대로 이해하지 못했던 내용은 반드시 부모와 아이가 함께 실험하여 아이가 그 내용을 스스로 익힐 수 있게 도와주어야 한다.

과학 교과서를 처음부터 끝까지 꼼꼼하게 읽어보면 가정에서도 충분히 할 수 있는 실험이 많음을 알 수 있다. 그러니 준비물만 잘 준비하면 집에서도 충분히 과학실험을 할 수 있다. 역시 자기 주도 공부를 위해 과학실험을 할 때도 주도권을 아이에게 맡기는 것이 좋다. 아이가 제힘으로 해결되지 않거나 생각대로 되지 않을 때만 부모가 나서서 아이를 도와주면 된다. 이때도 직접 해결해주기보다 일단 말로 아이에게 설명해주되, 직접 해보는 건 아이가 할 수 있도록 하면 된다.

실제로 초등학교에서 친구들과 조를 이루어 과학실험을 할 때는 40분이라는 교과 수업 시간 때문에 각자 역할을 나누어 실험을 진행할 수밖에 없다. 그렇게 되면 아이는 전체 실험 과정을 모두 경험하기 어렵다. 그러니 가정에서 내 아이가 온전히 그 모든 역할을 해내면서 충분히 실험할 수 있도록 해주어야 한다. 40분 넘게 걸리더라도 아이가 모든 과정을 다 할 수 있도록 해야 한다.

과학 교과 또한 교과서와 함께 가정에서 교사용 과학 지도서를 함께 가지고 있으면 아이가 더 깊이 있는 과학 공부를 할 수 있다. 교사용 과학 지도서에는 해당 차시마다 중요한 과학적 내용이 자세하게 적혀 있다. 또한 과학실험 준비를 할 때 어떤 준비물을 활용하면 더 효과적인지도 자세히 나와 있다. 예를 들어, 교과서에는 준비물에 '모래'라고만 적혀 있는데 교사용 지도서는 '색 모래를 사용하면 색깔을 구분하기 좋다.'처럼 어떤 모래를 사용해야 더욱 효과적으로 실험할 수 있는지 나와 있어서 실험 재료를 준비하는 데에 도움이 된다(p.262 참조).

이렇게 가정에서 과학실험을 하고 난 후 반드시 해야 할 점은 '실험관찰'에 실험한 내용을 꼼꼼하게 정리하는 습관을 기르는 것이다. '실험관찰'을 정리할 때도 부모는 아이 스스로 정리할 수 있도록 하고, 아이가 이해하지 못하거나 정리하기 힘들다고 하는 부분 역시 부모가 대신해주기보다 아이가 과학 교과서를 활용해 관련 내용을 직접 찾도록 지도한다.

이해하지 못한 내용을 제힘으로 알아보기보다 부모가 바로 알려주면 아이는 스스로 찾는 법을 공부하지 못한다. 그리고 스스로 찾을 수 있는데도 부모에게 물어보면 바로 알려준다는 것을 알고 있으니 굳이 교과서를 들여다보려고 하지도 않는다.

그래서 가정에서 아이와 함께 과학실험 한 후에는 정리할 때 항상 아이 스스로 정리할 수 있도록 지도하고 모르는 내용도 직접 교과서를 찾아보면서 알아볼 수 있도록 해야 한다.

공부는 남이 해주는 것이 아니다. 내가 직접 정리하고 찾은 것만 온전한 내 것으로 만들 수 있다. 과학 교과서를 활용해 가정에서도 직접 과학실험을 하고 실험한 내용을 아이 스스로 '실험관찰'에 꼼꼼하게 정리해보자. 초등학교 때 알아야 할 과학지식을 아이는 직접 체험을 통해 자신의 것으로 만들 수 있다.

● 체육 교과

건강한 몸과 체력을 유지해야 자신이 원하는 공부를 꾸준히 할 수 있고 실력 발휘 또한 제대로 할 수 있다. 제아무리 공부를 열심히 하고 싶다고 해도 몸이 자주 아프거나 체력이 뒷받침되지 않으면 아이는 원하는 때에 자신이 원하는 만큼 공부를 하지 못한다.

체육 교과는 가정에서도 아이가 건강한 몸을 유지할 수 있도록 부모와 함께 읽어보며 정확한 동작을 직접 해보는 것이 좋다. 체육 교과는 몸을 움직이며 활동하는 운동 외에도 건강한 생활을 위해 반드시 알아야 할 내용도 꼼꼼하게 담겨 있는 교과서이다.

'심장과 폐를 튼튼하게 하는 운동' '유연성을 기르기 위한 운동' '근육을 기르기 위한 운동' 등 어른은 운동하기 위해 인터넷 영상을 찾거나 돈을 내고 헬스장에서 배우는 동작 등이 초등학교 체육 교과서에는 모두 수록되어 있다.

그러니 부모도 아이와 함께 체육 교과서를 보고 동작을 따라 해보자. 아이가 잘하는 동작은 칭찬을 통해 긍정적인 피드백을 한다면 아이는 그 시간이 무척 즐거울 것이다.

특히 체육 시간을 유독 싫어하거나 운동 자체를 싫어하는 아이라면 이렇게 부모와 함께 자주 운동하는 시간을 만들어 자기 주도 공부를 위한 건강한 체력을 초등학생 때부터 반드시 만들 수 있게끔 지도해야 한다.

● 음악 교과

초등학생 때는 공부뿐만 아니라 다양한 경험 또한 반드시 해야 하는 시기이다. 그중 음악은 말할 것도 없다. 특히 초등학생 때부터 악기 연주하는 법을 익히면 성인이 된 후에도 초등학생일 때 즐겨 연주했던 곡은 기억해내서 바로 연주할 수 있다. 아이가 배우고 싶어 하는 악기는 부모와 아이가 함께 음악 교과서를 읽어보며 어떤 악기들이 있는지 살펴보면 된다.

나 역시 초등학생 시절 거문고를 무척 배우고 싶어 방과 후 활동으로 '거문고 부서'에 들어가 열심히 거문고를 연주했던 기억이 있다. 그 후 어른이 될 때까지 단 한 번도 거문고를 연주하지 않았지만, 그때 익혔던 노래와 거문고 장단은 아직도 입에서 술술 나온다.

음악 교과 역시 영어 교과처럼 검정 교과서이다. 그러니 내 아이가 다니는 초등학교에서는 어떤 출판사에서 만든 교과서로 아이들을 가르치는지 미리 알아보아야 한다. 내 아이의 학년 제재 곡은 음원 CD를 활용하거나 직접 음원 파일로 내려받아 아이와 자동차를 타고 이동하거나 여행 등을 할 때 함께 들으며 음악에 관한 대화를 나누면 좋다. "이 노래는 몇 분의 몇 박자 노래고 어떤 특징이 있어."라고 말하며 제재 곡에서 이미 익혔던 곡의 특징을 자주 이야기해보자. 그럼 아이는 음악적 배경지식을 쌓을 수 있고 음악 교과가 추구하는 목표인 '음악의 생활화'도 실천할 수 있다.

● 도덕 교과

아이의 인성교육은 매우 중요하다. 특히 초등학생의 인성교육은 더욱더 중요하다. 아이의 인성 형성에 영향을 미치는 도덕 교과서도 가정에서 아이와 함께 보면서 '학교 폭력 예방 교육'과 '생명 존중 교육' 등을 함께 하면 좋다. 도덕 교과서에는 아이의 인성교육에 좋은 지문이 많이 실려 있기 때문이다.

이렇게 중요한 인성교육이지만 초등학생들의 학교 시간표를 보면 도덕 교과 공부 시간은 1주일에 1시간밖에 되지 않는다. 쉬는 시간을 제외하면 학교에서 도덕 교과를 배우는 시간은 40분밖에 되지 않는다. 40분은 무척 짧은 시간이다. 그러니 가정에서는 반드시 아이와 함께 도덕 교과서를 공부할 시간을 1주일에 최소 1번은 만들어야 한다.

도덕 교과서를 가정에서 활용할 때는 글쓰기와 함께할 것을 추천한다. 도덕 교과를 잘 살펴보면 문제 상황이 제시된 지문 혹은 갈등 상황이 제시된 지문이 있다. 예를 들어, 〈초등학교 5학년 도덕〉 내용 중에는 사이버 폭력에 관한 지문이 나온다. 이 부분을 아이와 함께 공부할 때 사이버 폭력을 당한 경험이 있는지 혹은 내가 직접 사이버 폭력을 한 적이 있는지 등을 글쓰기를 통해 아이가 써보도록 한다. 또한 다양한 사이버 폭력 유형을 함께 알아보거나 사이버 폭력을 다룬 영화 등을 함께 보고 감상문을 적는 것도 좋다.

그 외에도 통일 문제, 예절 문제, 친구 갈등 등 관련된 영상매체가 있다면 함께 보면서 공부하고 아이가 활동하며 알게 된 점이나 깨달은 점, 앞으로의 다짐 등을 글쓰기를 통해 표현하면 더욱더 도덕 교과서를 효과적으로 활용할 수 있다. 이는 내 아이의 인성교육에도 많은 도움이 된다.

● 미술 교과

미술 교과를 살펴보면 '그리기' '만들기' '서예' '작품 감상' 등으로 구성되어 있다. 가정에서는 1주일에 1번 정도 〈우리 가족 미술 시간〉을 만들어 교과서에 나온 내용을 부모와 아이가 함께 해보면 좋다. 즉 각자 그림을 그린 후 서로의 작품에 관해 이야기하고 만들기를 할 때 함께 만들어야 하는 부분은 힘을 합쳐 만드는 등 미술 교과를 활용해 소통하는 시간을 최대한 많이 만드는 것이다.

아이가 반드시 알아야 할 미술 용어 등은 사전을 활용해 그 뜻을 정확하게 익혀야 한다. 작품과 그 작품을 만든 작가에 관해 아이가 공부할 수 있도록 돕는 방법으로는 작품과 화가와 관련된 책을 읽거나 영상 자료를 함께 보면 해당 작품과 작가를 좀 더 심오하게 이해할 수 있다.

이렇게 깊이 있게 공부하면 작품을 처음 보았을 때는 단순히 하나의 그림으로만 느껴졌는데 공부 후에는 작품을 볼 때마다 아이는 작가의 일대기, 작가가 그 작품을 그린 이유, 그 작품과 관련된 미술 용어 등을 함께 떠올릴 수 있다. 이렇게 미술 교과를 잘 활용하면 아이에게는 또 다른 배경지식이 쌓인다. 그러니 가정에서도 꼭 미술 교과를 활용하여 함께 그려보고 소통하며 작품과 관련된 배경지식을 함께 공부하길 추천한다.

좀 더 알아볼까요?

학년별 국어 교과서 속 작품 목록

학년 별로 국어 교과서의 뒷장을 살펴보면 국어 교과서 속 작품 목록이 나옵니다. 이 책에서는 <2015 개정 교육과정 국어 교과서 1학년 ~ 6학년 교과서에 실린 작품 목록>을 담았습니다.

※ 도서는 가장 최근 출간된 도서로 표기했습니다.

1학년 1학기			
단원	제목	지은이	출판사
2	라면 맛있게 먹는 법	권오삼 글/윤지회 그림	문학동네(2015)
2	숨바꼭질 ㄱㄴㄷ	김재영 글/그림	현북스(2013)
2	표정으로 배우는 ㄱㄴㄷ	솔트앤페퍼 저	소금과후추(2017)
2	소리치자 가나다	박정선 글/백은희 그림	비룡소(2007)
2	동물친구 ㄱㄴㄷ	김경미 저	웅진주니어(2006)
2	한글의 꿈(포스터)	성유진 저	리틀애나(2004)
2	생각하는 ㄱㄴㄷ	이지원 글/이보나 흐미엘레프스카 그림	논장(2005)

2	손으로 몸으로 ㄱㄴㄷ	전금하 저	문학동네(2008)
3	최승호 · 방시혁의 말놀이 동요집 1~2	최승호 글/윤정주 그림	비룡소(2018)
4	깊은 산속 옹달샘 누가 와서 먹나요	윤석중 글/김승민 그림	예림당(1999)
4	어머니 무명 치마	김종상 글/한연호 그림	창비(2017)
4	이가 아파서 치과에 가요	한규호 글/원성현 그림	받침없는동화(2019)
5	인사할까, 말까?	허은미 글/김효진 그림	웅진씽크빅(2011)
5	네티즌 엄마들이 뽑은 동요 80곡 2	박경종 작사/정혜옥 작곡	수도미디어(2002)
6	구름 놀이	한태희 저	아이세움(2004)
6	동동 아기 오리	권태응 글/김성민 그림	다섯수레(2009)
6	글자동물원	이안 글/최미란 그림	문학동네(2015)
7	아가 입은 앵두	서정숙 글/채상우 그림	보물창고(2013)
8	강아지 복실이	한미호 글/김유대 그림	국민서관(2012)

1학년 2학기			
단원	제목	지은이	출판사
1	까르르 깔깔	이상교(작가) 글/길고은이 그림	미세기(2015)
1	난 책이 좋아요	앤서니 브라운 저/공경희 역	웅진주니어(2017)
4	콩 한 알과 송아지	한해숙 글/김주경 그림	애플트리태일즈(2015)
5	1학년 동시 교실	김종상 외 글/오승민 그림	주니어김영사(2016)
5	몰라쟁이 엄마	이태준 글/신가영 그림	우리교육(2002)
6	몽몽 숲의 박쥐 두 마리	이혜옥 글/이은진 그림	한국차일드아카데미(2013)
7	도토리 삼 형제의 안녕하세요	이현주 저	길벗어린이(2009)
7	소금을 만드는 맷돌	홍윤희 글/한태희 그림	예림당(2018)
8	나는 자라요	김희경 글/염혜원 그림	창비(2018)
10	숲 속 재봉사	최향랑 저	창비(2010)
10	엄마 내가 할래요!	장선희 글/박정섭 그림	장영(2012)

2학년 1학기			
단원	제목	지은이	출판사
1	윤동주 시집	윤동주 저	범우사(2016)
1	우산 쓴 지렁이	오은영 저	현암사(2006)
1	내 별 잘 있나요	이화주 글/김세현 그림	상상의힘(2013)
1	아니, 방귀 뽕나무	김은영 글/정성화 그림	사계절(2015)
1	아빠 얼굴이 더 빨갛다	김시민 글/이상열 그림	리잼(2017)
2	아주 무서운 날	탕무니우 저/홍연숙 역	찰리북(2014)
2	으악, 도깨비다!	손정원 글/유애로 그림	느림보(2002)
3	기분을 말해 봐요	디디에 레비 글/장석훈 역	다림(2016)
3	오늘 내 기분은…	메리앤 코카-레플러 저/김영미 역	키즈엠(2015)
3	내 꿈은 방울토마토 엄마	허윤 글/윤희동 그림	키위북스(2014)
4	께롱께롱 놀이노래	편해문 글/윤정주 그림	보리(2008)
4	우리전래동요	신현득,오세균 글/정병례 그림	현암사(2007)
6	작은 집 이야기	버지니아 리 버튼 /홍연미 역	시공주니어(1993)
6	까만 아기 양	엘리자베스 쇼 저/유동환 역	푸른그림책(2013)
9	큰턱 사슴벌레 VS 큰뿔 장수풍뎅이	장영철 저	위즈덤하우스(2012)
9	선생님, 바보 의사 선생님	이상희 글/김명길 그림	웅진주니어(2006)
11	신기한 독	홍영우 글/그림	보리(2010)
11	욕심쟁이 딸기 아저씨	김유경 저	노란돼지(2017)
11	치과의사 드소토 선생님	윌리엄 스타이그 저/조은수 역	비룡소(1995)

2학년 2학기			
단원	제목	지은이	출판사
1	수박씨	최명란 글/김동수 그림	창비(2008)
1	참 좋은 짝	손동연 글/성영란 그림	푸른책들(2019)
1	나무는 즐거워	이기철 글/남주현 그림	비룡소(2019)
1	훨훨 간다	권정생 글/김용철 그림	국민서관(2003)
1	김용택 선생님이 챙겨 주신 1학년 책가방 동화	이규희 글/잠산 그림	파랑새어린이(2003)
3	신발 속에 사는 악어	위기철 글/안미영 그림	사계절(2015)
4	아홉 살 마음 사전	박성우 글/김효은 그림	창비(2017)

4	신발 신은 강아지	고상미 글/그림	위즈덤하우스(2016)
4	크록텔레 가족	파트리샤 베르비 저/양진희 역	교학사(2002)
5	산새알 물새알	박목월 글/양상용 그림	푸른책들(2016)
5	호주머니 속 알사탕	이송현 글/전미화 그림	문학과지성사(2011)
7	콩이네 옆집이 수상하다!	천효정 글/윤정주 그림	문학동네(2016)
7	불가사리를 기억해	유영소 글/홍선주 그림	사계절(2009)
7	종이 봉지 공주	로버트 먼치 글/김태희 역	비룡소(1998)
9	나무들이 재잘거리는 숲 이야기	김남길 글/끌레몽 그림	풀과바람(2014)
10	언제나 칭찬	류호선 글/박정섭 그림	사계절(2017)
11	팥죽 할멈과 호랑이	박윤규 글/백희나 그림	시공주니어(2006)

3학년 1학기			
단원	제목	지은이	출판사
1	너라면 가만있겠니?	우남희 글/이채원 그림	청개구리(2014)
1	꽃 발걸음 소리	오순택 저	아침마중(2016)
1	아! 깜짝 놀라는 소리	신형건 글/강나래 그림	푸른책들(2016)
1	바삭바삭 갈매기	전민걸 글/그림	한림출판사(2014)
1	책이 사라진 날	고정욱 글/서현 그림	한솔수북(2019)
1	바람의 보물찾기	강현호 글/히치 그림	청개구리(2011)
1	삐뽀삐뽀 눈물이 달려온다	김륭 글/노인경 그림	문학동네(2012)
4	리디아의 정원	사라 스튜어트 글/이복희 역	시공주니어(2017)
5	한눈에 반한 우리 미술관	장세현 저	사계절(2014)
5	플랑크톤의 비밀	김종문 글/이경국 그림	예림당(2015)
7	명절 속에 숨은 우리 과학	오주영 글/허현경 그림	시공주니어(2009)
8	아씨방 일곱동무	이영경 저	비룡소(2009)
9	개구쟁이 수달은 무얼 하며 놀까요?	왕입분 글/송영욱 그림	재능교육(2017)
9	프린들 주세요	앤드루 클레먼츠 저/햇살과나무꾼 역	사계절출판사(2001)
9	알고 보면 더 재미있는 곤충 이야기	김태우,함윤미 글/고상미 그림	뜨인돌어린이(2006)
10	짝 바꾸는 날	이일숙 글/박진주 그림	도토리숲(2017)
10	축구부에 들고싶다	성명진 글/홍정선 그림	창비(2011)
10	쥐눈이콩은 기죽지 않아	이준관 글/김정은 그림	문학동네(2017)
10	만복이네 떡집	김리리 글/이승현 그림	비룡소(2010)

3학년 2학기			
단원	제목	지은이	출판사
1	거인 부벨라와 지렁이 친구	조 프리드먼 글/지혜연 역	주니어RHK(2016)
4	어쩌면 저기 저 나무에만 둥지를 틀었을까	이정환 글/강나래 그림	푸른책들(2011)
4	까불고 싶은 날	정유경 글/조미자 그림	창비(2010)
4	눈코귀입손!	김종상 외 47명 글/이동진 그림	위즈덤북(2009)
4	진짜 투명인간	레미 쿠르종 저, 이정주 역	씨드북(2015)
4	지렁이 일기예보	유강희 글/이고은 그림	비룡소(2013)
4	내 입은 불량 입	경북봉화분교 어린이들 저	크레용하우스(2013)
6	꼴찌라도 괜찮아!	유계영 글/김중석 그림	휴이넘(2010)
7	온 세상 국기가 펄럭펄럭	서정훈 글/김성희 그림	웅진주니어(2010)
8	이야기할아버지의 이상한 밤	임혜령 글/류재수 그림	한림출판사(2012)
9	무툴라는 못 말려!	베벌리 나이두 글/강미라 역	국민서관(2008)

4학년 1학기			
단원	제목	지은이	출판사
1	사과의 길	김철순 글/구은선 그림	문학동네(2014)
1	경주 최씨 부자 이야기	조은정 글/여기 그림	여원미디어(2018)
1	나비를 잡는 아버지	현덕 글/원유성 그림	효리원(2015)
1	가끔씩 비오는날	이가을 글/이수지 그림	창작과비평사(1998)
1	우산 속 둘이서	장승련 글/임수진,김지현 그림	푸른책들(2018)
2	맛있는 과학 6	문희숙 글/진주 그림	주니어김영사(2011)
2	나무 그늘을 산 총각	권규헌 글/김예린 그림	봄볕(2018)
3	경제의 핏줄 화폐	김성호 글/성연 그림	미래아이(2013)
3	무지개 도시를 만드는 초록 슈퍼맨	김영숙 글/장명진 그림	위즈덤하우스(2015)
4	신사임당 갤러리	이광표 글/이예숙 그림	그린북(2016)
4	지붕이 들려주는 건축 이야기	남궁담 글/심승희 그림	현암주니어(2016)
5	쩌우 까우 이야기	김기태 편	창작과비평사(1991)
5	아름다운 꼴찌	이철환 글/장경혜 그림	주니어RHK(2014)
5	초록 고양이	위기철 글, 안미영 그림	사계절(2016)
7	알고 보니 내 생활이 다 과학!	김해보,정원선 글/이창우 그림	예림당(2013)
7	콩 한 쪽도 나누어요	고수산나 글/이해정 그림	열다(2018)

7	생명, 알면 사랑하게 되지요	최재천 글/권순영 그림	더큰아이(2018)
9	세종 대왕	이은서 글/김지연 그림	보물창고(2014)
9	세계 속의 한글	홍종선 외 9명 저	박이정(2008)
9	주시경	이은정 글/김혜리 그림	비룡소(2012)
10	나 좀 내버려 둬!	박현진 글/윤정주 그림	길벗어린이(2006)
10	두근두근 탐험대 1~5	김홍모 저	보리(2016)
10	비빔툰 1~9	홍승우	문학과지성사(2012)

4학년 2학기			
단원	제목	지은이	출판사
2	매일매일 힘을 주는 말	박은정 글/우지현 그림	개암나무(2016)
2	세상에서 가장 유명한 위인들의 편지	오주영 글/강정선 그림	채우리(2014)
4	사라, 버스를 타다	윌리엄 밀러 글/박찬석 역	사계절출판사(2004)
4	콩닥콩닥 짝 바꾸는 날	강정연 글/김진화 그림	시공주니어(2019)
4	젓가락 달인	유타루 글/김윤주 그림	바람의아이들(2014)
6	5000년 한국여성 위인전 1	신현배 글/홍우리 그림	형설아이(2014)
6	정약용	김은미 글/홍선주 그림	비룡소(2010)
6	사흘만 볼 수 있다면	헬렌 켈러 저/신여명 역	두레아이들(2013)
7	어머니의 이슬털이	이순원 글/송은실 그림	북극곰(2013)
7	투발루에게 수영을 가르칠 걸 그랬어!	유다정 글/박재현 그림	미래아이(2008)
9	우리 속에 울이 있다	박방희 글/김미화 그림	푸른책들(2018)
9	쉬는 시간에 똥 싸기 싫어	김개미 글/최미란 그림	토토북(2018)
9	지각 중계석	김현욱 글/이순표 그림	문학동네(2015)
9	멸치 대왕의 꿈	천미진 글/이종균 그림	키즈엠(2015)

5학년 1학기			
단원	제목	지은이	출판사
1	참 좋은 풍경	박방희 글/히치 그림	청개구리(2012)
1	어린이를 위한 시크릿	윤태익,김현태 글/한재홍,강성남 그림	살림어린이(2007)
2	별을 사랑하는 아이들아	윤동주 글/조경주 그림/신형건 편	푸른책들(2016)
2	난 빨강	박성우 저	창비(2010)
2	가랑비 가랑가랑 가랑파 가랑가랑	정완영 글/임종길 그림	사계절(2015)
2	수일이와 수일이	김우경 글/권사우 그림	우리교육(2001)
2	마음의 온도는 몇 도일까요?	정여민 글/허구 그림	주니어김영사(2016)
3	색깔 속에 숨은 세상 이야기	박영란,최유성 글/송효정 그림	아이세움(2007)
3	브리태니커 만화 백과(여러 가지 식물)	봄봄 스토리 글/이광호 그림	아이세움(2016)
3	공룡 대백과 (점박이 한반도의 공룡)	이용규,한상호,박지은 글/이상민 그림	웅진주니어(2013)
5	글㉮,글㉯ 인공지능, 인류의 희망일까 재앙일까?	황연성(초등 독서평설 7월호)	지학사(2016)
7	여행자를 위한 나의 문화유산 답사기 1~3	유홍준 저	창비(2016)
8	바람소리 물소리 자연을 닮은 우리 악기	청동말굽 글/고광삼 그림	문학동네(2008)
8	지켜라! 멸종위기의 동식물	백은영 글/허라미 그림	과학동아북스(2014)
10	잘못 뽑은 반장	이은재 글/서영경 그림	주니어김영사(2009)

5학년 2학기			
단원	제목	지은이	출판사
1	바다가 튕겨낸 해님	박희순 글/신기영 그림	청개구리(2019)
1	니 꿈은 뭐이가	박은정 글/김진화 그림	웅진주니어(2010)
2	어린이 문화재 박물관 2	문화재청 저	사계절(2017)
2	전통 속에 살아 숨 쉬는 첨단 과학 이야기	윤용현 저	교학사(2012)
5	악플 전쟁	이규희 글/한수진 그림	별숲(2013)
6	뻥튀기는 속상해	한상순 글/임수진 그림	푸른책들(2009)
7	존경합니다, 선생님	패트리샤 폴라코 저/유수아 역	아이세움(2015)
7	파브르 식물 이야기	장 앙리 파브르 저/추둘란 역	사계절(2011)
7	한지돌이	이종철 글/이춘길 그림	보림(2009)
8	꿈을 찾아 떠나는 여행	기은서	미래엔(2018)

6학년 1학기			
단원	제목	지은이	출판사
1	뻥튀기	고일 글/권세혁 그림	이서원(2014)
1	내 마음의 동시 6학년	김양순 저	계림닷컴(2011)
1	가랑비 가랑가랑 가랑파 가랑가랑	정완영 글/임종길 그림	사계절(2015)
2	황금사과	송희진 저/이경혜 역	뜨인돌어린이(2010)
2	우주 호텔	유순희 글/오승민 그림	해와나무(2012)
5	속담 하나 이야기 하나	임덕연 글/안윤경 그림	산하(2014)
6	조선왕실의 보물 의궤	유지현 글/이장미 그림	토토북(2017)
8	얘, 내 옆에 앉아!	연필시 동인 글/권현진 그림	푸른책들(2006)
8	이순신 23	이강엽 저	웅진닷컴(2005)
8	샘마을 몽당깨비	황선미 글/김성민 그림	창비(2013)
9	아버지의 편지	정약용 저/한문희 편	함께읽는책(2004)

6학년 2학기			
단원	제목	지은이	출판사
1	의병장 윤희순	정종숙 글/김소희 그림	한솔수북(2010)
1	구멍 난 벼루	배유안 글/서영아 그림	토토북(2018)
1	열두 사람의 아주 특별한 동화	송재찬 외 글/한태희 · 신동옥 그림	파랑새어린이(2001)
1	이모의 꿈꾸는 집	정옥 글/정지윤 그림	문학과지성사(2010)
1	노래의 자연	정현종(시인) 저	시인생각(2013)
3	생각 깨우기	이어령 글/노인경 그림	푸른숲주니어(2014)
3	지구촌 아름다운 거래 탐구 생활	한수정 글/송하완 그림	파란자전거(2016)
3	사회 선생님이 들려주는 공정무역 이야기	전국사회교사모임 저	살림FRIENDS(2017)
5	쉽게 읽는 백범일지	김구 저/도진순 역	돌베개(2005)
5	열하일기(장복이, 창대와 함께하는)	강민경 글/김도연 그림	현암주니어(2020)
7	아트 & 맥스	데이비드 위즈너 저/김상미 역	베틀북(2010)
8	나는 비단길로 간다	이현 글/백대승 그림	푸른숲주니어(2012)
8	식구가 늘었어요	조영미 글/윤순정 그림	청개구리(2014)

(예시) 국어 교사용 지도서 속 '들려줄 이야기'

전자 저작물 들려줄 이야기

전자 저작물의 '들려줄 이야기'는 학생들의 창의성과 인성을 함양하고 독서 동기를 불러일으키려고 마련한 활동입니다. 단원 학습 목표를 충실히 달성하고 다양한 독서 교육 활동을 적용해 학생들의 독서 흥미를 북돋우는 데 '들려줄 이야기'를 활용합니다.

제재 소개

제목 「복작복작 세상을 바꾸는 법칙」(2016, 도서출판 봄볕)

작가 박동석 글, 송진욱 그림

소개 이 책은 일상생활에서 일어나는 여러 가지 문제와 사회 현상을 재미있게 풀어 쓴 책이다. '머피의 법칙', '피그말리온 효과', '위약 효과' 같은 사회 현상을 살펴보며 문화적 다양성을 이해하고 성숙한 사고를 할 수 있도록 안내한다. 이 책으로 생활 속 여러 가지 문제를 비판적으로 바라보고 자신의 의견을 제시하는 능력을 갖추도록 지도할 수 있다.

내용

건물의 깨진 유리창을 새로 갈지 않고 그대로 두면 얼마 지나지 않아 다른 유리창까지 깨지는 경우가 있다. 사람들은 깨진 유리창이 방치되어 있으면 다른 쪽도 깨뜨려도 괜찮을 것이라고 생각하기 때문이다. 이런 현상을 '깨진 유리창 이론'이라고 한다. 이런 일은 생활 속에서 흔하게 볼 수 있다. 누군가 모퉁이에 쓰레기봉투를 버려 두면 그곳에 더 많은 쓰레기가 쌓이는 것도 비슷한 이치이다. 이 글은 문제가 생겼을 때 즉시 해결하지 않으면 점점 커질 수 있다는 깨우침을 주는 글이다.

학습 활동의 예

독서 교육 활동	○ 일상생활에서 '깨진 ○ 생활 속 문제를 합리

366 • 교수·학습의 실제

전자 저작물 들려줄 이야기

전자 저작물의 '들려줄 이야기'는 학생들의 창의성과 인성을 함양하고 독서 동기를 불러일으키려고 마련한 활동입니다. 단원 학습 목표를 충실히 달성하고 다양한 독서 교육 활동을 적용해 학생들의 독서 흥미를 북돋우는 데 '들려줄 이야기'를 활용합니다.

제재 소개

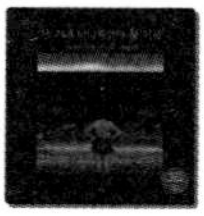

제목 「난 커서 바다표범이 될 거야」(2015, 도서출판 풀빛)

작가 니콜라우스 하이델바흐 글·그림, 김경연 옮김

소개 이 책은 우리나라의 「선녀와 나무꾼」과 비슷한 유럽의 셀키 전설을 모티브로 하고 있다. 셀키는 바다에서는 바다표범으로 있다가 육지로 나오면 가죽을 벗고 인간으로 변신하는 존재로, 가죽을 잃어버리면 가죽을 가져간 사람과 결혼한다고 한다. 평범한 가정의 아이가 아빠가 숨겨 둔 바다표범 가죽을 발견하게 되면서 밝혀지는 가족의 비밀과 그로 말미암아 겪게 되는 일들이 슬프면서도 흥미롭다.

내용

외딴 바닷가에 한 가족이 살고 있다. 아빠는 어부이고 엄마는 주부이다. 아빠가 먼 바다로 나가 없는 날이면 엄마는 아이에게 바닷속에 사는 신비로운 동물들의 이야기를 들려주었다, 인어 아가씨, 바닷가재 소녀, 궁중 대신 바다소, 바다표범 등. 아이는 단 한 번도 바다에 들어가 본 적이 없는 엄마가 바닷속의 모든 동물을 알고 있는 것을 놀라워하고, 신비로운 바다 이야기를 들으며 바다를 향한 환상과 동경을 키운다. 그러던 어느 날 밤, 아이는 아빠가 창고에서 몰래 반짝이는 무언가를 꺼내는 것을 보게 된다. 아이는 마침내 거실 소파 밑에서 아빠가 숨겨 둔 바다표범 가죽을 찾게 되고, 엄마에게 그 사실을 알린다. 아빠가 셀키라고 주장하는 아이에게 엄마는 그것이 어부들이 많이 가지고 있는 그냥 가죽일 뿐이라고 이야기하지만 그다음 날 아침 엄마가 사라진다.

학습 활동의 예

독서 교육 활동	○ 「난 커서 바다표범이 될 거야」의 인물, 사건, 배경 살펴보기 ○ 「선녀와 나무꾼」과 「난 커서 바다표범이 될 거야」의 배경을 비교하고 인물의 변화나 사건의 흐름 살펴보기 ○ 사건의 흐름을 생각하며 뒷이야기 꾸미기

242 • 교수·학습의 실제

한 단원이 끝나면 해당 단원과 관련된 책을 교사용 지도서에 위의 예시처럼 '들려줄 이야기'로 나와 있습니다. 이 동화책을 아이에게 한 번 더 읽어주며 해당 단원을 다시 한번 복습하면 됩니다.

(예시) 사회 주제망 정리

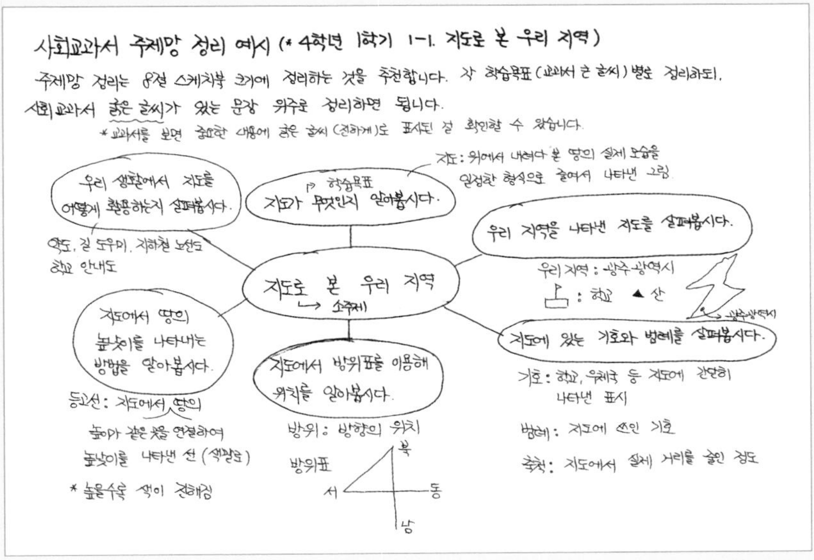

사회교과서 주제망 정리 예시 (* 4학년 1학기 1-1. 지도로 본 우리 지역)
주제망 정리는 8절 스케치북 크기에 정리하는 것을 추천합니다. 각 학습목표(교과서 큰 글씨)별로 정리하되,
사회교과서 굵은 글씨가 있는 문장 위주로 정리하면 됩니다.
* 교과서를 보면 중요한 내용에 굵은 글씨(진하게)로 표시된 걸 확인할 수 있습니다.
지도로 본 우리 지역
소주제
학습목표
지도가 무엇인지 알아봅시다.
지도: 위에서 내려다 본 땅의 실제 모습을 일정한 형식으로 줄여서 나타낸 그림
우리 생활에서 지도를 어떻게 활용하는지 살펴봅시다.
약도, 길 도우미, 지하철 노선도 학교 안내도
우리 지역을 나타낸 지도를 살펴봅시다.
우리 지역 : 광주광역시
: 학교 ▲ 산
광주광역시
지도에 있는 기호와 범례를 살펴봅시다.
기호: 학교, 우체국 등 지도에 간단히 나타낸 표시
범례: 지도에 쓰인 기호
축척: 지도에서 실제 거리를 줄인 정도
지도에서 땅의 높낮이를 나타내는 방법을 알아봅시다.
등고선: 지도에서 땅의 높이가 같은 곳을 연결하여 높낮이를 나타낸 선 (색깔로)
* 높을수록 색이 진해짐
지도에서 방위표를 이용해 위치를 알아봅시다.
방위: 방향의 위치
방위표
북
서
동
남

(예시) 5학년 2학기 사회 과목 역사 단원 미리 알아보기

단원	소주제	학습목표
1. 옛사람들의 삶과 문화	1. 나라의 등장과 발전	• 고조선의 건국과 발전 과정 알아보기
		• 고구려, 백제, 신라의 성립과 발전 과정 알아보기
		• 신라의 통일 과정과 발해의 성립 및 발전 과정 알아보기
		• 고구려와 백제의 문화유산 알아보기
		• 신라와 가야의 문화유산 알아보기
		• 불국사와 석굴암의 우수성 알아보기
	2. 독창적 문화를 발전시킨 고려	• 고려의 건국과 후삼국 통일 알아보기
		• 서희와 강감찬의 활약을 중심으로 거란의 침입과 극복 과정 알아보기
		• 몽골이 침입했을 때 고려가 한 대응 알아보기
		• 고려청자에 담긴 우수성과 당시 사람들의 생활 모습 알아보기
		• 팔만대장경을 보며 고려의 기술과 문화 알아보기
		• 금속 활자를 살펴보며 고려의 기술과 문화 알아보기
	3. 민족 문화를 지켜나간 조선	• 조선의 건국 과정 알아보기
		• 세종 대에 이루어 낸 발전 알아보기
		• 유교 질서를 바탕으로 한 사회 모습 알아보기
		• 임진왜란이 일어난 과정과 이를 극복하기 위한 노력 살펴보기
		• 병자호란이 일어난 과정 살펴보기
2. 사회의 새로운 변화와 오늘날의 우리	1. 새로운 사회를 향한 움직임	• 영조와 정조의 개혁 정책 알아보기
		• 조선 후기에 사회 문제를 해결하려고 했던 노력 알아보기
		• 서민 문화에 나타난 사람들의 생활 모습 알아보기
		• 흥선 대원군의 정책과 강화도 조약을 살펴보고 조선 후기 사회의 모습 알아보기
		• 갑신정변에 참여한 사람들의 주장 알아보기
		• 동학 농민 운동을 살펴보고 당시 사람들의 생각 알아보기
	2. 일제의 침략과 광복을 위한 노력	• 대한 제국 시기에 자주독립과 근대화를 위해 어떤 노력을 했는지 알아보기
		• 을사늑약의 과정과 항일 의병의 노력 알아보기
		• 나라를 지키기 위한 안중근의 노력 알아보기
		• 한국인들이 고국을 떠난 까닭 알아보기
		• 3 · 1 운동 알아보기
		• 나라를 되찾으려는 대한민국 임시 정부의 노력 알아보기
		• 나라를 되찾으려는 다양한 노력 알아보기
	3. 대한민국 정부 수립과 6.25 전쟁	• 8 · 15 광복의 과정 알아보기
		• 한반도 분단의 과정 알아보기
		• 대한민국 정부 수립의 의미 알아보기
		• 6 · 25 전쟁의 전개 과정과 그 결과 알아보기
		• 6 · 25 전쟁으로 사람들이 겪은 어려움 알아보기

(예시) 초등학교 1~6학년 수학 교과서 내용 분류

아래 표는 초등학교 1~6학년 수학 교과서 내용이 어떻게 분류되어 있는지 학부모가 이해하기 쉽도록 모양으로 구분하여 표시한 것입니다. 이 표를 참조하여 아이가 자기 주도 공부법으로 수학 공부를 할 수 있게 지도해주시면 됩니다.

초등학교 수학 중 특히 중요한 부분이 바로 '연산'입니다. '일일수학'은 초등학교 1~6학년이 연산 훈련을 할 수 있는 무료 연산 문제를 제공하는 사이트입니다. 이를 아이와 자주 활용하면 연산 능력을 향상하는 데 도움이 됩니다.

Tip. 참고 사이트 일일수학(https://www.11math.com)

단원	1학년		2학년		3학년	
	1학기	2학기	1학기	2학기	1학기	2학기
1단원	○ 9까지의 수	○ 100까지의 수	○ 세 자리 수	○ 네 자리수	○ 덧셈과 뺄셈	○ 곱셈
2단원	⊙ 여러 가지 모양	○ 덧셈과 뺄셈(1)	⊙ 여러 가지 도형	○ 곱셈구구	⊙ 평면도형	○ 나눗셈
3단원	○ 덧셈과 뺄셈	⊙ 여러 가지 모양	○ 덧셈과 뺄셈	□ 길이재기	○ 나눗셈	⊙ 원
4단원	□ 비교하기	○ 덧셈과 뺄셈(2)	□ 길이재기	□ 시각과 시간	○ 곱셈	○ 분수
5단원	○ 50까지의 수	□ 시계보기 ★ 규칙 찾기	♡ 분류하기	♡ 표와 그래프	□ 길이와 시간	□ 들이와 무게
6단원		○ 덧셈과 뺄셈(3)	○ 곱셈	★ 규칙 찾기	○ 분수와 소수	♡ 자료의 정리

○ 수와 연산 ⊙ 도형 □ 측정 ★ 규칙성 ♡ 자료와 가능성

단원	4학년		5학년		6학년	
	1학기	2학기	1학기	2학기	1학기	2학기
1단원	○ 큰수	○ 분수의 덧셈과 뺄셈	○ 자연수의 혼합계산	○ 수의 범위와 어림하기	○ 분수의 나눗셈	○ 분수의 나눗셈
2단원	□ 각도	⊙ 삼각형	○ 약수와 배수	○ 분수의 곱셈	⊙ 각기둥과 각뿔	⊙ 소수의 나눗셈
3단원	○ 곱셈과 나눗셈	○ 소수의 덧셈과 뺄셈	★ 규칙과 대응	○ 합동과 대칭	○ 소수의 나눗셈	⊙ 공간과 입체
4단원	⊙ 평면도형의 이동	⊙ 사각형	○ 약분과 통분	○ 소수의 곱셈	★ 비와 비율	★ 비례식과 비례배분
5단원	♡ 막대 그래프	♡ 꺾은선 그래프	○ 분수의 덧셈과 뺄셈	⊙ 직육면체	♡ 여러 가지 그래프	□ 원의 넓이
6단원	★ 규칙 찾기	⊙ 다각형	□ 다각형의 둘레와 넓이	♡ 평균과 가능성	□ 직육면체의 부피와 겉넓이	⊙ 원기둥, 원뿔, 구

○ 수와 연산 ⊙ 도형 □ 측정 ★ 규칙성 ♡ 자료와 가능성

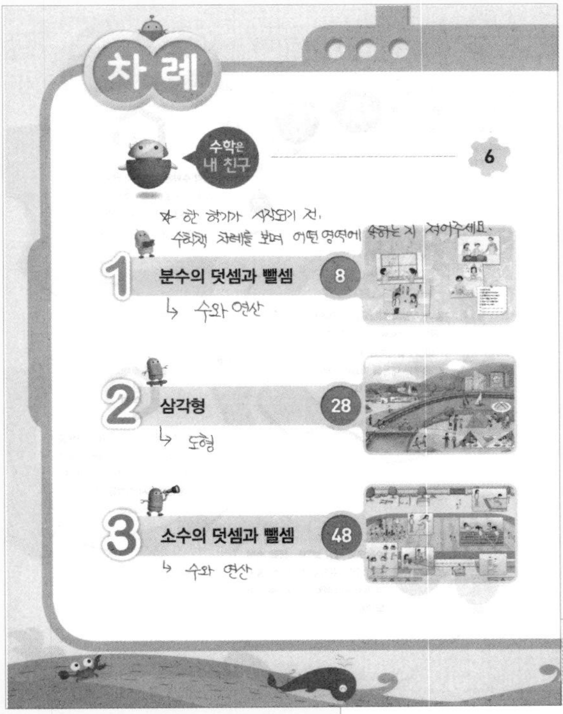

차례

수학은 내 친구 6

★ 한 학기가 시작되기 전,
수학책 차례를 보며 어떤 영역에 속하는 지 적어주세요.

1 분수의 덧셈과 뺄셈 8
↳ 수와 연산

2 삼각형 28
↳ 도형

3 소수의 덧셈과 뺄셈 48
↳ 수와 연산

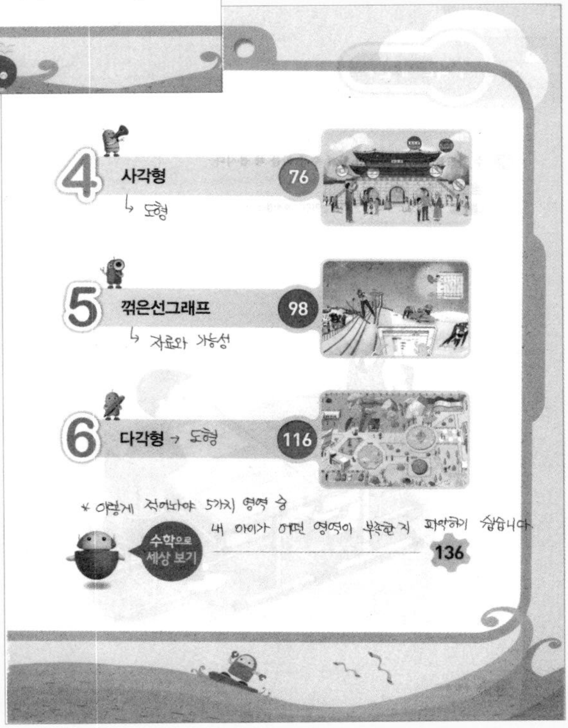

4 사각형 76
↳ 도형

5 꺾은선그래프 98
↳ 자료와 가능성

6 다각형 → 도형 116

* 이렇게 적어놔야 5가지 영역 중
내 아이가 어떤 영역이 부족한 지 파악하기 쉽습니다

수학으로 세상 보기 136

(예시) 과학 교사용 지도서 속 '과학적 내용' '실험 준비물'

■ **종이 타월 가습기** 〈『과학』 49쪽〉

- 종이 타월을 잘라 나무젓가락에 걸쳐 물에 담가 두면 종이 타월을 따라 흡수된 물이 공기 중으로 증발한다. 쉽고 간편하게 만들 수 있으며 위생적이다.
- **관련 발문**: 이 가습기는 어떤 재료를 이용했나요? 가습기 모양에는 어떤 특징이 있나요?

■ **부직포 가습기** 〈『과학』 49쪽〉

- 물을 잘 흡수하는 부직포를 접어 원하는 모양으로 자른 뒤 고무줄로 아랫부분을 느슨하게 감으면 쉽고 간편하게 가습기를 만들 수 있다. 원하는 색깔이나 모양으로 쉽게 만들 수 있는 장점이 있으며, 페트병을 재활용할 수 있어 환경에 도움이 된다.
- **관련 발문**: 이 가습기는 어떤 재료를 이용했나요? 가습기의 원리는 무엇인가요?

참고 자료

■ **다양한 가습기**

- **부직포 가습기**: 부직포는 물을 잘 흡수해 공기 중으로 증발시키므로 효과적인 가습기의 재료로 이용할 수 있다. 제시된 가습기는 부직포 여러 장을 여러 겹으로 잘라 붙여 표면적을 넓게 해 증발이 잘 일어나도록 했다.
- **솔방울 가습기**: 솔방울이 물을 흡수하면 오므라들었다가 물이 증발하면 벌어지는 원리를 이용한 가습기로, 자연 상태의 솔방울을 이용해 안전하고 깨끗하게 이용할 수 있다.
- **종이 가습기**: 물을 잘 흡수하는 종이를 이용해 물을 증발시키는 가습기로, 다양한 무늬와 색깔로 만들 수 있어 가습 효과와 함께 집 안 장식에도 이용할 수 있다.

▲ 부직포 가습기

▲ 솔방울 가습기

▲ 종이 가습기

- **숯 가습기**: 숯을 물에 담그면 숯의 결을 따라 물이 올라가며 공기 중으로 물이 증발한다.
- **나무 가습기**: 편백과 같이 향이 좋고 물을 잘 흡수하는 나무를 이용해 만든 가습기로, 아름다운 무늬와 다양한 모양으로 만들 수 있어 가습 효과뿐만 아니라 집 안 장식용으로도 이용할 수 있다.

▲ 숯 가습기

▲ 나무 가습기

■ **가습 방법에 따른 가습기의 종류**

가습기 가습 방식의 종류에는 히터 가열식, 초음파식, 복합식, 전극식, 원심 분무식 등이 있다.

히터 가열식 가습기는 가습기 내부의 물을 끓여 수증기로 내뿜는 방식으로, 위생적으로 우수하고 실내 온도를 유지할 수 있으며 호흡기에 좋다. 하지만 전력 소모율이 높아 전기 요금이 많이 나오고, 제품을 켜고 난 뒤에 가습 효과가 나타날 때까지 시간이 오래 걸리며 소음이 발생하는 단점이 있다.

초음파식 가습기는 물을 넣은 용기의 밑부분에서 초음파를 발생시켜 물을 작은 입자로 쪼개 내뿜는 방식으로, 차가운 증기가 나온다. 이 방식은 전력 소모율이 낮으면서 증기 분무량이 많고, 제품을 켠 뒤에 가습 효과가 매우 빠르게 나타나며 소음이 적은 장점이 있다. 이에 반해 물에서 미생물이 쉽게 번식해 그대로 수증기에 포함되어서 뿌려질 가능성이 있고, 차가운 물 때문에 실내 온도가 낮아지는 단점이 있다.

복합식 가습기는 초음파식과 가열식의 장점을 살린 것으로 먼저 가열관에서 물의 온도를 60 ℃ ~ 85 ℃로 끌어올려 살균한 뒤 초음파를 이용해 분무하는 방식을 이용한다. 이때는 수증기의 온도를 선택할 수 있어 편리하다.

전극식 가습기는 스팀 방식의 일종으로 물에 전기를 흘려 발열시킨 뒤 증기를 만들어 분무한다.

원심 분무식 가습기는 내장 펌프로 물을 끌어올린 뒤에 원심력을 이용해 주위에 배치한 스크린에 부딪히게 해 수증기를 만들고 이것을 공기 중으로 내보내는 방식을 이용한다.

이 밖에도 물을 머금은 거름망(필터)이나 천에 공기를 통과시키고 물을 증발시켜 습도를 얻는 기화식 가습기가 있다. 우리가 이 단원에서 이용하는 가습기는 이러한 자연 기화식 방법을 이용한 것이다.

* 자료 출처: 한국전기제품안전협회, 「가습기의 원리」, 제품안전학회지, 2007.

2. 물의 상태 변화 • 141

과학 교사용 지도서 중 '참고 자료'라고 적힌 부분이 <과학적 내용>이 들어간 부분입니다.

1 2 3 4 5 6 7 8 9 10 11

물이 얼거나 얼음이 녹으면 부피와 무게는 어떻게 될까요?

『과학』 36~39쪽, 『실험 관찰』 19~20쪽

실험 준비물

과학 교사용 지도서의 '준비물'이라고 적힌 부분을 보면 효과적인 실험을 위해 무엇을 준비해야 하는 지 교과서보다 훨씬 구체적으로 적혀 있음을 알 수 있습니다.

학습 목표

- 물이 얼 때의 부피와 무게 변화를 관찰할 수 있다.
- 얼음이 녹을 때의 부피와 무게 변화를 관찰할 수 있다.

준비물

- **모둠별**: 마개가 있는 플라스틱 시험관(약 10 mL), 물, 유성펜(검은색, 빨간색, 파란색), 전자저울, 잘게 부순 얼음이 든 비커, 소금이 든 페트리 접시, 약숟가락, 유리 막대, 화장지, 따뜻한 물이 든 비커

! 얼음과 소금을 3 : 1의 질량 비율로 섞을 수 있도록 준비한다.

! 얼음을 교사가 미리 잘게 부숴 냉장고 안에 넣어 두었다가 사용하면 시험관 안의 물을 빨리 얼릴 수 있다.

! 가늘고 긴 시험관을 이용하면 물의 부피 변화를 쉽게 관찰할 수 있다.

수업 전 확인 사항

- 교사가 페트병 중 하나를 냉동실에 넣어 미리 얼려 두면 냉동실에 물을 넣기 전과 넣은 후 페트병의 모습을 실물로 비교할 수 있다.
- 얼려 둔 얼음이 녹지 않았는지 미리 확인하고, 녹았으면 물이 든 시험관을 소금을 섞은 얼음이 든 비커에 넣어 두어 다시 물이 언 상태에서 활동을 진행한다.

지도상의 유의점

- (교과 역량) 이 차시는 과학과 교과 역량 중 과학적 탐구 능력과 과학적 사고력을 함양하도록 구성했다.
- 수업 전에 학생들이 알고 있는 부피와 무게의 개념을 확인한다.

'반복 읽기'와 '백지 공부' 활용법을 익혀야 한다

"무엇이든 한 번 읽어서는 그 내용을 충실히 알 수 없다. 최소 100번은 읽어야만 내 것이 된다."

코로나19 이후 '교과서 반복 읽기'의 중요성을 일깨워주는 말로 내가 아이들에게 자주 하는 말이다. 그리고 실제로도 교과서를 1번 읽었을 때, 10번 읽었을 때, 50번 읽었을 때의 앎의 깊이가 달라짐을 나 자신도 느낄 수 있었다. 어떤 책이든 처음부터 끝까지 꼼꼼하게 읽는다고 해도 사람이라면 관점, 즉 내 생각이 있기 때문에 나도 모르게 대충 훑어 읽는 문장이 생기기 마련이다.

그래서 처음 읽었을 때는 대충 읽었던 문장이 10번째 읽었을 때는 눈에 들어오기 시작하고, 100번째 읽었을 때는 그때서야 내 눈에 들어오는 문장이 생긴다. 실제로 100번 정도 읽고 나면 낱말 하나만 보아도 그 낱말이 들어갔던 문장 전체가 머릿속에서 맴돌기 시작한다. 이것이 바로 반복 읽기의 힘이다. 반복해서 읽기는 교과서에서도 매우 중요하다. 초등학교 교과서는 그리 두껍지 않다. 단원마다 공부해야 할 분량도 그리 많지 않다. 그래서 반복 읽기가 학습에 부담이 되지 않는다.

교과서든 내가 지금 읽는 책이든 최소 10번은 읽어야만 한다. 아무리 좋은 책이라도 한 번 읽어서는 그 내용이 내 것이 되지 않는다. 한 달이 지나고 두 달이 지나면 책 제목은 기억할지라도 어떤 내용이었는지, 그리고 어떤 문장이 좋았었는지가 생각나기란 어렵다. 이것이 한 번 읽었다고 끝이 아니라 반복해서 계속 책을 읽어야만 하는 이유다. 반복 읽기를 통해 머릿속에 책의 내용이 맴돌기 시작해야 진정한 내 배경지식이 되고, 그 배경지식은 곧 공부와도 밀접한 관련이 생기기 때문이다.

자기 주도 공부를 습관화할 때 꼭 해야 할 중요한 점은 반복해서 읽기의 중요성을 아이가 스스로 깨닫도록 하는 것이다. 하지만 아이에게 교과서나 책을 반복해서 읽으라고 하면 아이는 금방 지루함을 느껴 반복 읽기의 중요성을 깨닫지 못한다. 그래서 초등학생의 반복 읽기에서는 놀이를 함께 활용하면 좋다.

예를 들어, 교과서를 활용해 반복 읽기를 할 때마다 아이에게 미션을 주자. 아이는 놀이를 통한 공부, 특히 어떤 미션이 들어간 공부를 재미있어한다. 만일 사회 교과서 반복 읽기 공부를 할 때 단원명에 '중심지'라는 낱말이 있었다면 아이가 사회 교과서를 읽을 때 '중심지'라는 낱말이 몇 번이나 들어갔는지 세보며 읽도록 지도한다. 그럼 아이는 사회 교과서를 꼼꼼하게 다시 읽으면서 '중심지'라는 단어가 몇 번 들어갔는지 확인하게 된다.

이 외에도 장소가 들어간 낱말이 몇 개 있었고 어떤 장소가 있었는지 써보며 읽으라고 미션을 주면 아이는 역시 꼼꼼하게 다시 읽으며 미션을 수행하려고 노력한다. 이렇게 재미있는 미션을 통해 반복 읽기를 하면 아이는 재미있게 책을 반복해서 읽고 또 읽을 수 있다. 더불어 미션 수행 후 부모의 칭찬까지 함께 덧붙인다면 아이는 점점 더 스스로 반복 읽기를 즐기게 될 것이다.

아이가 반복 읽기를 즐기기 시작했다면 그다음 방법으로 '백지 공부'도 함께 활용해보자(p.269 참조). 이제는 객관식으로 정답을 찾는 시대는 지나갔다. 교과서 역시 아이의 생각과 지식 등을 직접 글로 써보는 내용이 많아지는 추세이다. 그만큼 초등학생 시절부터 글쓰기가 공부와 긴밀하게 연관되고 있다.

백지 공부는 바로 이러한 글쓰기를 잘 활용하기 위해 하는 공부 방법이다. 백지 공부는 말 그대로 아무것도 쓰여 있지 않은 종이에 자신이 공부한 내용을 자신의 언어, 혹은 교과서에서 본 낱말이나 문장을 활용해 정리하는 공부법이다. 백지 공부를 통해 아이의 글쓰기 실력이 향상할수록 아이는 자신이 아는 지식과 노하우를 글로 잘 표현하는 능력이 생긴다. 그리고 그러한 능력이 쌓일수록 내 아이의 자기 주도 공부에도 긍정적인 영향을 미치게 된다.

이 외에도 백지 공부를 잘 활용해야 하는 이유는 많다. 일단 글쓰기 경험이 부족한 아이는 교과서에서 나오는, 글로 풀어 써야 하는 문제에 관한 답을 제대로 쓰지 못한다. 자기 생각을 표현하지 못하니 교과서를 볼 때마다 싫증을 느끼게 된다. 그래서 "왜 이렇게 써야 하는 문제가 많아요?" 하며 수업 때마다 교과서에 대한 불평불만을 쏟기도 한다. 글쓰기가 교과서 내용과 관련이 많다 보니 이런 불평불만을 느끼는 아이는 점점 교과서를 멀리하게 되고 교과서를 멀리하는 만큼 공부와 멀어지게 된다.

실제 학교 현장에서 아이들에게 자기 생각을 말로 표현해보라고 하면 대부분 아이가 어느 정도 자기 생각을 이야기한다. 그러나 자기 생각을 글로 써서 표현해야 하는 서술형 평가를 보게 되면 아이는 문제 풀기를 쉽게 포기해버린다. 이처럼 말로 표현하는 것과 글로 표현하는 것에는 뇌 활동에 차이가 있고 이는 곧 평생 공부와도 연결된다. 반복 학습과 함께 백지 공부를 해야 하는 이유가 여기에 있다. 반복 학습과 백지 공부를 함께 연결하면 아이는 공부했던 내용을 떠올리면서 스스로 글로 정리하는 습관을 만들 수 있다. 특히 반복해서 읽은 횟수가 많을수록 백지에 쓰는 내용을 교과서에 나온 문장 그대로 정확하게 쓸 수 있는 능력이 생긴다.

백지 공부는 단원이 끝날 때마다 활용하면 가장 좋다. 한 단원이 끝나고 아이가 단원의 내용을 최소 10번 정도 꼼꼼하게 다 읽고 모르는 낱말 뜻도 정확하게 다 파악했다면 마지막으로 백지 공부로 단원 공부를 마무리하는 것이다.

예를 들어 국어 1단원을 공부했으면 백지 노트에 '국어 1단원'이라고 적은 후 아이가 교과서 공부를 한 후 생각나는 문장 혹은 제 생각 등을 자유롭게 적으면 된다. 이때 부모는 아이가 무엇이든 자유롭게 쓸 수 있도록 지도하면 된다. 1단원 속 지문에 나왔던 주인공의 특징과 성격 등을 적어도 되고 1단원을 공부하면서 느끼거나 알게 된 점 등을 적어도 된다. 말 그대로 국어 1단원을 생각했을 때 떠오르는 다양한 생각을 정리하여 쓰면 된다.

백지 공부의 장점은 어떤 특정 문제에 관한 답을 적는 서술형 평가가 아닌, 아이가 그 단원을 떠올렸을 때 생각나는 것들을 자유롭게 쓸 수 있어 아이의 학습에 많은 부담이 되지 않는다는 것이다. 그래서 아이가 알고 있는 지식과 생각 등을 백지 공부를 활용해 자주 표현할수록 아이는 공부를 점점 즐기게 된다.

또한 이렇게 백지 공부를 활용하면 아이 스스로 반복해서 읽은 횟수가 많을수록 더 다양한 생각을 정리할 수 있고 단원에서 배운 내용을 더욱 정확하게 기억할 수 있음을 깨닫게 된다. 그러니 아이가 백지 공부를 할 때 정리하는 양이 조금씩 많아진다면 부모는 그

점을 반드시 칭찬해야 한다. 아이가 정리하는 양이 많아졌다는 것은 그만큼 스스로 공부하는 시간이 늘어났다는 의미이자 교과서를 대충 읽지 않고 꼼꼼하게 읽었다는 의미이기 때문이다.

백지 공부를 활용할 때는 아이가 글씨를 바르게 쓸 수 있도록 함께 지도하면 좋다. 실제로 초등학생들이 서술형 평가를 볼 때 내용은 충실하게 적었지만 무슨 글씨인지 도저히 알아볼 수 없을 때가 제법 많다. 이는 수행평가에서 '바르게 글씨를 썼나요?'라는 평가 요소가 들어가 있는 이유이기도 하다. 아무리 좋은 내용을 적었다고 해도 읽는 사람이 무슨 글자인지 도저히 모르겠다면 결코 좋은 내용이라고 할 수 없다. 특히 평가와 관련된 글쓰기는 더더욱 그렇다. 그러니 아이가 백지 공부를 활용할 때 부모는 내용의 중요성과 함께 바른 글씨 쓰기 지도까지 해주어야 한다.

초등학생 때부터 '반복 읽기'와 '백지 공부'를 함께 열심히 하면 아이는 스스로 공부하는 방법을 알게 된다. 그래서 누군가가 알려주지 않아도 학년이 올라갈수록 먼저 교과서를 꼼꼼하게 읽고 자신이 아는 내용을 백지 노트에 정리하는 올바른 습관을 만들게 된다. 사소한 것 하나라도 습관이 되면 결국 긍정적인 결과를 만든다. 그러니 부모는 아이가 초등학교 시절부터 반복해서 읽는 것의 중요성을 알려주고 더불어 백지 노트를 활용하여 정리하기까지 병행하도록 지도하자.

좀 더 알아볼까요?

(예시) 백지 공부 정리

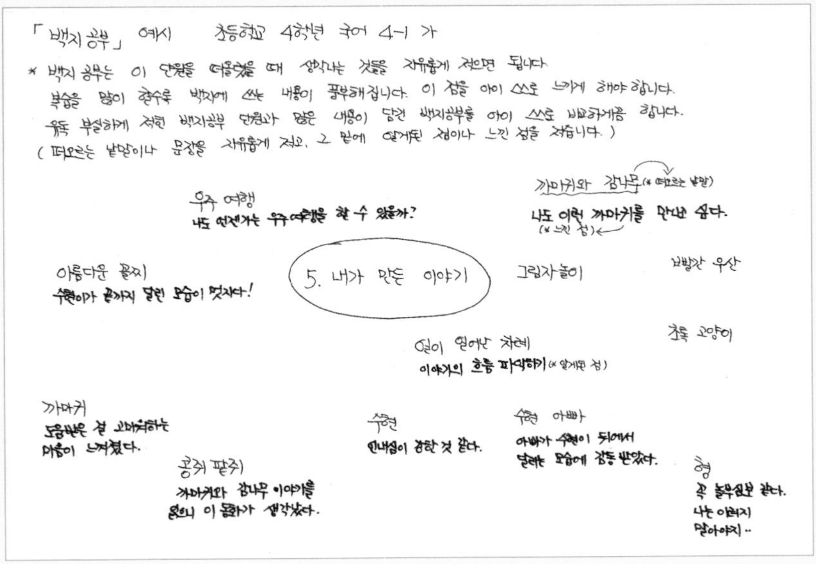

「백지 공부」 예시 초등학교 4학년 국어 4-1 가

* 백지 공부는 이 단원을 떠올렸을 때 생각나는 것들을 자유롭게 적으면 됩니다
복습을 많이 할수록 백지에 쓰는 내용이 풍부해집니다. 이 점을 아이 스스로 느끼게 해야 합니다.
유독 부실하게 적힌 백지공부 단원과 많은 내용이 담긴 백지공부를 아이 스스로 비교하게끔 합니다.
(떠오르는 낱말이나 문장을 자유롭게 적고, 그 밑에 알게된 점이나 느낀 점을 적습니다.)

5. 내가 만든 이야기

우주 여행
나도 언젠가는 우주여행을 할 수 있을까?

까마귀와 감나무 (* 떠오르는 낱말)
나도 이런 까마귀를 만나고 싶다.
(* 느낀 점)

아름다운 꼴찌
수현이가 끝까지 달린 모습이 멋지다!

그림자놀이

빨간 우산

초록 고양이

일이 일어난 차례
이야기의 흐름 파악하기 (* 알게된 점)

까마귀
도움받은 걸 고마워하는 마음이 느껴졌다.

콩쥐 팥쥐
까마귀와 감나무 이야기를 읽으니 이 동화가 생각났다.

수현
인내심이 강한 것 같다.

수현 아빠
아빠가 수현이 되어서 달리는 모습에 감동 받았다.

형
꼭 놀부심보 같다.
나는 이러지 말아야지..

5장

자기 주도 공부가
내 아이의
공부 미래

가장 확실한 생존 전략은 자기 주도 공부다

코로나19로 늘 일상처럼 해왔던 일들이 이제는 과거의 추억이 되어버렸다. 학교 교실에서 친구들과 함께 마음 놓고 이야기하고 웃고 떠들었던 때가 있었을까 싶을 정도로 교실 분위기는 180도 바뀌었다. 아이들은 마스크를 쓰고 등교해 계속 마스크를 쓴 채 수업을 듣고 끝까지 마스크를 쓰고 집으로 향한다.

교육 또한 코로나19 때문에 많이 바뀌었다. 대면식 수업보다 온라인으로 진행되는 원격 수업이 더 큰 비중을 차지하게 되었다. 그러니 이제는 초등학생부터 자기 주도 공부법과 스스로 시간을 관리하는 방법 등을 익혀야만 한다.

지금은 초등학교 6년 동안 가장 중요하고 반드시 해야 할 점은 무엇이냐는 질문에 "자기 주도 공부법을 익혀야 한다!"라고 대답해도 지나치지 않다. 초등학생이라면 반드시 자기 주도 공부법을 자신의 습관으로 만들어야만 한다. 만일 스스로 공부하는 방법을 내 아이가 익히지 못한다면 코로나19와 비슷한 상황이 발생할 때마다 부모와 아이 모두 당황하게 된다.

아직 자기 주도 공부법을 습관화하지 못한 아이는 학교에서 공부할 때와는 다르게 집에서 공부하는 날이면 일과를 망치거나 원격 수업을 제대로 듣지 못하기도 한다. 당연하다. 스스로 공부하는 데에 필요한 시간 관리와 교과서를 활용한 공부법 등을 알지 못하기 때문이다.

하지만 초등학교 저학년 때부터 차곡차곡 자기 주도 공부법을 자신의 습관으로 만든 아이는 교실에서의 배움과 가정에서의 배움이 일치한다. 그래서 등교 수업을 할 때도, 원격 수업을 할 때도 집중해서 공부할 수 있다.

게다가 자기 주도 공부법으로 공부할 줄 아는 아이는 교과서를 활용해 스스로 예습할 수 있고 복습도 할 수 있다. 또한, 독서를 통한 스스로 공부도 충분히 해낼 수 있다. 그러니 초등학생 아이를 둔 부모라면 반드시 이 시기에 아이에게 공부라는 물고기를 잡아서 주기보다 아이 스스로 공부라는 물고기를 잡는 방법을 알려주어야만 한다.

태어날 때부터 공부를 잘하기 위해 태어난 아이는 한 명도 없다. 태어날 때부터 공부를 못하기 위해 태어난 아이 역시 한 명도 없다. 이 말은 결국 자기 주도적으로 공부하는 방법을 얼마나 익히고 자신의 것으로 만들었느냐에 따라 아이의 공부 미래가 얼마든지 달라진다는 의미이다.

초등학교 저학년 때부터 아이 스스로 할 수 있는 다양한 공부 방법을 알려주면 아이는 공부는 스스로 하는 게 당연하다고 생각하게 된다. 특히 공부 주도권을 아이에게 일찍 주면 줄수록 아이는 자신의 공부에 책임감을 느끼게 된다.

무슨 일을 할 때 '이 일은 반드시 내가 해야만 하는 일이고, 나밖에 이 일을 할 수 있는 사람은 없다!'라는 생각을 하게 되면, 우리는 그때부터 강한 책임감을 느끼게 된다. 그래서 그 일과 관련한 책임을 누군가에게 전가하지 않고 오로지 내가 묵묵히 해내야 하는 일이라고 생각한다.

공부도 마찬가지이다. 부모가 계속해서 아이에게 떠먹이는 식으로 공부를 시키면 아이는 공부에 관한 책임감을 스스로가 아닌 부모에게 전가하게 된다. 그래서 굳이 열심히 공부하려 하지 않는다. 더 나아가 공부로 스트레스를 받게 되면 그 원인 제공자가 부모라고 생각해 부모를 원망하게 될 수도 있다.

질병을 잘 이겨내려면 평소 탄탄하게 갖춘 면역력이 필요하듯, 공부 또한 평소에 만들어 둔 공부 면역력이 있어야만 한다. 그래야만 공부와 관련한 다양한 시행착오를 겪어도 아이는 이를 실패로 여기지 않고 더 나은 방법을 모색하게 된다. 공부 면역력이 강한 아이는 이렇게 공부 뒷심을 꾸준히 발휘할 수 있다.

그러니 부모라면 내 아이의 공부를 위해 잘 가르친다는 학원, 더 좋은 족집게 문제집을 찾거나 고민하기보다 아이가 초등학교 6년 동안 스스로 공부할 수 있는 능력을 키우도록 돕는 일이 먼저이다. '토끼와 거북이' 이야기에 비유하자면, 누군가의 지도를 통한 배움의 끝은 결국 결승점 앞에서 거북이에게 밀린 토끼와 같다. 즉, 누군가에게 가르침을 받은 그 정도 수준까지만 자기 목표를 달성하고 그 이후의 공부에는 동기부여를 받지 못한다는 뜻이다. 그래서 이야기 속 토끼처럼 곧 목표를 달성하겠다는 생각이 들면 마지막까지 힘을 내어 더더욱 열심히 공부해야겠다고 생각하지 못한다.

하지만 책으로, 교과서로, 자이가르닉 공부법 등을 활용해 아이가 혼자 힘으로 공부하는 자기 주도 공부법을 해낼 힘을 길러주면 아이는 꾸준히 결승점을 향해 멈추지 않고 걸어가는 거북이가 된다. 공부 마라톤이라는 여정에서 천천히, 그리고 묵묵히 자신의 페이스를 유지하며 결승선까지 가게 된다.

아이가 거북이처럼 자신의 속도를 유지하며 자기 주도 공부를 잘 해내기 위해서는 장거리 마라톤 코스 사이사이에 간식이 제공되듯, 아이가 지치지 않도록 부모가 긍정적인 피드백을 해주어야만 한다. 이런 간식은 마라토너에게도, 아이에게도 포기하지 말고 끝까지 힘내라는 응원의 메시지와도 같다.

초등학교 저학년 때부터 자기 주도 공부법을 익히며 부모의 긍정적인 피드백을 꾸준히 받는다면 아이는 자신을 향한 부모의 사랑을 언제 어디서나 느낄 수 있다. 그리고 그러한 사랑을 많이 받을수록 아이는 힘내서 더 열심히 공부하게 된다.

초등학생 시기에는 부모의 칭찬이 절대적으로 필요하다. 이러한 긍정적인 칭찬이 결국 아이가 스스로 공부에 성공할 수 있도록 하는 원동력이 된다. 또한 내 아이가 잘 공부하고 있는지 부모가 옆에서 충분히 검토해줘야 하고 아이가 더 나은 방법을 찾을 수 있도록 꾸준히 도와주어야 한다.

중학교, 고등학교, 대학교로 이어질 공부를 위해 아이에게 공부 날개를 잘 달아주어야 하는 시기가 바로 초등학생 때이고, 이는 부모가 반드시 해야 할 역할이다. 그래서 꼼꼼하게 점검하고 아이에게 자세히 알려줄수록 아이의 공부에 튼튼한 날개가 만들어진다.

초등학교 6년 동안 '자기 주도 공부 습관'이라는 날개를 튼튼하게 잘 단 아이는 중학생 때부터 그 날개를 활용해 떨어지지 않고 더 높이, 더 멀리 잘 날아갈 수 있다. 그 어떤 비바람이 닥쳐도 괜찮다. 어려움을 이겨낼 강한 날개를 갖고 있으니, 아이는 누구의 도움을 받지 않고도 묵묵하게 자신의 공부를 해낼 수 있다.

튼튼하고 정교한 공부 날개를 갖게 된 아이는 어떤 상황에 부닥쳐도 그 상황에 휘둘리지 않고 자신만의 공부 속도를 충분히 유지할 수 있다. 상황을 탓하며 공부를 못하게 되었다는 핑계를 대지 않는다. 주어진 상황 안에서 충분히 자신의 공부 실력을 발휘할 방법을 터득했기 때문이다.

초등학생 때부터 학교 성적을 잘 받기 위해 아이가 감당하기 어려울 정도로 많은 사교육을 받게 하는 것은 아이의 공부 날개를 부모 스스로 부실하게 만드는 것과 같다. 부모는 사교육을 알아볼 시간에 아이에게 교과서를 한 번 더 읽도록 지도해야 하고 아이가 교과서의 내용을 완전히 이해하고 있는지 점검해야 한다.

사교육은 아이가 도움을 요청할 때 알아보아도 충분하다. 초등학생 시절은 교과서에 있는 내용만 충분히 이해했다면 아이 배움 역시 그것만으로도 충분하다. 가장 중요한 점은 어떤 내용을 공부하든 아이가 그 내용을 자신의 힘으로 공부하는 방법을 제대로 습관화하는 것이다.

자기 주도 공부법을 잘 깨닫게 되면 아이는 자신에게 부족한 교과를 객관적으로 파악할 수 있다. 자신의 메타인지Meta cognition, 자신이 얼마큼 할 수 있는지를 판단하는 것를 잘 활용하여 지금 내가 잘하고 있는 점이 무엇인지, 부족한 점은 무엇인지 스스로 분석하게 된다. 그 후 스스로 부족한 교과는 혼자 공부하기 어렵다는 판단이 서면 부모에게 사교육을 요청할 것이다. 부모는 그때 아이와 함께 진지하게 사교육을 고민하면 된다.

아이가 초등학생인 부모가 지금 당장 실천해야 할 것은 아이 스스로 자기 주도적으로 공부할 수 있는 방법을 최대한 많이 알려주는 것이다. 그리고 아이가 스스로 잘 해내고 있는지 점검하고 어제보다 오늘 더 잘하고 있다면 그 점을 꾸준히 칭찬해주어야 한다.

다른 아이와 비교하지 않고 인내심을 가지며 아이에게 하나하나 알려준다면, 아이는 초등학교 6년 동안 스스로 공부하는 법을 반드시 깨닫게 된다. 그리고 이를 자신의 긍정적인 공부 습관으로 만들 것이다.

스스로 공부가 아이의 미래를 만든다

대부분 초등학생이 좋아하는 책이 있다. 바로 『마당을 나온 암탉』이다. 영화로도 개봉한 유명한 작품이다. 이 영화 속 주인공 '잎싹이'는 암탉이다. 잎싹이는 어느 날, 청둥오리알을 발견하고 지극정성으로 알을 품어 부화시킨다.

그 알에서 태어난 아이가 바로 '초록이'다. 엄마 잎싹과 아들 초록의 가장 큰 차이점은 초록은 날 수 있지만 잎싹은 날 수 없다는 것이다. 그래서 초록은 하늘을 나는 법을 스스로 익혀야만 했다. 주변에서 날갯짓하는 법을 가르쳐줄 새는 아무도 없었다. 그래서 초록은 수많은 시행착오를 겪어야만 했다. 스스로 많은 경험을 해야

했고, 스스로 실패도 겪어야만 했다. 그렇지만 결국 힘차게 날개를 펼치며 초록은 청둥오리 중 가장 하늘을 잘 나는 새가 되었다. 비록 혼자서 연습할 때는 많은 아픔과 상처가 있었지만, 결국 가장 잘 날아다니는 새가 되어 하늘을 훨훨 날아다니게 되었다.

이렇게 초록이 날 수 있게 된 가장 큰 원동력은 간절함이었다. 초록이에게는 항상 하늘을 날고 싶다는 간절함과 그 간절함을 이룰 수 있는 새는 오직 나 자신밖에 없다는 깨달음이 있었다. 그랬기에 실패할 때에도 누군가를 원망하거나 상황을 탓하지 않았다. 더욱더 간절함과 인내심을 발휘했고, 결국 하늘을 가장 잘 날아가는 청둥오리가 되었다.

만일 잎싹이 암탉이 아닌 청둥오리였다면 초록은 그토록 처절하게 날고 싶은 간절한 마음을 품었을까? 아마 잎싹이도 하늘을 날 수 있는 오리였다면 초록을 잘 날게 해주고 싶은 마음에 초록이 나는 연습을 할 때마다 이것저것 잔소리를 하며 간섭했을 것이다. 초록이 시행착오를 겪기도 전에 제대로 날 수 있는 정답만 알려주려고 했을 것이다.

만일 그랬다면 초록은 가장 잘 날아가는 청둥오리가 될 수 없었을 것이다. 엄마인 잎싹과 똑같은 방법으로만 날려고 했을 것이다. 그리고 이미 잎싹을 통해 어느 정도 날 수 있다는 느낌을 받았기 때문에 더 자유롭게 날고 싶다는 마음을 품지 못했을 것이다.

내 아이의 공부도 마찬가지다. 초등학생 때부터 자기 스스로 공부에 관한 간절함을 느끼고, 그 간절함을 해소하려면 오직 자신의 힘으로 해내야 한다는 마음가짐을 만드는 것이 중요하다. 그 마음가짐이 꾸준히 자기 주도 공부를 할 수 있는 원동력이 되며, 이것이 곧 내 아이의 공부 미래가 된다.

공부에 관한 간절함은 일찍 품을수록 좋다. 초등학생은 중 · 고등학생보다 시간적 여유가 더 많은 시기이다. 그래서 일찍 공부에 관한 간절함을 느끼게 되면 아이는 공부와 관련된 다양한 생각을 할 수 있다. 부모로부터 잔소리가 나오기 전에 스스로 공부의 중요성을 깨달았으니, 자신의 간절함을 해소하기 위해 스스로 의자에 앉아 공부하게 된다.

초록처럼 내 아이도 자신의 힘으로 자기 주도 공부법을 완성하게 하려면 부모 또한 잎싹이 되어야 한다. 아이가 스스로 해내도록 옆에서 계속 지지하고 응원하는 부모가 되어야 한다. 미숙한 아이를 지켜보다 답답한 마음에 직접 떠먹이는 공부를 시키기보다 잎싹처럼 '공부는 부모가 해줄 수 있는 게 아니야. 결국 내 아이 스스로 해내야만 해!'라는 마음가짐으로 아이를 바라보아야 한다. 성적이 오르지 않거나 더디게 오르는 것 같아도 조급해하지 않고 아이만의 속도로 꾸준히 공부할 방법을 알려주어야 한다. 그리고 아이가 어제보다 오늘 더 성장한 모습을 보였다면 그 부분을 적극적으로 칭찬해야 한다.

특히 아이가 혼자서 책을 읽거나 무엇인가를 정리하는 모습 등을 보인다면 이런 사소한 행동 역시 자기 주도 공부의 일부임을 아이에게 알려주어야 한다. 말 그대로, 공부와 관련한 행동을 부모의 강요가 아닌 아이 스스로 자청하고 원해서 행동했다면 그게 무엇이든 스스로 공부가 된다는 점을 자주 알려주어야 한다. 그래서 부모님의 잔소리를 듣고 1시간 동안 공부한 모습은 자기 주도 공부라고 말할 수 없다. 왜냐하면, 아이 내면에서 공부의 간절함을 느끼고 하는 행동이 아니라 단지 부모의 잔소리를 듣지 않기 위해 공부 시늉을 하는 것에 불과하기 때문이다.

내 아이가 초등학교 6년 동안 부모가 꼭 이루어야 할 목표는, 아이가 부모의 잔소리를 듣지 않고도 혼자 힘으로 단 5분간이라도 의자에 앉아 스스로 공부하는 마음가짐을 길러주는 것이다. 그런 마음가짐이라면 그 어떤 공부도 해낼 수 있다. 학년이 올라갈 때마다 더욱더 많아지는 공부의 양에도 아이는 지치지 않는다. 그런 마음가짐만 있다면 무엇이든 해낼 수 있기 때문이다.

내 아이의 공부 미래는 공부를 대하는 아이의 마음가짐에 따라 달라진다. 이는 초등학생 때는 비슷한 성적이던 아이들도 학년이 올라갈수록 성적에 격차가 발생하는 이유가 된다. 이 마음가짐이 아이들의 공부 미래를 변화시키기 때문이다. 초등학생 때부터 '공부는 내 힘으로 스스로 하는 거야!'라는 마음가짐으로 공부했던 아이는 학년이 올라갈수록 자신의 공부 실력을 더할 나위 없이 발휘할 수 있다. 게다가 시행착오를 겪을 때마다 더 나은 방법을 찾으려고 노력한다.

하지만 아이가 '공부는 부모님의 잔소리를 피하려고 하는 거야…'라는 마음가짐으로 공부를 대한다면, 중학생 고등학생이 되었을 때 아이는 공부를 잘할 수 있을까? 질풍노도 사춘기가 와서 부모의 잔소리가 더는 두렵지 않다면 잔소리를 들어도 상관없다는 마음가짐으로 바뀌지 않을까? 이런 마음은 공부를 더욱 멀리하게 만든다. 아이가 공부했던 이유가 스스로 느끼는 공부에 관한 간절함이 아닌, 처음부터 부모의 잔소리를 피하기 위한 하나의 수단이었기 때문이다.

초등학생 때는 제법 공부를 잘했던 아이가 학년이 올라갈수록 성적이 떨어지고 공부도 하지 않는다고 당황하는 부모가 많을 것이다. 애초에 아이에게 공부에 관한 간절한 마음가짐을 부모가 심어주지 않았기에 벌어진 일이다. 즉, 언젠가는 결국 일어났을 일이다. 그러므로 공부 마음가짐 기초공사를 아이가 초등학생일 때 반드시 잘해 놓아야 한다. 어릴 때부터 꾸준히 공부를 잘하는 아이에게 "어떻게 그렇게 공부를 잘하게 되었어요?"라고 질문했을 때 그 누구도 "부모님이 시켜서요."라고 대답하는 아이는 단 한 명도 없다. 위와 같은 질문에 다들 '공부를 대하는 마음가짐'이나 '공부에 관한 간절함' 등을 언급한다. 이런 대답은 이 아이들이 초등학교 시절부터 부모와 함께 공부 마음가짐 기초공사를 탄탄히 했다는 증거다.

그래서 초등학교 시절의 자기 주도 공부는 내 아이가 평생 가지고 가야 할, 공부를 대하는 마음가짐과도 같다. 그러니 부모는 반드시 공부는 남이 시켜서 하는 게 아니라는 점, 그리고 공부는 나를 위해 해야 한다는 점, 공부에 관한 간절함 등을 초등학교 6년 동안 꾸준히 아이에게 심어주어야 한다. 지금 당장 내 아이가 시험에서 하나라도 더 정답을 맞히기 위해 학원과 문제집을 찾기보다, 아이에게 이러한 마음가짐을 심어주는 일이 훨씬 중요하다.

겉으로 보기에는 모두 열심히 공부하는 것처럼 보인다. 하지만 어떤 공부 마음가짐을 가지고 있느냐에 따라 아이의 공부 질은 천차만별로 달라진다. 자기 주도 공부를 잘하려면 그 출발은 공부에 관한 마음가짐에서부터 시작해야 한다. '공부는 나 스스로 해야 해!'라는 마음가짐을 잘 심어주면 시간이 걸리더라도 결국 아이는 자기 주도 공부를 해내게 된다.

그러니 초등학생 자녀를 둔 부모에게 말한다. 내 아이를 위해 부모가 가장 먼저 해야 할 일은 아이가 지금 당장 공부를 잘할 수 있는 수단을 찾는 것이 아니다. 공부에 관한 마음가짐부터 심어주어야 한다. 초등학생 때부터 가진 공부에 관한 간절한 마음가짐이 결국 내 아이의 공부 장래를 밝게 만들 것이다.

공부 과정을 즐기면 결과는 따라온다

어떤 대상에 집중해 몰입하는 힘은 내면에서부터 우러나온다. 그 대상을 나 스스로 중요하게 생각하기 때문에 꾸준히 집중해서 몰입할 수 있는 것이다. 그리고 결과와 상관없이 몰입한 만큼 그 과정을 즐기게 된다.

지금은 공부가 무엇인가를 이루기 위한 하나의 수단이자 도구가 되었지만, 과거에는 공부 그 자체를 즐기거나 공부하는 과정을 만끽하는 학자가 많았다. 대표적인 예로 세종대왕世宗, 조선 제4대 왕, 정약용丁若鏞, 조선 후기 실학자, 공자孔子, 중국 고대의 사상가 등이 있다. 태어난 시대와 태어난 곳이 모두 다른 이들의 유일한 공통점은 '공부' 그 자체를 즐겼던 사람이라는 것이다. 공부를 통해 무언가를 얻으려고 하기보다 공부 자체가 즐겁고 재미있었기 때문에 훌륭한 결과물도 얻을 수 있었다.

세종대왕은 몸이 아플 정도로 독서를 했던 독서광으로 유명했다. 독서가 재미있다고 스스로 느꼈기 때문에 누가 시키지 않았는데도 몸이 아플 정도로 책에 흠뻑 빠져 살았다고 한다. 정약용은 책을 꼼꼼하게 읽고 메모하는 것을 습관화한 사람이다. 이 과정이 즐거웠기 때문에 이러한 긍정적인 습관을 만들 수 있었고, 그 습관이 500여 권의 책을 집필한 결과를 만들었다.

배움을 즐긴 건 공자도 마찬가지다. 공자를 생각하면 가장 먼저 떠오르는 말이 '위편삼절韋編三絶'이다. '위편'은 책을 묶고 다닌 가죽끈을 의미하고 '삼절'은 세 번이나 끊어졌다는 의미이다. 가죽처럼 단단한 끈이 세 번이나 끊길 정도였다니, 공자가 평소 얼마나 책을 많이 읽었는지 가히 짐작할 수 있다.

스스로 공부하는 힘을 기르기 위해서는 아이 역시 공부하는 과정을 진심으로 즐겨야 한다. 하지만 공부에 주눅이 들면 그 과정을 결코 즐길 수 없다. 초등학생 시기는 수많은 시행과 착오를 되풀이하는 시기이다. 그리고 그랬기 때문에 아이가 성장할 수 있는 것이다. 과거 내 아이가 자신의 힘으로 걷기 위해 천 번을 넘게 넘어진 것처럼 말이다.

내 아이가 막 걸음마를 떼기 시작했을 때를 떠올려보자. 보통 걸음마는 빠르면 생후 10개월 정도부터 시작하는데, 이때는 부모에게 정확하게 의사 표현하기 어려울 때이다. 이럴 때 부모가 아이에게 해줄 수 있는 것은 아이가 제힘으로 잘 걸을 수 있도록 그저 지켜보고 기다려주는 역할이다. 그리고 그런 부모의 역할을 잘 해낸다면 아이 역시 믿고 기다린 만큼 걷고 잘 뛰는 아이로 성장한다.

그 어떤 부모도 아이가 어릴 때 잘 걷지 못하고 계속 넘어질 때마다 아이에게 화를 내고 잔소리하지 않는다. 넘어지는 일을 당연한 과정으로 받아들이고 이러다가 언젠가는 걷겠지 싶은 마음으로 여유롭게 아이를 바라본다. 하지만 아이가 학교에 들어가면 자꾸만 조급한 마음으로 아이를 바라보게 된다. 공부에서도 아이는 신생아부터 유아기, 아동기 시절을 거쳐야 하는데, 부모는 성급하게 이제 막 공부 신생아 단계인 아이에게 공부 아동기 시절은 되어야 할 수 있는 행동을 요구한다.

이렇게 되면 아이는 자꾸 주눅이 든다. 아이는 지금 당장 이 일을 할 수 없는데, 부모는 자신의 성마름으로 아이에게 당장 하라며 강요하기 때문이다. 태어나자마자 걷고 뛸 수 있는 아이는 이 세상에 없다. 공부도 마찬가지다. 특히 공부는 남이 시켜서가 아닌 나 스스로 해야 한다는 마음가짐을 꼭 가져야 하는데, 이를 내 아이에게 주려면 부모는 조급한 마음을 가지고 아이를 대해서는 결코 안 된다.

공부에 관한 부모의 조급한 마음은 곧 아이의 성적만 바라보고 그 결과에만 집착하게끔 하는 재앙을 불러온다. 그래서 아이가 어떻게 공부했는지에 대한 과정은 무시하고 아이가 단원 평가 시험을 보거나 서술형 평가 시험을 보고 나면 항상 결과부터 생각하고 재촉하게 된다. 아이의 시험일이 언제인지 매번 꼼꼼하게 확인하고 시험 결과가 나오길 기다리면서 결과 발표날이 되면 하교하여 집에 들어오는 아이를 보자마자 "이번 시험은 어떻게 봤어? 몇 점이야?"라는 질문부터 하게 된다. 스스로 공부하려는 마음가짐이 아직 제대로 형성되지 않은 아이에게는 부모의 이런 질문이 곧 스트레스로 다가온다. 그래서 공부를 떠올리면 자꾸만 결과에 집착하는 부모의 모습이 연상된다.

무엇이든 첫 경험은 중요하다. 특히 배움에서의 첫 경험은 더욱 더 그렇다. 초등학생 시절은 결과보다 과정을 더 중요하게 생각해야 하는 시기이다. 과정을 즐길 줄 알아야 공부 자체도 즐길 수 있기 때문이다. 초등학생 자녀를 둔 부모가 해야 할 역할은 아이가 공부하는 과정을 즐길 수 있도록 도와주는 것이다. 즉, 결과에 상관없이 아이가 '공부'를 떠올렸을 때 긍정적인 생각을 할 수 있도록 해야 한다.

아이의 일생에서 공부는 초등학생 때만 하고 끝나는 게 아니다. 오히려 공부라는 장거리 마라톤을 시작하기 위해 출발선에 선 시기가 바로 초등학생 시기이다. 공부 마라톤을 완주하기 위해 아이는 출발선에 서기 전부터 수많은 훈련을 한다. 그 과정을 즐겁고 행복하게 즐겨야만 아이는 그러한 마음으로 공부 마라톤 출발선에 당당하게 설 수 있다.

항상 강조하고 또 강조하지만, 초등학생 시기의 공부는 교과서 공부면 충분하다. 아이가 스스로 교과서 내용을 잘 이해하고 있다면 부모는 아이가 공부를 즐길 수 있는 환경을 만들어야 하고, 아이가 제힘으로 공부하고 싶은 마음을 심어주도록 노력해야 한다. 그리고 당장 눈에 보이는 성적에 집착하기보다는 아이가 초등학생 시절에 다양한 경험을 하고, 그 경험을 아이가 공부와 자연스럽게 연결할 수 있도록 해야 한다. 또한, 여러 분야의 책을 다독한 경험을 통해 간접 경험이 풍부해지도록 해 배경지식을 차곡차곡 쌓도록 해야 한다.

이렇게 초등학생 시기는 장거리 공부를 위해 시합 전 준비 운동을 하듯 철저하게 자기 주도 공부법을 습관화하는 시기이다. 이를 위해 책을 읽는 과정에서 느끼는 행복과 간접 경험했던 내용, 부모님과 직접 경험했을 때의 느낌 등을 아이가 긍정적으로 생각할 수 있게 만들어야 한다.

이런 즐거운 경험이 초등학생 때부터 점점 쌓일수록 아이는 공부를 바라보는 관점이 달라진다. 공부를 편하게 대할 수 있고 공부하는 과정을 즐기게 된다. 그래서 초등학생 때는 눈에 보이는 성적이라는 결과를 바라보지 않고 아이가 스스로 해내는 공부 과정을 바라봐야 한다.

교과서 한 장도 읽기 힘들어했던 아이가 두 장을 읽을 수 있게 되었다면 그 과정 자체만을 바라보며 칭찬해야 한다. 즉, 이제 두 장을 읽게 되었으니 바로 아이의 학교 성적이나 수행평가 결과가 좋아지길 바라는 것이 아니라 교과서 두 장을 읽고 있는 그 모습 자체만 목적으로 삼아야 한다는 뜻이다.

이렇게 아이가 스스로 공부하는 양이 점점 늘어나면 성적 또한 학년이 올라갈수록 저절로 올라가게 된다. 조급해하지 않고 아이를 믿으며 느긋하게 기다린다면 과거 내 아이가 수없이 넘어졌어도 일어나고 또 일어나 결국 잘 걷게 되었던 것처럼 아이의 성적도 꾸준히 오르기 시작한다.

세종대왕과 정약용처럼 내 아이도 결과만을 바라지 않고 공부하는 과정 자체를 즐기게 되면 공부는 남이 시켜서가 아닌 스스로 해내야만 하는 것임을 알게 된다. 특히 부모의 긍정적인 피드백이 꾸준히 주어질 때 더더욱 그렇다. 이런 꾸준한 피드백은 아이가 공부에 주눅이 들지 않게 도와주고 공부하는 과정을 즐기면 결과는 자연스럽게 따라온다는 사실을 깨닫게 한다.

초등학생 때 하는 공부는 과정을 즐기기 위한 공부이다. 즉 결과물을 얻기 위한 수단으로의 공부가 아닌 공부 자체를 즐길 수 있도록 하는 공부이다. 그런 공부를 꾸준히 해야만 결과물이 자연스럽게 따라온다. 일찍부터 결과가 나오길 바라며 공부하는 습관은 결코 오래가지 못한다. 그런 공부는 공부 뒷심이 필요한 시기에 제대로 된 뒷심을 발휘하지 못하기 때문이다. 과정을 잘 즐기는 아이는 공부 마라톤 출발선에서도 즐거운 마음으로 서 있을 테고, 그 즐거운 마음이 결승선 도착이라는 결과물을 자연스럽게 불러일으킬 것이다.

스스로 익힌 공부만이 온전히 내 것이 된다

"오늘 수업 내용 중에 이해되지 않는 내용이 있나요?"

교실에서 수업을 마무리하기 전에 항상 아이들을 바라보며 내가 빠트리지 않고 하는 질문이다. 그럼 대부분 아이가 이해했다고 자신 있게 대답한다. 하지만 며칠이 지난 후 지난번에 수업한 내용을 복습하며 똑같은 내용으로 다시 질문하면, 이번에는 자신 있게 대답하는 아이의 수가 팍 줄어든다. 그 아이들의 공통점은 배운 내용을 다시 복습하지 않았다는 것이다.

성인인 나도 누군가에게 새로운 배움을 받을 때 상대방의 설명을 듣고 있으면 마치 모든 내용을 다 이해한 것 같은 착각이 든다. 그래서 나 역시 내가 아이들에게 질문했던 것처럼 상대방에게 질문을 듣게 되면 모든 내용을 이해했다고 자신 있게 대답할 것이다. 그렇지만 이미 이해한 것 같은 내용도 복습하지 않고 일주일이 지나면 나조차도 그때 무슨 내용을 배웠었는지 기억이 가물가물하다.

누군가를 통해 새로운 배움을 익히는 일은 중요하다. 그러나 그 배움이 온전히 내 것이 되는지 되지 않는지는 결국 나에게 달렸다. 즉, 배우고 익힌 내용을 스스로 한 번 더 충분히 공부하지 않으면 결국 온전한 내 것이 되지 않는다는 말이다. 그러한 지식은 잠시 스쳐 지나간 정보에 지나지 않는다. 그래서 어떤 배움이든 오롯이 내 것으로 만들기 위해서는 반드시 자기 주도 공부 과정이 필요하다.

초등학생 때 배우는 교과 내용은 아이들에게 공부 부담을 덜어주기 위해 1차시에 평균 교과서 1장을 배우도록 구성되어 있다. 그래서 그날 배운 내용을 스스로 공부하는 방법의 하나인 복습을 활용하면 아이는 충분히 그날 배운 내용을 자신의 것으로 만들 수 있다. 또한 한번 복습했을 때보다 두 번 복습했을 때, 그리고 세 번 복습했을 때 앎의 깊이가 달라짐을 아이 스스로 깨닫게 된다.

이렇게 배운 내용을 복습할 때 아이가 오늘 학교에서 무슨 내용을 배웠는지 마치 선생님처럼 부모에게 자주 설명하고 알려주는 시간을 갖는다면 복습의 깊이와는 또 다른 앎의 깊이가 생긴다. 아이의 머릿속에 박혀 있는 개념을 다시 아이가 자주 사용하는 언어로 바꾸는 과정과 그렇게 바꾼 자신의 언어로 부모가 잘 이해할 수 있게 설명하는 과정을 통하면 그날 익히고 배운 내용은 온전히 아이만의 것이 된다.

스스로 복습하며 자신이 깨닫고 완전히 알게 된 내용을 누군가에게 자주 설명하는 일은 매우 중요하다. 그래서 아이가 부모에게 자신이 배운 내용을 설명할 때 부모는 최대한 경청하며 아이의 이야기를 잘 들어주어야 한다. 이는 초등학생 시절 꼭 갖추어야 할 자기 주도 공부 습관을 형성하는 자신감이 되기 때문이다.

초등학생 시절의 공부 자신감은 부모의 반응에 따라 높아지기도 하고 낮아지기도 한다. 또한 아이의 자기 주도 공부를 바라보는 부모의 시선에 따라 달라지기도 한다. 공부의 결과보다 공부하는 과정에 중점을 둘수록 아이의 공부 자신감은 높아진다. 그리고 공부하고 있는 모습을 꾸준히 칭찬하는 과정에서 아이의 자존감 또한 높아진다.

자기 주도 공부 능력은 단순히 스스로 공부하는 방법을 아이가 깨달았다고 해서 바로 아이의 습관이 되지는 않는다. 스스로 공부에는 아이의 정서적인 면, 특히 아이의 자존감과 밀접한 연관이 있다. 아무리 아이가 스스로 공부하는 다양한 방법을 익혔다고 해도 부모의 반응과 부모가 아이를 대하는 태도가 부정적이라면 아이의 자존감은 낮아질 수밖에 없다. 초등학생 아이의 공부는 곧 아이의 자존감과 밀접한 관련이 있다. 그래서 아이의 자존감을 향상하여 아이 스스로 공부 능력을 극대화할 수 있으려면 '공부'와 관련한 모든 주도권을 아이에게 주면 된다. 즉, 아이에게 책임감을 주는 것이다.

예를 들어, '공부' 하면 떠오르는 대표적인 것이 바로 책이다. 부모와 아이가 함께 자주 서점 체험을 하거나 도서관에 가는 것은 아이의 자기 주도 공부 습관 들이기에 많은 도움이 된다. 일단 서점이나 도서관에 가면 아이가 집에서는 볼 수 없었던 다양한 책이 많이 있다. 책 읽기에 한창 재미를 붙인 아이에게는 서점이나 도서관보다 더 좋은 곳은 없다.

여기서 중요한 점은 서점이나 도서관 역시 '공부'와 관련된 장소이니, 이곳에서도 아이에게 주도권을 주어야 한다. 즉, 서점이나 도서관에 갔을 때는 책을 스스로 고를 기회를 아이에게 제공하면 된다. 어떤 장르의 책을 고를지, 그리고 그 장르 중 어떤 책을 읽을지 고민하는 과정도 아이에게는 자기 주도 공부법을 익히는 과정 중 일부이다.

이렇게 아이 스스로 책 고르기부터 시작해 선택한 책을 읽고 내용을 부모에게 이야기한다면 그 책은 온전히 아이만의 것이 된다. 책을 고르는 순간부터 책을 다 읽고 난 후까지 주도권을 아이가 갖고 있기 때문이다. 그리고 아이는 이렇게 자신에게 선택권을 준 부모의 행동을 보며 자신이 존중받고 있다는 느낌을 동시에 받게 된다. 이는 '공부'의 주도권과 함께 부모를 통해 느낀 나를 향한 '존중'

이라는 감정이 동시에 긍정적인 효과를 발휘해 아이의 공부 자신감이 또다시 향상하는 결과를 가져온다. 그러니 이렇게 사소한 행동 하나하나라도 공부와 관련되었다면 항상 아이에게 먼저 기회를 제공하는 것이 좋다.

또한 초등학생 아이들은 부모의 행동을 자신도 모르게 무의식적으로 따라 한다. 그래서 학교에서도 유독 책을 즐겨 읽고 책 읽기를 좋아하는 아이의 부모와 학부모 상담을 할 때면 부모님 또한 가정에서 책을 자주 읽는 긍정적인 습관이 있음을 알게 된다.

만일 학교에서 교사가 아이에게 다양한 자기 주도 공부 방법을 꾸준히 알려주었지만, 가정에서 부모가 아이에게 알려준 자기 주도 공부 방법을 전혀 적용하지 않는다면 아이는 왜 집에서도 공부해야 하는지 이해하지 못한다. 자연스러운 배움만큼 좋은 것이 없듯이, 내 아이가 초등학생이 되었다면 부모가 자기 주도 공부 방법을 직접 행동으로 꾸준히 보여주어야 한다.

꾸준히 보여주면 아이는 부모의 행동을 호기심 있게 관찰하게 되고 부모가 지금 무엇을 하고 있는지 궁금해하기 시작한다. 이렇게 아이가 호기심 있게 부모를 관찰할 때 아이에게 지금 부모가 무엇을 하고 있는지 알려주는 것도 좋다. 부모가 꾸준히 그 습관을 내 아이에게 행동으로 직접 노출할수록 아이 또한 자연스럽게 부모님의 행동을 따라 하기 시작한다.

평소 매일 30분 정도 책을 읽는 부모 밑에서 자라는 아이는 자신 역시 30분 독서를 생활 습관처럼 해야 하는 일이라는 생각이 머릿속에 자리 잡게 된다. "앎과 행동이 일치해야 한다."라는 말처럼 아이에게 스스로 공부하는 능력을 알려주려면 부모가 먼저 아이에게 그러한 행동을 보여주면 된다. 부모의 행동을 보며 긍정적인 공부 습관을 배운 아이는 그 행동이 일상처럼 당연하게 해야 하는 것이라는 생각을 하게 되고, 이렇게 당연하게 받아들인 생각이 아이의 자기 주도 공부 능력을 키우는 것이다. 이런 과정이 반복될수록 아이는 스스로 공부할 때마다 배운 내용을 온전히 자신만의 것으로 만들 수 있다.

내 아이가 배운 것을 오롯하게 자신의 것으로 만들 때는 자기 주도 공부가 아주 중요한 역할을 한다. 그리고 자기 주도 공부는 내 아이가 공부 주도권을 갖고 있을 때 발휘된다. 또한 공부의 긍정적인 습관을 부모가 직접 아이에게 행동으로 보여줄 때, 아이는 부모의 행동을 일상처럼 거부감 없이 받아들이게 된다. 그러므로 초등학생 자녀를 둔 부모라면 우선 내 아이를 믿자. 내 아이를 믿고 공부의 주도권을 주면서 공부의 긍정적인 행동을 직접 실천하는 모습을 일상처럼 보여준다면 내 아이도 성장할수록 스스로 익히고 배운 내용을 온전히 아이만의 것으로 만들 수 있을 것이다.

아이에게 가장 좋은 선생님은 자기 주도 공부법이다

〈잠자는 집시The Sleeping Gypsy〉〈시인에게 영감을 주는 뮤즈The Muse Inspiring the Poet〉 등 프랑스의 화가 앙리 루소Henri Rousseau는 다양한 작품을 그렸다. 앙리 루소의 특별한 점이라면, 그는 그림 그리는 방법을 오직 독학으로 익혔다는 점이다. 화가라는 직업과는 무관한 세관 공무원으로 일하던 앙리 루소는 마음속에 예술가의 꿈을 오랜 시간 간직하고 있었다.

그리고 그 꿈을 실현하기 위해 앙리 루소는 주말마다 혼자 힘으로 그림을 그렸다. 그가 이렇게 독학으로 그림 그리는 법을 익힐 수 있었던 이유는 바로 미술에 관한 그의 간절함 덕분이었다. 그런 간절한 마음이 그림 그리는 법을 스스로 공부할 수 있게 도왔고, 그 덕분에 앙리 루소는 유명한 작품을 많이 남길 수 있었다.

이처럼 절실한 마음만 있으면 누구나 무엇이든 스스로 해낼 수 있다. 그리고 누구나 다 노력만 하면 스스로 공부할 수 있는 능력을 충분히 발휘할 수 있고, 자신의 공부 방법을 계속 점검하며 더 나은 방법을 찾기 위해 노력하게 된다.

공부는 남이 시켜서가 아닌 내 힘으로 하는 것이라는 마음으로 그렇게 공부에 집중하며 최선을 다한다.

내 아이가 자기 주도적으로 공부하지 못하는 것 같은 생각이 드는가? 그 생각을 하기 전에 부모인 내가 아이 스스로 공부할 기회를 얼마나 주었는지 먼저 고민할 필요가 있다.

아이에게 너무 많은 학습 자료를 제공하지는 않았는지, 혹은 아이를 위한다는 생각에 지나치게 많은 사교육으로 아이의 시간을 낭비하고 있지는 않았는지 등을 고민해볼 필요가 있다.

아래 표의 내용은 초등학생인 아이가 자기 주도 공부를 잘하고 있는지 점검할 수 있는 질문을 모아 놓은 것이다.

시간 관련 질문	★ 하루 중 내 아이가 받는 사교육(학원, 인터넷 강의, 학습지 등) 시간은?
	●내 아이가 온전히 스스로 공부하는 시간은? ●아이가 매일 책 읽는 시간은? ●아이 배움(독서를 포함)을 부모와 함께하는 시간은?
학습 방법 질문	◆ 아이 스스로 공부하는 다양한 방법을 구체적으로 알려준 적이 있나요? ◆ 현재 내 아이 스스로 해내는 공부법에는 무엇이 있나요? ◆ 내 아이가 배운 내용을 부모에게 설명한 적이 있나요? ◆ 아이 교과서를 처음부터 끝까지 제대로 본 적이 있나요?

먼저 시간 관련 질문을 보았을 때 만일 '★ 질문'의 총 시간이 '● 항목' 시간을 합한 것보다 많다면 내 아이의 스스로 배울 기회를 부모가 계속 뺏고 있다는 증거이다. 그래서 이런 경우라면 반드시 '★ 질문' 시간보다 '● 항목' 시간이 많아지도록 노력해야 한다. 만일 사교육 시간은 3시간인데 자기 주도 공부와 관련한 시간이 2시간밖에 되지 않는다면 부모는 반드시 아이에게 자기 주도적 공부 시간을 사교육 시간보다 더 많이 늘려주어야만 한다.

또한 사교육 시간이 지나치게 많으면 아이는 금방 지치게 된다. 초등학교 시기는 이제 막 배움을 시작하는 단계이다. 그리고 아이의 공부는 초등학생 이후부터 쭉 지속한다. 긴 배움의 여정이 이어질 공부 마라톤의 출발선에 서 있는 시기가 바로 초등학생 시기이다. 그래서 지나친 사교육 시간은 오히려 아이에게 독이 된다.

학습 방법도 마찬가지이다. 부모는 내 아이에게 자기 주도 공부법을 알려준 적이 있는지, 그리고 지금 내 아이는 얼마나 효율적으로 스스로 공부하고 있는지 점검하는 질문도 필요하다. 아이에게 효과적인 공부법을 단 한 번도 알려주지 않았다면 아이 스스로 학교에서 배운 교과서 내용을 복습하는 방법 등 교과서를 통한 공부법은 반드시 알려주어야 한다.

스스로 공부하는 방법은 모른 채 지나친 사교육만 받게 되면 아이는 공부하기를 힘들어하고 멀리하게 된다. 그래서는 앞으로 이어져야 할 공부를 제대로 해낼 수 없고, 그 결과 공부를 금방 포기해 버리고 마는 것이다. 이런 과정이 반복되면 아이는 금방 지쳐버리고 만다. '다양한 사교육을 받게 해 학교 성적 잘 나오게 하기'라는 단기적인 목표를 버리고 '아이 스스로 다양한 지식을 습득할 방법 알려주기'라는 마음가짐을 갖추는 게 먼저다.

이런 마음가짐과 함께 아직 내 아이가 배우는 교과서를 한 번도 제대로 살펴본 적이 없다면 지금 당장 아이의 교과서를 처음부터 끝까지 꼼꼼하게 살펴보아야 한다. 초등학생일 때는 아이 머릿속에 다양한 지식을 심어주기 위해 부모가 고군분투할 필요가 없다. 교과서 구성은 어떻게 되어 있는지, 각 단원명은 어떻게 적혀 있는지 등을 구체적으로 살펴볼수록 아이에게 다양한 설명을 할 수 있다.

그리고 교과서를 보아야만 내 아이가 1년 동안 배우게 될 교육과정의 흐름을 제대로 익힐 수 있다. 아이에게 교과서를 활용해 스스로 공부하는 방법을 알려주려면 부모가 먼저 교과서를 보면서 교육과정을 제대로 알고 있어야만 한다. 그래야 아이에게 하나라도 더 설명할 수 있는 자신감이 생긴다.

자기 주도 공부법에서 교과서 활용법 외에도 플래너 활용하는 법, 백지 공부하는 법, 복습하는 법, 문제집 제대로 푸는 법 등 다양한 스스로 공부 방법을 꾸준히 알려주면 아이는 지식을 배우는 게 아니라 그 지식을 습득하는 방법을 배우게 된다. 다양한 자기 주도 공부법을 부모에게 배운 아이는 그 방법을 공부하며 스스로 적용할 때마다 혼자서 해낸다는 게 무엇인지 점점 알게 된다.

스스로 공부하는 건 곧 자기와의 대화와 같다. 모르는 낱말이 있으면 '국어사전을 찾아보아야겠다.'라고 생각하는 것도 아이 스스로 대화하는 것이다. 또한, 어려운 문제를 포기하지 않고 끝까지 풀어낸 뒤 '어려운 문제였는데 이번에는 끝까지 풀었어!'라고 생각하는 것 역시 아이가 자신과 대화하는 연장선이다.

이렇게 자기 주도 공부를 하면 아이는 자신의 장점을 스스로 발견할 수 있고, 그 장점을 최대한 잘 활용할 수 있게 된다. 내 아이를 가장 잘 아는 사람은 부모가 아닌 바로 아이 자신이다. 비록 지금 내 아이가 초등학생일지라도, 아이가 지닌 장점을 가장 많이 아는 사람은 부모가 아닌 초등학생인 내 아이이다.

이렇게 아이 스스로 공부하는 시간이 점점 길어질수록 아이는 자신에 관해 더욱 깊이 있게 알 수 있는 시간을 만들게 된다. 자신이 이루고자 하는 꿈이 무엇인지 진지하게 생각할 수 있고 그 꿈을 이루기 위해 어떤 공부를 해야 하는지 파악할 수 있다.

내가 좋아하는 책은 무엇이고 나는 하루 중 언제 집중이 가장 잘 되며 공부할 때 나는 어떤 장점이 있고 어떤 단점이 있는지 등을 초등학생 시기부터 일찍 파악한다면, 이것만큼 자기 주도 공부 습관 형성에 좋은 기회가 없다. 그래서 초등학교 6년 동안 부모는 당장의 성적에 일희일비하지 않고 내 아이가 긍정적인 자기 주도 공부 습관을 형성하도록 지켜보고 기다리는 마음의 여유가 필요하다. 부모의 눈높이 속도로 아이를 바라보지 않고, 내 아이의 속도와 눈높이에 부모가 맞추어야 한다.

아이의 속도와 눈높이로 내 아이를 바라보면 부모도 마음의 여유가 생긴다. 그리고 조금씩, 꾸준히 성장하는 내 아이의 모습이 눈에 들어온다. 그렇게 내 아이는 한 계단, 한 계단 차근차근 성장하는 중이다.

이처럼 자기 주도 공부는 아이의 삶의 많은 부분에 긍정적인 영향을 미친다. 그래서 스스로 공부는 내 아이에게 최고의 선생님이다. 아이 스스로 자신에 관해 진지하게 들여다보려면 아이는 그만큼 자기 주도적으로 공부하는 시간이 많아야 한다.

여기서 가장 중요한 점은, 스스로 공부의 기본 전제인 다양한 공부법을 반드시 부모와 함께 알아보아야 한다는 것이다. 아이만 공부하는 것이 아니라 부모 또한 아이와 함께 공부하며 성장해야 한다. 이러한 과정을 탄탄하게 잘 밟아야만 아이는 그 과정에서 올바른 자기 주도 공부 습관을 만들 수 있다.

"교육의 참된 목적은 각자가 평생 자기의 교육을 계속할 수 있게 하는 데 있다."

미국의 철학자이자 교육자인 존 듀이John Dewey의 명언이다. 내 아이가 평생 자기 주도 교육을 계속하려면 그 능력을 이끌어줄 스스로 공부만이 내 아이에게 인생 최고의 선생님이 될 것이다.

자기 주도 공부가 아이를 성장하게 한다

부모는 내 아이가 태어난 그 순간을 절대 잊지 못한다. 신생아 시기에는 잠을 줄여가며 3시간마다 한 번씩 아이를 먹이는 등 오로지 내 아이를 위해 최선을 다한다. 그러다 보면 어느덧 아이는 배밀이를 하고 자신의 힘으로 앉고 조금씩 기어 다니기 시작하다 수없이 많은 넘어짐 끝에 결국 두 발로 당당하게 걷는 모습을 보여준다.

그런 내 아이가 성장해 어느덧 초등학교에 입학하고 부모도 난생처음 학부모가 되었다. 아이가 초등학생이 되었다는 건 앞으로 펼쳐질 장거리 공부 마라톤의 출발선에 서게 되었다는 의미이다. 즉, 내 아이의 배움이 이제 막 시작된 것이다. 과거 부모가 아이의 성장을 기다려주었듯이 아이의 배움 역시 마찬가지이다. 아이의 배움도 초등학생 때부터 아이 스스로 다양한 시행착오를 겪어야만 아이의 배움이 성장할 수 있다.

내 아이 배움의 성장은 부모가 대신해 줄 수 없다. 아이가 잘 배울 방법, 공부하는 방법 등을 가르쳐줄 수는 있지만 결국 아이 스스로 해내야만 성장할 수 있다. 아이가 스스로 해낼 수 있을 만큼 성장하려면 스스로 공부하는 방법을 차근차근, 꼼꼼하게 알려주어야만 한다. 초등학교 교육과정에 나온 개념이 온전히 아이만의 것이 될 수 있는 다양한 공부법을 꾸준히 알려주면 된다. 다섯 번 알려주었는데 아이가 제대로 이해하지 못하면 열 번 알려주면 된다. 열 번을 말했는데도 여전히 이해하지 못하면 한 번 더 알려주면 된다.

아이의 공부 속도가 느리다면 느린 속도에 맞추자. 예를 들어, 초등학교 3학년 아이가 3학년 교과 과정 수학을 잘 이해하지 못한다면 2학년 내용부터 다시 차근차근 진행하면 된다. 내 아이를 믿고 끊임없이 격려하고 지지한다면 학습적인 부분은 꾸준히 성장한다. 그리고 아이 역시 그렇게 스스로 공부하는 방법을 익히고 깨닫게 된다.

하지만 주의해야 할 점이 있다. 이렇게 스스로 공부하는 다양한 방법을 아이에게 알려준 후 '이제 다 알려줬으니 스스로 알아서 하겠지.' 하는 마음을 가져서는 안 된다. 초등학생은 성인이 생각하는 것보다 아직 스스로 무엇인가를 소화하는 능력이 많이 부족하다.

특히 초등학교 저학년 아이는 더욱더 그렇다.

그래서 아이가 초등학교 저학년일 때는 부모가 자기 주도 공부법에 관해 더욱더 상세하게 알려주면서 동시에 아이의 공부 습관도 꼼꼼하게 점검해야 한다. 어렵지 않다. 초등학교 1학년부터 아이가 잘하고 있는지 매일 꼼꼼하게 점검하면 된다.

학년이 올라갈수록 아이가 스스로 공부하는 시간이 점점 늘어나게 되면 점검 횟수는 차츰차츰 줄여나가면 된다. 매일 하던 점검에서 주 5회 점검으로, 아이가 더 잘하게 되었다면 주 3회 점검 등 이런 식으로 점검 횟수를 조금씩 줄여가면 된다. 점검 횟수가 줄어들수록 아이의 자기 주도 공부 능력은 그만큼 성장하고, 공부 능력이 향상한 만큼 내 아이 또한 긍정적인 사람으로 성장하게 된다.

자기 주도 공부 습관은 내 아이가 배움을 일상처럼 여길 수 있게 돕는다. 한 가지 문제를 해결하기 위해, 혹은 자신의 관심사를 더 깊이 공부하기 위해 발휘하는 탐구 능력을 마치 생활 속 습관처럼 당연히 해야 하는 것으로 받아들이게 된다.

자기 주도 공부법 덕분에 초등학생 때부터 다양한 스스로 공부 방법을 자신의 것으로 만든 아이는 성장할수록 무엇이든 스스로 해낼 능력이 생긴다. 새로운 배움을 익힌 후에는 복습하는 게 당연한 일상이 되고, 복습한 내용을 누군가에게 설명하는 일 또한 자연스럽게 생각한다. 또한 책을 읽는 행동 자체를 즐기게 될 것이며 모르는 낱말이나 생소한 표현을 보면 국어사전을 활용해 적극적으로 그 뜻을 알아보는 긍정적인 습관이 생길 것이다.

이제 코로나19 이전의 일상으로는 돌아갈 수 없다. 지금은 스스로 공부하는 방법을 자신의 것으로 만들어야 하고 그 능력을 일상생활 곳곳에서 활용할 수 있어야만 한다. 이런 능력을 초등학생 때부터 잘 형성하지 못하면 또 다른 전염병이 돌아 공부 환경이 달라질 때마다 아이의 일상은 흔들리게 된다. 예를 들어, 지금처럼 급작스럽게 바뀐 원격 수업에 잘 적응하지 못할뿐더러 원격 수업이 끝난 뒤 아이에게 주어진 시간을 효율적으로 관리하지 못한다.

그러니 부모는 어렵고 힘들더라도 아이의 초등학교 6년 동안 내 아이가 자기 주도 공부법을 반드시 습관화할 수 있게 부모가 알려주어야만 한다. 다른 사람에게 내 아이의 교육을 전적으로 맡기지 말고, 아이가 자신의 힘으로 공부하며 성장할 수 있도록 부모가 옆에서 함께 도와야만 한다.

아이가 자기 주도 공부법을 익힐 방법을 꼼꼼하게 알려주는 시간은 아이에게 부모와 긍정적으로 소통하는 시간일 뿐 아니라 아이가 내 힘으로도 해낼 수 있다는 자신감을 심어줄 귀중한 시간이다. 아이의 그런 자신감은 오직 나를 사랑하고 지지하는 부모의 따뜻한 말과 아이의 사소한 행동까지도 아낌없이 칭찬하는 부모의 태도를 통해 만들어진다.

부모와의 긍정적인 소통을 싫어하는 아이는 이 세상에 단 한 명도 없다. 아이가 스스로 공부할 때마다 부모가 칭찬한다면 아이는 부모에게 더욱더 많은 칭찬을 받고 싶어 더 열심히 공부하게 된다. 공부하며 받은 칭찬은 내 아이의 자기 주도 공부 능력 향상은 물론 아이의 내면도 긍정적으로 성장하게 한다.

이런 긍정적인 경험은 아이에게 공부하는 과정 그 자체의 즐거움을 준다. 그리고 공부는 해볼 만한 것이라는 생각을 하게끔 만든다. 그러니 공부하는 것 자체가 아이에게 즐거운 경험이 되도록 아이가 하루 공부를 마치고 난 후 아래와 같은 표를 만들어 매일 부모님과 함께 정리하는 습관을 들이길 추천한다. 표 내용은 구체적일수록 좋다. 자기 주도 공부 방법은 다양하니 부모와 이미 익힌 내용 중 복습하기, 반복해서 읽기, 백지 노트 활용하기 등 무엇을 활용해 스스로 공부했는지 꼼꼼하게 적을 수 있도록 한다.

날짜	과목	쪽수	이해도	스스로 공부한 내용	칭찬의 말
9.1	수학	11~12	상	10분 복습	10분 동안 꼼꼼하게 복습하는 모습이 보기 좋았어.
	국어	20~21	중	새로운 낱말 알기	국어사전을 잘 활용하는구나. 모르는 낱말은 찾아보고 알아보는 습관을 만들어서 고마워.
	사회	15~16	상	5번 반복해서 읽기	어제는 4번 반복해서 읽었는데 오늘은 5번 반복해서 읽었구나. 이렇게 조금씩 성장하는 우리 OO이가 기특해.

이 표에서 가장 중요한 부분은 아이가 스스로 공부한 내용을 부모가 직접 칭찬하는 '칭찬의 말'이다. 아이에게 직접 말로 칭찬하는

것도 중요하지만 매일매일 아이에게 칭찬의 한마디를 꼼꼼하게 글로 써서 주면 아이는 그 내용을 보며 힘을 얻게 된다. 이러한 부모의 칭찬은 자기 주도 공부의 원동력이 될 뿐만 아니라 아이의 공부 그 자체에도 꼭 필요한 것이다.

사소한 습관이 차곡차곡 쌓여서 모이다 보면 결국 그 습관이 그 사람의 인생을 만든다. 공부도 마찬가지이다. 사소한 것처럼 보이지만, 초등학생 때부터 스스로 공부하는 다양한 방법을 부모가 제대로 알려준다면, 그렇게 형성된 습관이 결국 내 아이의 공부 미래를 바꿀 것이다. 이렇게 체험으로 하는 자기 주도 공부법이 내 아이를 성장하게 한다.

에 · 필 · 로 · 그

스스로 하는 공부만이 진짜 공부다

"○○아, 아침 9시 넘었으니까 얼른 일어나야지. 빨리 로그인해."

"○○아, 선생님이 내준 과제 오후 2시까지 올리라고 했는데 왜 지금까지 안 올렸어?"

코로나19 이후 교사로서의 내 삶 역시 많은 것이 바뀌었다. 아침이면 아이들이 자가 진단을 했는지 확인하느라 바쁘고 오전 9시가 되면 아직도 잠자리에서 일어나지 않은 아이가 있는지 확인하느라 정신이 없다.

텅텅 비어 있는 교실에 나 홀로 출근해 컴퓨터와 휴대전화로 아이들과 소통했고 아이들이 학교에 오는 날은 종일 마스크를 쓴 채로 수업하느라 두통에 시달렸다. 그러는 와중에도 아이들이 학교에 왔으니 '자기 주도 공부법'을 하나라도 더 알려주려고 애썼다.

코로나19를 기점으로 스스로 공부는 아이들 공부의 생존전략이 되었다. "혼공'혼자 공부'의 줄임말이 대세이다!"라는 말이 있듯이, 이제는 혼자 계획해 주도적으로 공부한 후 복습까지 하는 방법을 누구나 반드시 알아야만 한다.

이제 막 초등학교 1학년이 된 아이가 있다. 이 아이는 공부에 관해 무엇을 알고 있을까? 교과목 공부법은 알고 있을까? 초등학교 1학년은 공부로는 백지상태와 다름없다. 그래서 스스로 공부법은 이미 공부로 본 게임을 시작한 중 · 고등학생보다 이제 막 공부 준비 운동을 시작한 초등학생에게 훨씬 더 수월하게 알려줄 수 있다.

물론 처음에는 하나부터 열까지, 처음부터 끝까지 모든 것을 알려주어야 하니 그 과정이 힘들 수 있다. 하지만 힘들어도 해야만 한다. 아이가 태어난 후 이유식 할 때를 생각해보자. 우리는 아이가 음식을 다 흘린다는 걸 알면서도 계속해서 아이에게 숟가락을 쥐여주었다. 바로 아이가 스스로 숟가락을 사용해 음식 먹는 방법을 익히도록 하기 위함이었다.

비록 그 과정에서 바닥에 떨어진 음식을 계속 치워야 하고, 아이가 흘릴 양을 생각해서 정량보다 2배는 더 음식을 만들어야 하는 불편함이 있을지라도 꼭 해야만 하는 것이었다. 과정이 힘든 만큼